KB155793

인권과
학교교육

유성상

Human Rights and School Education

박영story

글을 시작하며

　2010년 12월, 대한민국 사회에서 교사의 삶은 처참하게 일그러진 모습으로 그려지고 있었다. 중학생들이 수업을 하고 있는 교사(여성)를 성희롱하는가 하면, 수업 중인 교사(남성)를 폭행하는 장면이 동영상으로 유포되고 있었다. 교사들은 뭐라 표현하기 어려울 정도의 분노와 불편함을 학교에서 감내하는 존재였고, 또 그 대상은 다름 아닌 학생들이었다. 이렇게 주체할 수 없을 정도로 교사의 권위가 추락하는 현상은, 2000년도 초반부터 불거지기 시작한 학생의 인권 논쟁이 불러온 '참극'이라 일컬어질 만했다.

　당시 나는 한 라디오와 이 주제를 놓고 인터뷰를 했었다. 첫 질문에서 볼 수 있듯이 학교내 학생을 향한 적의가 느껴지고 있고, 이는 곧 교사들의 권위 추락, 교권의 추락으로 읽히고 있다.

앵커　중학생들이 여교사를 성희롱하고 제자가 스승을 폭행하는 사건이 잇따르면서 교권이 땅에 떨어졌다는 지적이 일고 있습니다. 이에 대해 한국외대 교육학과 유성상 교수와 자세한 이야기 나눠보겠습니다. 교총이 조사한 바에 따르면 학생의 폭언, 폭행은 물론 학부모의 폭언, 폭행 등 부당행위가 매년 느는 추세라고 합니다. 교권침해가 10년 전보다 10배 가까이 증가했다고 하는데요. 도대체 이유가 뭘까요?

유성상 사실 교사에 대한 비인격적 대우, 그리고 폭언과 폭행은 어제 오늘의 이야기가 아니었습니다. 분명 이전보다 많이 늘어났다는 교총조사에 대해 일부 동의하지만, 이전에 비해 얼마나 늘어났는가에 대한 교총의 자료에 대해서는 신뢰하기 어려운 점이 많습니다. 우선 교권침해에 대한 개념부터 생각해 보아야 한다고 봅니다. 교권은 두 가지로 구분해서 살펴보아야 합니다. 교사의 권위와 교사의 권리라는 측면입니다. 교사의 권위를 교권이라고 한다면 교권의 침해는 가르치는 사람인 교사에 대한 권한을 침해하는 것이고, 교권을 교사들의 권리라고 본다면, 교권침해는 교사의 인간적인 권리가 무시되거나 침해되는 것을 의미하는 것이 됩니다. 이 두 가지는 구분되어야 합니다. 언론에서 이야기하고 있는 내용은 교사의 권위와 교사의 권리를 뭉뚱그려 제시하고 있기 때문에 혼란스럽습니다. 사실 교사의 권위가 침해당하는 일은 어제 오늘의 이야기가 아닙니다. 이는 교직에 대한 비전을 정책으로 제시하지 못한 부분, 사교육시장의 확대로 인한 학교 교사에 대한 신뢰성 감소, 학부모와의 대화에서 공공연히 교사들에 대한 무시에 의해 이러한 권위가 침해되어 왔다고 볼 수 있습니다. 어쩌면 교사가 갖는 권위의 전형을 과거 조선시대나 식민지 시대의 교사상과 동일시한다면 이러한 권위의 모습 또한 바뀌어야겠지요.

다른 한편으로 교사의 인격적 무시 및 권리가 침해당하는 언론의 보도 내용에 따라 해당 학생들은 마땅히 지탄받아야 합니다. 저는 인격적 무시와 인간적 권리침해는 법률이 정하는 바에 따라 제재되어야 한다고 봅니다. 학교라는 특수한 공간을 넘어서 시민사회의 일원으로 용납할 수 없는 행동은 그만한 대가를 치러야 한다고 봅니다. 그러나 이러한 이유가 세간의 언론에서 이야기되듯이 교사들의 학생 통제 수단인 체벌을 금지시켰기 때문이라고는 보지 않습니다. 일부 그러한 면을 악용하는 학생들이 있겠지만, 보다 거시적으로 사회적 환경이 어떻게 교사들의 인격 모독과 폭행으로까지 이어져 왔는지 보아야 할 것입니다. 즉, 학생의 폭력성이 어떻게 형성되어 왔는가를 봐야 한다는 뜻입니다. 학생들의 폭력성은 말 그대로 어른 세계와 사회 모방에 기인했다고 볼 수 있죠. 범죄의 증가에 따른 아동/학생들의 모방적 범죄심리 증가 등이라 할 수 있습니다. 즉, 이미 체벌의 여부와 상관없이 소수의 교사권리를 침해하는 학생들은 자신들의 내부에 폭력성을 잠재시켜 놓고 있는 상황이었으며, 이것은 교실 내뿐만 아니라 가정, 사회, 친구관계 등에서 언제든지 발생하고 있다고 보아야 할 것입니다.

앵커 선생님 몰래 춤추기 동영상 보신 적 있으신가요? 최근 학생들이 교사를 놀리는 동영상들이 인터넷을 통해 유행하고 있는데요. 이런 현상도 교권 추락의 한 원인으로 볼 수 있을까요?

유성상 네, 보았습니다. 학생들이 교사들의 눈을 피하여 일을 꾸미는 행위가 점점 노골적으로 변하고 있습니다. 교사들에게 있어 많은 경우 이에 대해 인지를 못해서 내버려 두는 경우도 있지만, 어떤 경우에는 인지하더라도 그냥 내버려 두는 경우도 있으리라 판단합니다. 앞서 이야기 되었던 교사에 대한 직접적 폭언과 폭행보다 정도는 덜하지만, 학생이 교사의 교실 수업에 대해 권위를 인정하지 않고, 이를 공개적으로 인터넷에 올렸다는 점에서 언론의 다른 사건들과 크게 다르지 않은 행동이라고 봅니다. 앞서 구분한 바에 따르면 여기서도 두 가지로 구분해야 합니다. 수업시간에 딴 짓을 하는 것은 교사의 권위에 대한 도전이고, 이를 동영상으로 촬영하여 온라인에 올리고 웃음거리로 만든 것은 인격적 모독이 됩니다. 따라서 학생들의 행동을 문제삼는다고 할 때 권위에 대한 도전부분은 당연히 직접적 문제 야기자로 이러한 행동을 하는 학생들에게 돌려져야 합니다. 그러나 교사들에게도 피할 수 없는 문제가 있다고 보는데요, 즉, 교사는 학생들에게 집중할 수 있는 질 높은 수업을 제공해야 합니다. 또한 학생들이 교사의 권위를 인정할 수 있는 교과지식과 교수방법을 개발하는 데 노력을 게을리해서는 안 된다고 봅니다. 교사의 인격적 모독에 해당할 수 있는 사적 행동을 인터넷에 게재한 것은 당연히 처벌받아야 하며, 이는 교사도 자연인의 한사람으로 헌법이 보장하고 법률에 근거한 정당한 인권에 대한 보호를 받아야 한다고 봅니다.

앵커　한교조, 자유교조 등 보수 성향이 강한 교원 단체들은 '체벌전면금지'가 교사 폭행 사건 등 교권 추락을 일으켰다고 주장하고 있는데요. 어떻게 생각하시나요?

유성상　앞서 말씀드린 것처럼, 한교조나 자유교조 등의 주장은 학생인권조례제정과 무상급식 등으로 연결되어 있는 진보적 성향의 교육감들의 교육정책에 반대한다는 정치적 행동 정도로 크게 설득력이 없다고 봅니다. 즉, 교사 성희롱 사건으로 인터넷에 떠돌고 있는 동영상의 경우 4년 전 것으로 이것은 체벌전면금지 정책이 시행되기 훨씬 이전의 것이기 때문입니다. 체벌이 학생들을 통제할 수 있는 유일한 수단인 것처럼 주장하는 교사집단의 논리는 '자승자박'이 될 수밖에 없습니다. 즉, 교권을 주장하지만 스스로 교사들의 권위를 깎아 내리는 행위 이상이 될 수 없다는 점입니다. 이러한 내용을 무차별적으로 보도하는 신문과 언론들도 이에 대한 책임에서 자유로워질 수 없겠지요. 사실을 사실로 보도한다는 것은 충분히 이해하겠지만, 그로 인해 증가하는 교실내 긴장과 갈등관계, 그리고 교사들의 권위가 추락하는 것은 이후의 교사의 권리마저도 침해당할 수 있는 길로 악순환된다는 것을 아셔야 할 것입니다. 무엇보다도 중요한 것은 교사폭행 등으로 교사의 권리가 침해되는 상황이 발생한다면 왜 그런지에 대해 실태를 정확하게 파악하고 원인을 규명하려는 노력이 따라야 한다고 봅니다. 마치 이것이 교육현장과 교실 상황을 설명하는 유일한 현상인 것처럼 떠들어대는 몇몇 신문에 동조하기는 어렵다고 봅니다. 작금의 신문기사들은 1990년대 말 '학교붕괴'라는 말이 삽시간에 한국 전체의 교실교육을 대변하는 말처럼 되었던 상황과 그리 다르지 않다고 봅니다. 그때 학교가 붕괴되었다는 말이 사실이라면 언제 학교가 다시 일어섰는지에 대한 것도 제시되어야 하지만, 그에 대해서는 누구도 이야기한 적이 없지요. 현 상황도 그러한 맥락에서 이해할 수 있다고 봅니다.

앵커　체벌이 전면 금지 됐으면 교사에게 폭언이나 폭행을 하는 학생들에 대한 제재는 어떻게 이뤄지고 있나요?

유성상 제가 이에 대한 정확한 답변을 드리기는 어렵습니다. 상황마다 다르기 때문에 일반화 하기는 어려운 측면 때문입니다. 교사마다, 그리고 사례마다 이에 대응하는 방식이 다를 수밖에 없을 것입니다. 체벌에 학교교사들의 권위와 인격적 권리를 의존하는 것은 불가능하기 때문에, 체벌이 아니어도 교실내 학생들을 통제하고 교실 수업에서 교사들의 리더십과 권위를 회복하는 일련의 교육정책이 뒷받침되어야 한다고 봅니다.

앵커 학생들의 인권만큼 교사의 인권도 중요한데요. 무너진 교권을 다시 세우기 위한 근본적인 대책은 없을까요?

유성상 교사의 인권이 중요하기 때문에 학생들의 인권을 존중하고, 또 학생들이 스스로 자신들의 인권이 존중받고 있다는 인식을 갖게 하는 교육이 절실하다고 봅니다. 이것은 학교교실수업에서만 얻어질 수 있는 것이 아닙니다. 무엇보다도 가정에서 학부모들의 직접적인 참여와 관심에서 잘 길러질 수 있다고 봅니다. 폭력적 게임에 물들어 있고, 가정내 불화를 목도하거나, 늘 학생들에게 무덤덤하고 권위적이고, 그나마 관심조차 보이지 않는 교사들과의 지속적인 만남과 교실교육의 경험은 학생들에게 결코 자신과 함께하는 교사에게 애정은커녕 권위를 인정하지 않고, 그들의 인격적 모독, 더 나아가 폭력으로 이어질 수 있습니다. '교권이 침해'당하고 있고, '교권이 추락'했다고 결론짓는다면 사실 학교에서의 관계는 돌아올 수 없는 강을 건넌 것이라 봐야겠지요. 저는 그렇게 보지 않습니다. 여전히 학생들이 '교사의 권위'를 인정하고 교실교육에서 교육적 관계를 만들어 갈 수 있는 방법들이 있다고 봅니다. 지금의 언론 모습이 전부가 아니라고 항변하는 이유도 여기에 있습니다. 다시 한번 강조하지만, 이것이 문제라고 진단했다면 교과부와 해당 교육청은 정확한 실태를 조사해야 할 것이고, 학생들을 담당하는 교사들은 학생들에게 교사로서의 권위를 신체적 체벌이 아닌 교과지식과 교수방법으로 회복할 수 있어야 하며, 가정에서 학생들을 보호하고 양육하는 학부모들은 교육적 관심과 인격존중의 생활태도를 가질 수 있도록 지도해 주어야 할 것입니다.

앵커　　네, 말씀 감사합니다.

　생방송으로 진행된 짧은 인터뷰가 끝나자마자, 연구실의 전화 벨소리가 크게 울렸다. 잔뜩 긴장한 상태에서의 인터뷰가 마무리된 이후의 안도감을 즐길 틈도 없이 나는 수화기를 집어 들었다. 그러자 누구인지 묻는 확인 질문도 없이, 수화기 너머로 내 입장을 비난하는 나이 지긋한 어르신의 성난 목소리가 전해졌다. 몇 마디 응대했던 것으로 기억하지만, 그 이후에는 어떻게 이야기가 전개되었는지 기억나지 않는다. 짧은 몇마디 이후 수화기를 내려놓았다. 그 이후에도 몇 차례 꽤 긴 전화벨 소리가 울렸었다. 그러나 그날은 수화기를 다시 집어 들지 않았다.

　가만히 돌아보면, 어르신이 화가 난 부분은 분명했다. 어떻게 교사를 길러낸다는 사범대 교수가 교권보다 학생인권을 더 옹호할 수 있냐는 것이었다. 정확하게 이야기하자면 인터뷰에서도 그렇고 그 이후의 내 입장도 그렇고 난 이 둘을 수평선 상에 놓고 비교하거나 어느 것이 더 앞세워질 수 있는 개념이라고 한 적이 없다. 그 어르신은 당신이 듣고 싶은 이야기가 아닌 다른 방향의 이야기라는 점 때문에 화가 나신 것이었다. 마치 하나를 강조하면 다른 하나를 자연스럽게 감환시켜버리는 제로섬 게임처럼, 그 분은 학생인권을 강조하고 중요하다고 하는 것이 곧 교권의 문제를 소홀히 다뤄도 된다는 논리로 받아들이신 듯하다.

　한국 사회의 교육을 둘러싼 논쟁에서는 양보할 수 없는 대결이 이어진다. 2019년을 뜨겁게 달구었던 교육공정성 논란은 대학입시의 방법과 함께 보다 공정한 사회를 위한 고교체제개편이라는 뜨거운 감자로 아직도 치열함이 가라앉지 않고 있다. 어느 것이 전적으로 맞을 수도 그렇다고 다른 것이 전적으로 잘못되었다고 할 수 없는 서로 간의 입장차이가 한국 사회의 교육에서 극명하게 나타나고 있는 것이다. 도대체 교육이 무엇이라고 생각하기에, 도대체 교육을 통해 무엇을 이루고자 하길래, 아니, 교육을 통해 도대체 무엇을 기대하길래 쟁점화된 교육문제에서 한 치의 물러섬이 없는 대결이 이어지는 것일까? 교육은 마치 자신의 취향에 따라

먹을 것, 입을 것, 살아갈 안식처로서의 거주지처럼 자신의 삶에 꼭 필요한 요소의 하나로 인식되고 있다. 자신의 자녀 문제 또한 자신의 문제이기 때문에 교육은 자신의 문제가 되는 것이 맞다. 자신뿐만 아니라 자녀가 어느 학교를 갈 것이고, 그곳에서 무엇을 배워, 어떤 사람이 될 것인지, 그래서 한 사회에서 어떤 사회적 지위를 차지하고 어떤 삶을 꾸려나갈 것인지 교육에 달려있다고 믿는다. 그럴 수도 있고 그렇지 않을 수도 있지만, 적어도 제도화된 학교교육에 기대하는 바는 크게 다르지 않다. 따라서 어떤 학교가 필요하고, 왜 그런지, 학교를 통해 배워야 할 내용은 무엇이고, 어떻게 배우는 것이 효과적인지, 배운 것은 어떻게 평가받고 또 그 평가결과가 어떻게 활용되는 것이 좋은지에 대해 결코 양보할 수 없는 대결이 이루어질 수밖에 없다.

이 시대의 화두가 교육공정성이라면, 공정한 교육의 장에서 활약하고 있는 가장 중요한 두 주체, 가르치는 사람과 배우는 사람 간의 관계를 둘러싼 논쟁은 이미 대한민국 학교교육의 한가운데 자리잡고 있다. 다름 아닌 학생인권과 교권의 문제 말이다. 체벌을 금지했던 서울시교육청의 조치는 이어 전국적인 학교생활규정으로 자리잡게 되었고, 경기도교육청에서 시작한 학생인권조례는 거의 전 교육자치체의 빼놓을 수 없는 교육혁신의 내용이 되었다. 2000년도 초반 시작된 두발 단속 및 용의복장규정에 대한 학생들의 문제제기는 성폭력/성희롱을 폭로하는 스쿨미투를 거쳐 수업시간에 이념교육을 한다는 교사에 대한 고소, 고발로 이어지고 있다. 물론 이 내용을 하나로 묶고 하나의 학생인권흐름으로 이야기할 수는 없다. 그러나 학교생활에서 배움의 주체라고 할 수 있는 학생이 자기 삶에 있어서의 주체적 목소리를 높여 왔고, 이것이 2000년도 초 시작된 학생인권운동에서 시작되었다는 점은 부인할 수 없다.

본서는 저자가 2006년 학교폭력해소방안을 연구하는 학생학부모연구실 소속으로 수행했던 학생인권실태조사내용에서 시작하여 인성교육진흥법안이 통과된 것에 비판적인 목소리를 내 발표했던 인권교육논문에 이르기까지의 내용을 종합, 재구성한 것이다. 책다운 읽을거리를 위해서는 학교교육에서 인권이 어떤 의미로 받아들여졌고 또 그로 인해 어떤 일들이 발생했는지를 추적, 연구하는 것이 필요했다. 그러나 일관된 주제로 꼭 필요한 내용을 넣어 구성하기에는 그간 정리해 둔 것들이 너무 부족한 상황이었다. 그럼에도 불구하고 간간이 참여했던 학생인권조례제정운동, 대국민인권의식조사, 인권교육강화방안, 고등교육기관의 인권교육방안의 내용들을 토대로 학생인권의 실태, 학생인권을 둘러싼 대한민국의 사회구조, 인권교육증진이라는 주제로 묶어내고자 노력했다. 많이 부족한 글이 아닐 수 없다.

돌아보면서 여전히 인권은 제도화된 기관으로서의 학교에서, 또 대학교에서 제대로 자리잡지 못했다는 생각을 떨쳐버리지 못하고 있다. 서울대학교에서는 최초로 대학교인권헌장을 제정하려 준비하면서도 정작 대학 캠퍼스의 많은 구성원 사이에서 서로 인권침해를 고발하는 사건이 끊이지 않았다. 입시와 고교체제를 둘러싼 공정성 논란에 잠시 학생인권 논쟁은 주춤한 듯하지만, 교사와 학생은 학교라는 공간의 안과 밖에서 서로의 고유한 권한을 '인간으로서의 기본적 권리'를 내세워 보호하고 확장하려는 줄다리기를 멈추지 않고 있다. 2019년 인헌고교 앞에서 수업시간에 교사의 정치적 중립을 주장하는 학생이 천막농성을 시작했는가 하면 교사들은 통제되지 않는 학생들을 일찍 떠날 꿈을 꾼다. 학교라는 공간에서 서로 부대끼며 살아가는 인간의 삶은 결코 조용한 채로 남아있지 않다. 어쩌면 인권이 내세워지는 곳에는 항상 '시끄러움'이 함께 따라오는 듯하다. 절규하는 듯한 삶의 호소가 가득한 '전존재'로서의 시끄러움 말이다.

이 책의 내용이 구성되는데 함께 했던 많은 이들에게 감사의 마음을 전한다. 또한 학교교육에서 학생인권을 확산하기 위해 노력하는 많은 분들에게 고마움을 전한다. 학교교육에서의 인권적 문제를 연구주제로 삼아 애쓰시는 연구자들에게도 감사의 마음을 전한다. 특별히 지금까지의 연구보고서, 발표문과 토론문을 묶어 단행본으로 낼 수 있도록 해주신 분들께도 감사의 인사를 전한다. 무엇보다도 많이 부족한 원고를 받아 교정과 편집에 아낌없는 수고를 더한 박영스토리 출판사 임직원들에게 감사 인사를 드린다. 더불어 완성되지도 않은 원고임에도 우수콘텐츠로 선정되어 출간지원을 받을 수 있도록 애써주신 이선경 차장께 감사인사를 전하지 않을 수 없다. 좋은 교육을 향한 출판사의 올곧은 의지와 신뢰에 기반한 지지에 터해 본서가 빛을 볼 수 있었다고 단언한다.

2020년 1월
저자 유성상 쓰다.

차 례

제1부

대한민국 학교와 학생인권

인/권/과/학/교/교/육

제1장
학생인권이란 무엇인가?[1]

1. 인권과 인권의식의 개념

학생인권은 보편적 인간 존재로서의 학생들이 마땅히 누려야 할 기본권적 권리를 의미한다. 이는 유엔이 정한 유엔 아동권리협약 등 국제기구에서 선언적으로 제정하여 각국 정부가 채택함으로써 실효성을 가지게 되었다. 이때, 학생인권은 아동 인권과 청소년 인권과 거의 같은 의미로 다루어져 왔다. 학생인권을 규정하는 특별한 항목이 없을 뿐만 아니라, 세계인권선언 및 유엔의 아동권리협약 또한 학생의 범주를 별도로 정하고 있지 않기 때문이다. 그러나 초등학교와 중등학교 학생들의 발달 단계를 고려해 볼 때, 이들의 권리적 측면은 다르게 다루어져야 하며, 인권에 대한 접근 또한 차별성을 가져야 한다. 무엇보다도 한국에서의 학생인권은 교육을 바라보는 다양한 시각 때문에 딜레마적인 상황에 빠져있다. 이러한 학교에서의 학생들이 갖는 권한, 권리, 인권을 둘러싸고 논의되고

---

1) 본 장은 "학생인권담론과 주요 쟁점분석"(교육정치학회, 18권 2호 pp. 235－257)의 내용을 일부 재구성한 것임을 밝힙니다.

있는 개념들을 이해하기 위해서 '인권', '인권 의식', '학생인권', 그리고 '인권교육'의 개념을 간략하게 살펴보고, 그동안의 학생인권과 관련된 연구의 내용을 검토하고자 한다.

인권은 '인간의 존엄한 삶을 위해 인간 모두가 평등하게 보장받고 누려야 할 권리'이다(최윤진, 2004: 73). 여기서 인간의 존엄성이란 인간의 생존과 기본적 자유에 있어서 중심적 주체가 된다는 것을 의미한다. 따라서 인권은 그 개념 자체에 권리 행사에 따르는 자유가 전제되어 있고, 보편성, 평등성 및 당위성이 담겨있다(이봉철, 1991; 프리먼, 2005).

이러한 기본적인 개념을 바탕으로 인권의 성격을 제시하면 다음과 같다(안경환, 2004; 프리먼, 2005; 구정화 외, 2004; 한홍구, 2003).

인권은,
- 인간이 갖는 기본적인 권리이며,
- 근본적으로 국가 권력을 제한하고,
- 사회 변화를 요구하며,
- 모든 특권 개념과는 반대되며(인권의 보편성),
- 다른 사람의 권리나 공동의 이익을 위하여 필요한 만큼만 제한되어
  야 하고(인권의 상호 의존성, 책임성, 집단성),
- 전체적인 실현에 의해서만 보장됨(인권의 불가분성)

이에 더하여 안경환(2004)은, 시민적·정치적 권리, 경제·사회·문화적 권리, 그리고 연대와 단결의 권리 등을 인권의 내용으로 규정하고 있다. 분류의 문제가 될 수 있겠지만, 심성보(2002)는 이러한 인권의 내용을 존엄권, 자유권, 평등권, 사회권, 연대권으로 제시하고, 구정화 외(2004: 15-6)는 카렐 바사크의 인권 3세대 단계론을 들어 1세대 인권(자유라는 국민의 정치적 권리), 2세대 인권(평등에 근거한 경제·사회·문화적 권리), 3세대 인권(우애·박애라고 하는 연대를 위한 권리) 등으로 구분하고 있다.

인권과 인권의식은 약간 상이한 개념이다. 인권의식은 개인이 인권적

행동을 옹호하고 행동하게 하는 심리적 과정으로 이해되고 있다(문용린 외, 2002). 인권 감수성 지표를 개발하는 연구(문용린 외, 2002: 11)에서 인권 의식은 네 단계의 심리적 과정을 포괄하는 것으로 제시되고 있다. 즉, 개인이 인권적 행동을 하는 네 단계를, '(1) 인권 감수성(상황을 인권 관련 상황으로 지각하고 해석하는 과정), (2) 인권에 대한 판단력(어떤 행동이 인권과 관련하여 옳고 그른지를 판단하는 과정), (3) 인권에 대한 동기화(다른 가치와 비교하여 인권이라는 가치를 우선시하는 과정), (4) 인권 옹호 행동과 관련된 성격(인권 옹호 행동을 끝까지 밀고 나갈 수 있는 실행 과정)'으로 제시하고 있다. 이 네 단계를 순차적으로 혹은 동시적으로 진행하면서 개인은 인권적 행동을 한다.

위 연구는 인권 의식을 판단할 수 있는 특정 지표를 개발하기 위하여 도덕·윤리적 발달 단계를 바탕으로 삼고 있다. 따라서 인권 의식은 다분히 인식론적인, 심리학적인 판단으로 여겨지고 있는 것이 사실이다. 그러나 인권 의식은 인권 감수성과 함께, 인권 문해력을 포함한다. 인권 감수성은 어떤 상황을 인권 관련 상황으로 지각하고 옹호하고 해석하는 과정을 의미하며(Rest에 의한 개념정의; 안경환, 2004)[2], 인권 문해력은 개념적으로 인권에 대한 이해의 정도를 넘어, 일상생활에서 인권을 적용하면서 살아가는 능력을 의미한다(안경환, 2004: 203). 심성보(2002)의 연구는 인권 감수성, 인권 문해력을 포함하여 보다 적극적인 의미로 인권 의식의 개념을 제안한다. 교사의 인권 의식을 조사한 심성보의 연구는, 이러한 일반적인 인권 의식에 기반하여 학교에서의 인권 의식을, 첫째, 인간으로서의 기본적 인권에 대한 인식 수준; 둘째, 학교 공동체의 교육 주체들로서 학생, 학부모, 교사의 인권에 대한 의식; 그리고 셋째, 인권을 인식하고 실천하는 수준으로 구분함으로써, 인식적 차원의 인권 의식의 폭을 넓히고 있다(심성보, 2002).

---

2) 문용린 외(2002: 11)에서 인권 감수성을, '인권 문제가 계재되어 있는 상황에서 그 상황을 인권 관련 상황으로 지각하고 해석하며 그 상황에서 가능한 행동이 다른 관련된 사람들에게 어떠한 영향을 미칠지를 알며, 그 상황을 해결하기 위한 책임이 자신에게 있다고 인식하는 심리적 과정'으로 정의하고 있다.

결론적으로 인권 의식은 특정 사회 현상이나 사건을 인권적 시각으로 보는가 그렇지 않은가를 판별하는 인권 민감성뿐만 아니라, 인권적 행동으로까지 이어지도록 하는 인권적 행위를 포함한다고 보아야 한다.

2. 학생인권의 개념적 논의

'인권은 도덕적 차원의 문제'이다(안경환, 2004). 이는 기본적인 이해관계와 필요에 대해서 모든 이에게 공정하고 동등한 권리를 부여해야 함을 뜻한다. 학교 교육은 이러한 인권의 의미를 실현하는 데 중요한 터전이자 도구로 인식되어 왔다. '세계인권선언(Universal Declaration of Human Rights; UN, 1948)'과 '아동권리협약(Convention on the Rights of the Child; UN, 1989)'은 이러한 인권의 의미를 실현하기 위한 국제 사회의 중요한 노력의 결과이다. 한국에서도 '청소년헌장 및 청소년인권선언(1998)'이 제정되고, 2001년 국가인권위원회가 설립되어 학생들의 인권을 수호하고 신장시킬 수 있는 방안들을 마련하고 있다.

그렇다면 인권의 개념에 따른 학생인권의 개념은 어떻게 정의되고 있는가? 사실 학생인권의 개념은 아동 인권과 청소년 인권의 일부분으로 기술되고 있기 때문에(최윤진, 1999; 2004; 김영지, 2004), 아동기를 지나고 성인기에 접어들기 이전인 청소년들의 성장 발달 단계에 초점을 둔 인권 개념은 아직 제시되어 있지 않다. 즉, 현재 통용되고 있는 학생인권에 대한 논의는 '세계인권선언(1948)'이 정한 교육의 자유(제26조)와, 유엔이 정한 '유엔 아동권리협약(1989)'에 중점을 두고 있기 때문이다.

그러나 중등학교의 학생들은 초등단계와 고등단계의 교육 기간 사이에 위치하고 있어 특수성을 갖는다. 즉, '입시'를 궁극적 목적으로 삼고 있는 학교라는 특수한 환경에 처해 있고, 학생의 인권을 둘러싼 교육 주체 간(학생, 학부모, 교사, 학교 당국)의 주장이 배치되는 경향을 띠고 있다. 또한 사회적으로 아동과 성인의 권리적 측면과 중복, 혹은 독립되어 있음으로 인해(최윤진 외, 2004: 42-73), 발달 단계에 따른 성장, 사회적 의무 수행 요구, 보다 독립적 활동을 지향하는 권리적 몸부림이 뒤엉켜 있다. 따라서 학생인권의 개념을 아동권3)과 차별성을 두어 '청소년의 권리(최윤진, 1999)', '학생권리(김혜숙, 1999)', '학생의 권리(심성보, 2002)', '학생인권(이수광, 2000)'으로 구분하기도 한다.

이러한 구분에 따른 학생인권의 내용을 살펴보면, 최윤진(1999: 9-10)은 청소년의 권리를 크게 자율권과 보호복지권으로 구분하여 제시하고 있다. 청소년들을 자율적 존재로 인식하는 자율권에는 신체의 자유, 정신적 자유, 사회적 자유, 생활양식의 자유 등을 의미하는 자유권과 결정 및 문제 해결 과정에서의 참여를 의미하는 참여권이 포함된다. 청소년들을 미성숙한 보호의 대상으로 인식하는 보호권에는 학대, 방임, 착취 등으로부터 보호를 의미하는 보호권과 인간다운 생활을 위해 필요한 교육, 문화, 건강, 의료 등의 권리를 의미하는 복지권이 포함된다.

김혜숙(1999: 9-59)은 학생의 권리를 소극적 자유권, 적극적 자유권, 평등권과 복지권으로 구분한다. 학교에서의 교육권을 복지권적 면에서, 학습권을 인권적 측면에서 해석하고 있는데, 이는 학생이 학교 내에서 누릴 수 있는 권리의 폭을 확대한 것으로 볼 수 있다. 이수광(2000: 50)은 학생인권에 관한 다양한 시각을 아우르는 자신의 학위 논문에서, 학생인권을 광의의 의미에서 '학생이 개인·사회 영역에서 누려야 할 기본적 인권 및 사회적 지위권'으로, 협의의 의미에서 '학생이 학교사회에서 누려야 할 자유권, 복지권 및 사회적 지위권'으로 구분하여 정의하고 있다. 교사들의 인권 의식을 조사한 심성보(2002)의 연구는 이수광(2000: 50)이 구분한 범주에 따르고 있다. 이 연구에서는 학생인권을 '교육 받을 권리'와 '인간으로서 가질 수 있는 권리'로 구분하여 제시한다. 교육 받을 권리는, 차별 없는 기회 제공권, 교육 환경의 정비 요구권, 유의미한 교육을 받을 권리, 평등하게 교육 기회에 접근할 수 있는 권리, 교육 내용의

---

3) 성정숙은 아동의 권리를, 생존의 권리, 보호의 권리, 발달의 권리, 사회보장의 권리, 자유권적 권리 등으로 구분하고 있다.

선택·결정에 참여할 수 있는 권리, 체벌을 받지 않을 권리 등이며, 인간으로서 받을 권리는 자치권, 사생활 보호의 권리, 적법 절차에 의해 보호받을 권리, 기타 인간으로서 보호 받아야 할 권리 등이다(심성보, 2002: 14-16).

3. 학생인권 논쟁, 왜 무엇이 문제인가?

가. 등장배경

학생인권 문제는 특정 사안에 따라 보도, 보고, 고발 형태로 지속적으로 제기되어 왔다. 체벌 문제는 대표적인 예로 교권과 학생의 인권을 둘러싸고 토론을 이어가고 있다. 최근 학교 폭력 문제의 심각성이 언론 매체에 반복적으로 보도되면서 이 또한 주요한 학생 비행이자 인권침해 사례로 보고되고 있다. 왕따를 포함한 학생 간의 폭력 사태가 개인적 수준을 넘어 집단화·조직화됨으로써, 학교 내의 문제를 넘어 사회문제화되어 왔다. 성차별·성폭력은 전통적 가부장 사회에서 오랫동안 관행화되어 왔기 때문에, 가시적인 인권침해의 대표적인 사례이면서도 그 해결책에 대해서는 그리 적극적인 자세를 보여주지 못해 왔다. 한국사회의 지난 20여 년 동안 시민성의 확대와 정치권력의 민주화가 진행되어 왔으면서도, 마치 '학생들의 인권은 교문에서 멈추어' 있는 듯하다(배경내, 1999).

학생인권에 대한 논의는 체벌금지를 법률로 정할 것인지에 대한 논란에서 시작되었다. 1996년 말 교육부는 '체벌금지'를 방침으로 정하고 발표하였으며, 이를 바탕으로 체벌 없이 어떻게 학생들을 훈육할 것인가에 대한 방안을 탐색하기도 하였다. 그러나 이러한 방침은 곧 번복되어, 학교장의 권한으로 체벌규정을 정하도록 변경되었다. 2003년도 교육부의 자료에 따르면, "초등학교는 전체 5482개교 가운데 3606개교가 체벌을 허용해 65.7%의 허용률을 보였고, 중·고교는 각각 80.2%에 이르고 있다."4) 체벌에 대한 찬성과 반대에 대한 논쟁은 1999년 '학생인권'에 관한 보고서(한국교육개발원)와 청소년인권(최윤진) 등으로 쟁점이 확대되면서 학교내의 학생들이 겪는 문제들을 포괄적으로 분석하는 단계에 이르렀다.

학생인권침해에 대한 관심은 2001년 교육행정정보시스템(National Education Information System: NEIS) 문제가 대두되면서 급증하였다(하승수, 2003). NEIS 문제는 학교 교육에서 정보화보다도 중요한 것이 인권 수호라는 것을 일깨우는 계기를 마련했다. 이후 2004년 학내 종교의 자유를 주장한 대광고 사건을 통해 학교에서 학생들의 개별 인권 문제가 큰 사회적 이슈로 다루어졌다. 이 사건은, 학생들을 동일한 체제 하에 주어진 학교 환경에 순응하는 존재로, 즉 체제와 교원 집단의 교화 대상으로 보아왔던 관행에 이의를 제기한 중요한 계기가 되었다. 이로써 학생들이 단순히 학교의 교화 대상이 아니라, 학교의 한 주체로서 학교를 구성, 운영하는 권리를 가지고 있음을 보여주었다.

학생인권에 대한 문제제기는 교육부를 비롯한 학교 등 공식적 교육기관보다는 학부모단체, 학생단체, 교원단체 등, 교육문제에 관심을 갖고 변화를 요구하는 외곽조직으로부터 지속적인 문제제기가 있었다. 학생인권의 문제를 보다 현실적으로 묘사하고 심각성을 전달함으로써 사회문제로 이끌고자 하는 진영과 오히려 학생들의 학업성취를 가로막는 것으로 한정하고, 교사-학생 간의 문제로만 국한하고자 하는 진영으로 나뉘어 학생인권을 둘러싼 세력 논쟁으로까지 비춰졌다. 그러다가 국회에서 학생인권문제를 공식적으로 조사하고 법안화하고자 하는 움직임으로 학생인권 논쟁은 새로운 전기를 맞게 된다. 2004년 구논회 의원은 '학교생활규정을 통해 본 학생인권의 현주소'라는 조사보고서를 통하여 공론화의 계기를 마련하였고, 2006년 최순영 의원은 초중등교육법 개정에 '학생인권법안'을 발의함으로써 실질적 학생인권의 제도 바깥의 활동에 힘을 실어주었다.

---

4) "초중고 72%가 학칙으로 체벌 허용(9.14)" 한겨레신문 (2003.9.14.),
http://leekcp.new21.org/zb41/zboard.php?id=ghadurpage=25&sn1=&divpag
e=1&sn=off&ss=on&sc=on&select_arrange=headnum&desc=asc&no=280

물론 제대로 논의조차 한번 안된 채 발의된 법안은 폐기되기에 이른다.

국가인권위원회 또한 학생인권의 논쟁에 있어 적지 않은 역할을 했다. 국가인권위원회는 2001년 출범한 이래 꾸준히 학교에서의 인권침해 사례를 보고받고 직·간접적인 제재와 시정을 요청해 왔다. 그러나 학생인권의 문제가 단순히 학생 개개인 혹은 인권침해자 개개인의 문제가 아님을 인식하고, 2006년 학생인권침해실태를 조사하여 체벌을 포함해 두발, 용모, 교복문제, 그리고 학교내 일상적 인권침해 현장을 고발하고 있다(국가인권위원회, 2006). 이를 계기로 학교에서의 인권침해사례를 수집, 조사, 연구하기 위한 부서를 둠으로써 보다 폭넓게 학생인권 문제를 해결해 나가겠다는 의지를 보였다.

국회에서의 논의와 법안 발의, 그리고 국가기관으로서 인권위원회가 보여준 관심과 행동에도 불구하고 학생인권이 신장되고 보호될 수 있는 제도적 장치는 마련되지 않았다. 이러한 논의는 중앙정부차원에서 마련되지 않고 오히려 지방교육청에서 시도되었다. 민선 1기 서울시 교육감 선거에서 주경복 후보와 경기도 교육감 후보였던 김상곤은 '학생인권조례'를 제정할 것을 공약하면서 그동안 잠시 소강상태에 있던 학생인권의 논쟁을 다시 불러일으켰다. 경기도 교육감으로 당선된 김상곤 교육감은 공약이행의 과정으로 2009년 '학생인권조례제정자문위원회'를 발족하고 구체적인 조례제정작업에 착수하였다. 두 차례의 공청회와 전문가 자문을 거쳐 2010년 2월 최종안이 확정되었다. 2010년 6월 2일의 교육감 선거를 앞두고 마련된 최종안은 한국 사회의 조명을 받으며 정치적 판단과 의사결정과정을 앞두고 있다. 경기도에서 학생인권조례제정자문위원회의 위원장을 맡았던 곽노현의 민선 2기 서울시 교육감 당선은 전국적으로 학생인권조례제정과 이를 둘러싼 화염없는 다툼으로 이어졌다.

나. 주요 쟁점

학생인권이 학교 교육의 중요한 정책으로 실현되지 못하고 여전히 하나의 쟁점으로밖에 인식되고 있지 못하는 이유를 살펴보고자 한다. 특별히, 중등학생에게 있어 학생인권 담론을 진전시키지 못하게 하는 주요한 쟁점을 중심으로 살펴보고자 한다. 한국사회에서 제기되고 있는 학생인권 관련 주요 쟁점은, 첫째, 중등학생의 인권을 제한하는 핵심 요인은 무엇인가?, 둘째, 학생인권의 신장은 교사의 교권에 대한 도전을 의미하는가?, 셋째, 학생들의 의식수준, 판단능력, 자율성에 대해 신뢰할 수 있는가?, 넷째, 학생인권 신장을 위한 제도적 요구를 학생의 정치의식화로 인식하는 것은 정당한가? 등의 질문으로 요약될 수 있다. 물론 이 네 가지 질문은 서로 긴밀한 연관성을 갖고 있다. 즉, 학생인권과 교권은 서로 병치하여 논의할 수 없으며, 학생의 자율성에 대한 논의는 교사의 전문적 업무 수행과 떼려야 뗄 수 없는 관계에 있다. 또한 학생의 능력을 신뢰하느냐 마느냐의 정도의 차이는 학생이 교사와의 교수−학습관계에서 어떠한 역할을 하느냐의 이론적 쟁점으로 인식되고 있다. 따라서 본 연구에서 제시하고 있는 네 가지 쟁점은 주로 제기되고 있는 내용들을 정리한 것으로 부분적으로 연계된 것임을 밝힌다.

첫째 쟁점은 다음 질문으로 요약된다. 학생인권은 제한되어야 하는가?

학교 현장에서 학교와 교사는 학생들의 학습권을 침해하는 통상적 이유를 다음과 같이 열거하고 있다. ① 중등학교의 현실적 교육 목표는 상급 학교 진학이며; ② 입시 대비 수업은 학생 및 학부모가 원하는 수업 방식이고; ③ 학습 내용 및 수업 방법은 교사가 주도적으로 결정해야 하고; ④ 학습 효과를 극대화하기 위한 교사의 권력 행사(물리력 및 여타의 통제기제의 행사)는 정당하다. 뿐만 아니라 ⑤ 정규 교과외 수업(보충 수업, 자율 학습)은 현실 교육 세계에서 불가피한 선택이다(이수광, 2000: 87−94). 또한 학교에서 학생의 인권이 침해될 수 있는 조건은 '현재의 처벌이나 벌칙 등의 통제가 학업 성적 향상에 도움이 되는 경우에 학교에서 학생의 인권이 제한되거나 침해될 수 있다고 생각하는 것'으로 조사되었다(박효정·유성상, 2006).

한국에서 중등단계의 학생들에게 가장 큰 관심거리는 단연코 '고교진학'과 '대학진학'이라 할 수 있다. 계급사회 전형으로서 교육재생산 이론이 점차 교육을 통한 사회적 지위의 변화를 어렵게 하면서(한국교육개발원, 2006), 한국의 학교교육에서 학생들은 어느 대학 어느 학과에 진학하는가가 교육의 궁극적인 목표로 자리해 왔다. 따라서 학업성취 수준을 향상시킬 수만 있다면 교육의 공공성을 굳이 지키지 않아도 된다는 의식이 자리하고 있다. 학교교육을 중심으로 한 공교육보다는 학원, 과외 등의 사교육시장이 범람하고, 교사-학생 간의 교수-학습의 정적 관계가 보다 형식화되어가는 것은 이러한 현상의 근거가 된다.

문제는 학생들의 기본적인 인권, 자신의 의견을 표출하고 자율적으로 행동할 수 있는 권리가 학업성취라는 목표에 기대어 제한될 수 있다고 인식하고 있고, 또한 실제로 제한당하고 있다는 점이다. 특히 이러한 학생 인권의 제한이 가능하다고 인식하는 집단은 교사와 학부모들이며, 학생들 또한 충분히 그럴 수 있다고 받아들이는 양상이다. '머리가 길어서는 안된다', 이유는 '공부에 방해'가 되기 때문이다. '학생회 활동에 제한을 두어야 한다', 이유는 마찬가지로 '공부할 시간이 부족'해지기 때문이다. 두발, 교복, 장신구 등의 자유화를 요구하는 학생들의 목소리는 학생들의 '공부'에 초점이 맞추어진 시스템 속에서 '자신들을 위한 정해진 목표'에 순응할 것을 요구받고 있다.

학생들의 학습권이 침해당하고, 일상생활에서의 정당한 요구가 거부될 수 있는 근거로 '대학진학'을 위한 학업에의 집중이라는 것이 정당화 될 수 있겠는가? 사실 이것은 쟁점이라고 하기 좀 어려운 부분이 있다. 어느 문헌에서도 이러한 명분을 논리적인 이유로 제시한 글을 본 적이 없기 때문이다. 즉, 기본적인 인간의 권리에 대한 요구를 효과적 수업 목표 달성을 위하여 보류해야 한다거나 포기해야 한다는 주장은 이론적 토대없는 현실적 타협안이며, 이념적 주장에 그치고 있다.

이와 유사한 개념으로 '학생다움'에 대한 논의도 고려해 보아야 한다. 자신의 선택에 따른 자유와 권리를 행사하는 것이 제한되는 이유로 공부에 초점이 맞추어져 있지만, 그것과 함께 학생들을 바라보는 성인(교사와 학부모)들의 학생다운 모습에 대한 기대가 오히려 더 정확한 이유가 된다.

'학생다움'이라는 표현은 정련되지 않은 현실적 타협안으로서의 의견을 잘 표현해주고 있는 말이라 할 수 있다. 중등단계의 학생들에게 흔히 대비시키고 요구되어지는 전형으로서 '학생다움'은 흔히 등장하는 말이다. 그러나 그 기준은 모호한 개념으로 남아 있다. 중요한 것은 '학생다움'이란 용어를 사용하는 경우가 대부분 학생의 생활지도를 중심으로 한 '교실통제'와 '학업지도', 그리고 '규율' 등의 기준과 동일시되고 있다는 점이다. 따라서 2009년도 경기도 교육청의 학생인권조례제정안 채택과 2010년도 지방교육청의 '학생인권조례제정' 움직임에 대해서 '학생생활지도의 포기'라는 주장을 내놓기도 했다.[5]

그러나 여전히 논란이 되고 있는 부분은 학생다움을 지키는 것이 무엇인지 명확하게 제시하지 않은 채, 학생다움이 학업성취도와 직접적으로 연결되었다는 주장을 하는 것은 적절한 논리전개라 할 수 없다는 것이다. 이와 관련하여 가장 핵심적인 사안은 체벌금지에 따른 다양한 여론내용이다. 학생들의 인권을 신장시키기 위하여 체벌을 금지해야 한다는 것은 앞서도 지적한 바와 같이 '당연함'과 '현실성'의 차이 때문에 여전히 논란 속에 있다. 체벌의 금지가 곧 '학생에 대한 생활지도의 포기'로 연결지어지는 것 또한 그리 논리적으로 타당해 보이지 않는다. 여전히 학생들을 둘러싸고 있는 전형적인 이념형으로서의 '학생다움'은 '학업의 주체' 그리고 '생활지도의 대상'인 학생들을 수동적이고 '말썽을 내재하고 있는' 예비 문제아로 인식한 데 기인하고 있음을 볼 수 있다.

둘째, 학생인권은 교권과 대립되는 것인가?

한국사회에서는 여전히 학생인권을 논의하는 것 자체가 '교권'에 심각한 도전이라는 인식이 팽배해 있다. 이는 학생인권에 관한 연구를 진행하는 연구자들이 자료 수집 과정에서 어려움을 겪는 간접적인 내용부터, 학생인권을 교권과 정반대되는 것이라 주장하는 일부 교사들로부터 직접적인 도전을 받는 것을 포함한다(박효정·유성상, 2006).

---

5) "학생이 교육정책 결정 참여… 교내집회도 보장…" 동아일보 (2009.12.18.), http://news.donga.com/3/all/20091218/24893873/1;

배경내(2006)는 학생인권과 상충하고 있는 교권에 대한 서로 다른 인식을 분석하면서 '과연 '교권'이 학생인권과 상충하는 것인가' 하는 질문을 구체화하고 있다. 그에 따르면, '교권'이라는 단어는 사용하는 사람에 따라 서로 다른 의미로 사용되어지는데, 교권은 '교사의 인권', '전문 노동자로서의 권리' 그리고 교사의 '권위'라는 말로 분석될 수 있다. 배경내(2006)는 '교권'이 어떤 의미로 해석되어 사용되건, 교권은 학생인권과 대립되는 것이 아니라 상보적인 것이며, 적어도 '교권'이 학생인권보다 앞서지 않는다고 결론짓고 있다. 교육기본법을 살펴보면, 학교 운영 규칙과 교사의 교육할 권리가 학생들의 기본적인 인권을 침해해서는 안 된다고 규정하고 있다.[6] 교사에게 부여된 '교육의 자유', '수업의 자유'와 이로부터 도출되는 교사의 직권(職權)은 학생의 '교육받을 권리'를 보장해야 한다는 의무에 기초하여 규정되고 행사되어야 하는 것이다(이수광, 2000: 63).

박홍규(1991)는 교육의무론의 한계를 지적함으로써 학생인권이 교권과 대립한다는 주장을 비판한다. 교육의무론은, 교육이 권리가 아니라 의무이기 때문에, 교육을 통해 기성 사회의 가치를 전달하고 사회의 질서를 유지해야 한다고 주장한다. 그는 교육의무론은, '법은 권리가 아니라 의무'라는 한국 사회의 전통적인 관념과 일맥상통하는 것으로, 학생의 학습권과 인권을 침해하는 가장 기본적인 생각이라고 지적한다. 학생인권을 대립적인 요소로 이해하고 있는 '교육의무론'은 '권위주의, 국가주의 교육을 인문사회교육의 기본으로 삼고, 학생을 목적이 아니라 수단으로 취급하며, 학생의 심성을 무시한 교사 중심, 교과서 중심의 암기 교육 혹은 교화 교육을 교육의 전부'로 본다. 위에서 논의한 '미성숙한 존재로서의 학생'은 다시 '무식한 성인'으로만 간주되어, 결국 지식의 주입 대상으로 취급된다(박홍규, 1991: 48).

---

6) ① 학생을 포함한 학습자의 기본적 인권은 학교 교육 또는 사회교육의 과정에서 존중되고 보호된다. ② 교육 내용, 교육 방법, 교재 및 교육 시설은 학습자의 인격을 존중하고 개성을 중시하며 학습자의 능력이 최대한 발휘될 수 있도록 강구되어야 한다(교육기본법 2장 15조).

교육부에서 1998년 제정할 것을 계획했던 학생인권선언은 이에 대해 중요한 시사점을 제공하고 있다.

교육하는 일에 직접 또는 간접으로 관계하는 모든 이들은 자신에게 주어진 권한을 행사하고 책무를 수행함에 있어서 학생들의 인권을 최대한 보장하고 존중하여야 한다. 학생을 교육하기 위함이라는 이유로 학생의 인권이 함부로 침해되어서는 아니 되며, 또한 학생의 인권이 존중되어야 한다는 명분으로 학생을 바르게 이끌기 위한 정당한 노력이 포기되거나 거부되어서는 아니 된다(교육부 학생인권선언제정위원회, 1998.12.10).'

셋째, 학생은 자신의 인권을 주체적으로 내세울만큼 성숙한가?

중등 단계의 청소년들은 급격한 신체적 성장과 함께 감성적 변화를 겪는데, 이 기간 동안 대부분의 시간을 학교라는 제한된 공간에서 보내고 있다. 중학교 3년과 고등학교 3년, 총 6년의 기간 동안 중등학교의 학생들은 아동과 성인의 중간 지대에서 자신의 자아를 형성하고 장래를 위한 인지적 능력을 최대한 발휘하도록 훈련받는다. 초등학교의 학생들은 사춘기가 시작되기 전인 아동으로 간주되면서, 이들에게는 중등단계에서 요구되는 '어마어마한 학습량'과 이를 감당할 수 있는 '인내력'을 기대하지 않는다. 대신 다양한 과외 활동과 창의적이며 자유로운 학습 방식을 권장한다. 또한 대학 교육으로 통칭되는 고등단계의 학생들 또한 자율적인 학습 주체로서 전적으로 자신이 학습 내용을 선택하고 학습 방법을 결정한다. 그러나 중등단계 이후의 청소년들을 이미 성인이라고 간주하고, 개개인의 선택과 결정이 미치는 결과에 대해서 엄격한 책임을 감당케 함으로써, 이들을 유년기의 아동들과 구분한다. 즉, 미성숙한 아동기의 초등단계와 이미 성인으로 간주되는 고등단계 사이에서 중등학생들은 대부분의 시간을 보내는 학교에서 미성숙한 아동으로 간주되면서도, 다른 한편으로는 자율적인 주체로 행동할 것을 요구받는다.

교육받아야 할 대상으로서의 학생은, 지적, 정서적으로 미성숙하여 적절한 규제에 의한 통제를 받아야 한다. 이를 위해 각 학교는, 사회적 통념에 위배되지 않고 학교의 설립 이념을 반영하는 학교생활규정을 제정하여, 학생 개개인의 학교생활을 통제한다. 이때 무엇보다 중시되는 것은 학생 개개인의 특성보다는, 학교가 설립된 취지와 목적에 부합한 공동체적 가치와 이념을 실현하는 것이다.

중등학교에서 학생인권을 제한하는 근본적인 이유는, 학생을 미성숙한 존재로 인식하는 사회 통념에 근거하고 있다(김혜숙, 1999; 배경내, 1999, 2006; 신현직, 2004; 이수광, 2000; 이경, 2000; 최현진 외, 2004). 이로 인해 학생은 성인에 비해 합리적 판단 능력 및 사회 경험이 부족하고 미숙하여 올바른 선택이나 선택에 따른 책임을 수행하기 어렵다고 단정한다. 최현진(2004)은 이에 대해 '특정 연령이 권한 제한의 기준으로 적합한가? 청소년은 성인보다 능력이 부족한가? 권리 행사 경험 없이 권리 행사에 필요한 능력 획득과 성숙이 가능한가?'라는 질문을 제기하고 성인의 시각에서 청소년 인권을 제한하는 논리들이 갖는 한계와 부당성을 지적하고 있다(최현진 외, 2004: 44-58).

학생을 미성숙한 존재로 보는 사회적 통념은 의무 교육 과정에 고스란히 담겨져 있다. 학교에서 교사들은 의무 교육 과정의 이론적 토대인 권위적 간섭주의에 터하여 학생의 권리를 제한하고 있다. 즉, 학생은 그 사회의 제반 가치가 담겨있는 '사회적 합목적성'에 근거하여 간섭을 받고, 성인의 주도에 의해 보호, 양육, 교육받는 인간 존재임을 알 수 있다. 이 같은 학생에 대한 관념(정의)은 기존 사회의 사회적 합목적성이 바람직하다는 가정(기존 사회가 지향하는 목표와 가치가 정당하다)과, 이에 근거해서 마련된 제 사회제도 역시 일단은 존중되어야 한다는 보수적 가정을 전제하고 있다(이수광, 2000: 48).

그러나 이수광(2000)의 논의에서 볼 수 있듯이, 학생은 학생 이전에 한 인간 존재이므로 '보편적 합목적성'을 추구하는 존재로 인식해야 한다. 또한 학생은 '사회적 합목적성'에 따라 사회적 간섭을 받되, 그 이전에 인간으로서 의당 누려야 할 '생성적 인권(기본적 인권)'의 향유 주체로 인식되어야 한다. 아무리 정당한 간섭이라 하더라도 인간의 존엄과 자유, 평등을 근간으로 하는 기본적 인권을 무시하는 것은 '과잉 간섭'에 불과하기 때문이다(이수광, 2000: 48-9). 뿐만 아니라, 학교의 목표가 학생들의 자율적 판단 능력을 향상하고, 자신의 권리를 향유 행사할 수 있는 민주 시민으로서의 성장을 전제하고 있다면, 이러한 학생의 권리에 대한 제한은 교육적인 배려가 배제되었다고 볼 수 있다(김혜숙, 1999).

중등단계의 학생들은 초등 및 고등 수준의 학생들과 달리 급격한 신체적 변화, 지식의 확장, 정신적 방황의 시기를 거치며 사회, 정치, 경제 및 문화에 대해서 눈을 뜨게 된다. 초등학생들이 문제 해결에 있어서 즉흥적이고 감성적인 경향을 보인다면, 중등학생들은 개인적·사회적 행동을 함에 있어 좀 더 분석적이고 비판적인 방식으로 성찰하기 시작한다. 따라서 중등단계의 학생들은 시민으로서의 '정치적 권리와 경제적, 사회적, 문화적 권리의 중요성을 충분히 이해할 수 있을 만큼 성숙해 있다(유네스코, 1999: 350)'고 보아야 한다. 중등학교 및 중등 교육 과정은 학생들에게 이러한 인권에 대한 의식을 함양하여 성숙하고 건전한 공동체 사회의 시민으로서 성장할 수 있도록 해야 한다.

넷째, 학생인권옹호는 학생정치화의 다른 표현일 뿐인가?

경기도 교육청에서 추진한 학생인권조례제정과정에서 학생인권을 둘러싼 새로운 쟁점이 부각되었다. 자문위원회의 조례안에는 '학교에서의 체벌 금지, 학생인권의 날 지정, 학생인권심의위원회 구성, 학생인권옹호관 설치, 학생인권상담실 설치, 개성을 실현할 권리, 학칙 등 학교 규정의 제·개정에 참여할 권리, 정책결정에 참여할 권리, 학생참여위원회' 등이 있다. 기존의 학생인권의 내용을 주로 두발, 용모, 차별적 언행, 체벌 등의 특정 사안에 대해 국한된 논의를 전개해 왔다면, 경기도 교육청의 조례안은 학생인권을 보장하기 위한 제도적 토대를 마련하고자 노력한 흔적이 보인다. 기본권적 표현의 자유와 함께 교내 학생회 활동의 활성화와 보다 적극적인 집단의사표현의 권리를 인정하고 있기 때문이다. 어찌 보면 너무도 당연해 보이는 조항임에도 불구하고 학교의 학생들에게 이러한 권리가 부여된다는 점에서 논쟁이 벌어졌다. 좀더 명확하게 문제점을 지적해 보자면, 학생인권의 내용이 교내 학생의 정치적 권한을 확대한다는 점에서 학생인권이 순진무구한 학생들을 정치적 도구화, 정치의식화의 희생물로 삼는 것이 아니냐는 견해 때문에 학생인권의 내용으로 적절하지 않다는 점이 지적되고 있다.

물론 이러한 의견의 찬성과 반대에 대한 논의가 공식적인 학술논쟁으로 전개가 되었다면 쟁점으로 삼아 논의하기가 훨씬 쉬웠을 것이다. 학생인권의 특정한 내용과 조례안에서의 조항을 두고, 학생의 '정치도구화' 그리고 '정치의식화'에 대한 논란은 미디어를 중심으로 문제가 제기되었고, 이에 대한 반론 형식으로 정리되지 않은 비판이 이어졌다.[7] 따라서 학생인권-교권과 미성숙한 존재로서의 학생의 인지적, 도덕적 발달단계에 따른 학술적 논쟁과는 약간 거리가 있다.

앞서 학생인권을 신장시키기 위한 조항들을 학생들의 정치의식화라 비판하는 내용의 논점을 정리해보면 다음과 같다. 첫째, 학생은 미성숙한 존재이기 때문에 아직 정치적 판단을 하기에는 이르다. 학생은 사리분별을 하는 데 있어 아직 지적, 정서적, 도덕적으로 부족하기 때문에 사회정치문화적인 이슈에 자신의 의견을 직접적으로 표명하고, 의사를 표현하기 위한 정치적 행동은 금지되어야 한다. 이는 성년에 이르지 아니한 청소년들에게 선거권이 주어지지 않았다는 것과 동일한 논리라 할 수 있다. 둘째, 학생은 학교의 일상적 문제들에 대해서 관여할만한 수준이 아니라고 본다. 학내의 학교행정, 교사-학생의 갈등, 학내 학습환경, 교육과정 운영, 그리고 학생의 비행에 대한 판단 등에서 학생들은 판단의 대상으로만 남아 있을 것을 요구받는다. 물론 모든 학교(혹은 교사)가 그렇다고 보기는 어렵지만, 학생의 정치적 의사 표명에 반대하는 의견은 학생을 학교운영의 주체로 인식하지 못함을 담고 있다. 학생회 임원진의 구성방식과 학

---

7) 대표적인 신문 기사로 다음 참고. "학생인권조례로 '촛불 홍위병' 키워보겠다는 건가", 조선일보 (2010.7.1.), http://news.chosun.com/site/data/html_dir/2010/07/01/2010070102092.html; "인기영합주의 인권조례안" 문화일보 (2010.3.24), http://www.munhwa.com/news/view.html?no=20100324010338371910020; "학생인권조례안이 학생을 '예비투사'로 만든다?", 프레시안 (2010.7.9.), http://www.pressian.com/article/article. asp?article_num=60100708183626&Section =03.

생회활동의 방식이 학생 주도로 이루어지지 않는다는 비판은 이에 기인한다(배경내, 1999; 박효정·유성상, 2006).

연구자는 학생의 정치참여가 타당하냐 혹은 미성숙한 존재로서 부당하냐는 대립되는 의견 중 하나를 선택하는 것보다, 오히려 교육과 정치의 관계를 어떻게 보아야 하는가에 대한 시각을 전환해야 함을 지적하고 싶다. 교육은 정치로부터 자유로운 중립적인 것이어야 한다. 따라서 교육의 목표와 실행과정에서 정치적인 그 어떤 것도 교육에 영향을 끼치지 않는 영역으로서의 교육이 강조된다. 기초지방자치단체장·의원 선거에서 지방교육청의 교육감과 교육위원이 특정 정당에 소속되어 있어서는 안된다는 사실에서도 발견할 수 있다. 그러나 이는 '정치'에 대한 개념을 너무 좁게 인식한 데서 오는 문제로서 보다 폭넓은 시각으로서의 '정치적' 개념으로 전환해야 할 필요가 있다. 선거를 할 수 있는가 없는가, 특정 정당에 소속되어 있는가 그렇지 않은가 등의 제도화된 정치체제에서 정치의 개념은 극히 좁을 수밖에 없다. 정치는 일상생활 속에서 특정 개인에게 주어지는 수많은 결정상황에서 어떠한 것을 결정하는지, 왜 그렇게 결정하게 되었는지, 결정과정에 영향을 미치는 제도적, 비제도적, 지적, 감성적 요인들은 무엇인지 등에 관련된 것이다. 학교에서 일상의 대부분을 보내는 학생들에게 이 모든 것들은 정치적인 측면으로 받아들이고 분석되어져야 한다(Fogg, 2009; Torres, 1998). 학생의 일상적 삶의 거의 대부분을 차지하고 있는 학교라는 공간에서의 이슈와 관계가 정치적으로 읽히고, 또 인정되어야 하는 이유가 여기에 있다. 프레이리의 저작들은 이러한 교육의 정치성에 대해 명확하게 제시하고, 또 인정할 것을 요구한다(Freire, 1970; 1998). 학생인권의 특정한 사안이 학생들을 정치도구화하고 정치의식화한다는 주장은, 학생들의 일상생활에 대한 편협한 이해와 인식에 기인한 것이라 볼 수 있다.

4. 학생인권담론의 확장

우리나라 국민들의 교육에 대한 관심과 기대가 어느 나라보다 크기에 학교 교육의 문제는 곧 사회, 정치, 경제, 문화의 영역으로 전이된다. 국민들에게 학교는 공정하고, 인간적이며, 능력 있는 사회 성원들을 길러내는 곳으로 여겨지고 있으며 개인에게 있어서는 개개인의 능력을 키우고 관심을 심화하는 곳이다. 또한 개인으로서의 학생은 학교에서 자신의 능력을 공정하게 평가받으며, 자신의 능력과 관심에 따라 할 일을 자유롭게 결정할 수 있게 된다. 그러나 막상 학교가 전제된 공정성에 시시비비를 가려야 하는 상황에 처해 있고, 학생인권침해 사례가 보도, 고발되는 곳이라면, 국민들의 교육에 대한 기대와 국가 제도 및 정책에 대한 신뢰는 회복하기 어려운 상태에 이를 것이다. 한홍구(2003)는 학교를 '인권의 사각지대', 학생을 '노출된 인권침해 피해자'로 규정하면서, 학생인권의 회복과 수호가 그 어느 때보다도 절실하다고 주장한다.

특별히 중등학교의 학생들은 거의 대부분의 시간을 보내는 학교에서 '교육적'이라는 '대의명분' 아래 기본적인 인권을 보호받지 못하는 경우가 다양하게 보고되고 있다(배경내, 1999; 심성보 외, 2004; 조금주 외, 2006). 정보보호 및 사생활 침해문제, 학교폭력문제, 다양한 차별문제, 정당한 학습환경의 부족문제, 기본적인 학습권 침해 등은 오늘을 사는 중등학생들의 다양한 인권침해 사례들의 일부에 해당한다. 더욱 문제로 제기되고 있는 점은, 학생이 인권침해의 대상으로 많은 인권침해 사례가 나타나지만(배경내, 1999), 정작 학교현장에서는 이러한 인권침해에 대해 그리 관심을 기울이지 않고 있다는 것이다. 학교교육의 3주체인 학생, 학부모, 교사는 중학교와 고등학교 각각 3년 동안의 생활을, 마치 대학진학을 위한 의례적 시간으로 받아들이고, 6년여 기간 동안의 중등학교 생활 동안 받고 있는 인권침해가 빈번한 우리의 교육문화에 대해 크게 인식하지 않고 있다(박효정·유성상, 2006). 혹 인식하고 있다고 하더라도, 대학진학을 앞둔 상황에서 어쩔 수 없는 현실로 수용하는 태도를 취하고 있다.

'교육적'이라는 잣대에 대해 쉽게 공감하고 이해할 수 있는 행동의 규준이나 가이드라인이 제대로 제시되어 있지 않다는 점(이수광, 2000; 박효정·유성상, 2006) 또한 문제로 지적될 수 있다. 학교 현장의 학생과 교사, 그리고 학부모와 교사, 그리고 학부모와 학생 간의 실질적 관계 속에서 반복적으로 형성되어 온 관계는 이러한 혼란함, 즉 무엇이 교육적이고 무엇이 교육적이지 않은지에 대한 답변을 더욱 어렵게 만들어 왔다. '교육적'이라는 기준이 '인권적'이라는 기준과 평행선상에서 구분되고 비교될 수 있는 것이 아님에도 불구하고, '학생인권'이라고 하면, 이것이 마치 '교육적'인 것을 가로막는 장애물인 것처럼 인식되어 왔다. 과연 그러한가라는 질문이 여전히 학교 현장과 현장의 주요한 교육주체들을 중심으로 논란이 가속화되고 있다.

학교 내에서의 학생인권침해의 문제는, 학생들에게 자연의 법칙, 즉 약자들의 희생이 당연시 되고, 강자들의 약자에 대한 억압과 폭력을 [부당하지만] 받아들일 수밖에 없는 현실임을 인식하게 함으로써, 정의롭지 못하고 반인권적인 구조와 행태를 재생산하도록 한다는 데에 있다(강순원, 1999; 배경내, 1998). 학생인권침해 사례들에 대한 지속적인 보고와 대책 마련에도 불구하고 현재 이를 해결하기 위한 대책이 제대로 마련되어 있지 않다. 또한 학교 내 학생에 대한 인권침해 사례들은 사회적 파장을 일으키며 언론의 조명을 받아 이슈 중심의 논의가 이루어지기는 하지만, 그것이 '학생인권' 담론으로까지는 발전하지 못해 왔다. 그 이유는 다음과 같다.

첫째, 학생인권에 대한 담론 자체가 교사를 중심으로 한 교원 집단과 더 나아가 [공·사립을 망라해서] 학교 운영 체제에 대한 직접적 도전으로 간주되고 있기 때문이다(이수광, 2000). 둘째, 학생들의 인권침해 사례는 총체적인 학생인권 담론으로 다루어지지 않고, 개별화되어 개별 학생들의 비행 문제, 개별 교사들의 윤리 문제, 혹은 개별 학교의 행·재정상 운영 문제로 축소되고 있기 때문이다(신현숙, 2003). 셋째, 두 개념, 즉 국가 통치 원리를 주요 내용으로 삼아 국가 체제의 일원으로서 시민을 육성하기 위한 윤리교육(가치 교육, 도덕 교육, 민주시민 교육)과 개개인의 천부적 권리에 대한 의식을 고양하고자 하는 인권교육을 혼동하고 있기 때문이다(이종태 외, 2005). 마지막으로 인권 등 존재론·윤리론적 담론이 학생들의 학업 성취도에 미칠 영향들을 지나치게 비관적으로 몰고 감으로써 더 이상의 발전적 담론화를 어렵게 하기 때문이다(배경내, 2004).

그러나 사회적으로 '학생인권'과 '학생인권침해'의 문제가 제기될 때마다 동일한 무게로 등장하는 주제는 '교사의 교육권'을 어떻게 생각할 것인가 하는 점이었다. 예를 들어, 교사에 의한 과도한 체벌이 학교와 사회의 주요한 문제로 등장했을 경우, 체벌 논의는 인권적 입장에서 논의되기보다는 체벌 없이 어떻게 학생을 통제할 수 있겠는가의 문제로 발전해 왔다. 과도한 체벌의 사례와 함께, 특히 '교사에 대한 학생들의 폭력' 및 '교실 수업 방해' 등의 사례는, '과연 어떻게 가르치는 것이 교육적인가'라는 원론적 질문을 되풀이하게 한다. 그래서 중등단계의 학생인권을 둘러싼 논란은 본문에서 논의한 바와 같이 그리 간단해 보이지 않는다.

자율적으로 학습하는 주체로서의 중등학생은 이미 자신의 선택과 결정에 대해 책임을 감당할 수 있을 만큼 성숙하다고 볼 수 있다. 따라서 중등학생은, 선택과 결정에 이르는 동안 교사와 학부모 등의 자문을 받을 수는 있지만 특정한 결과를 위해 자신의 선택과 결정을 강요당하지 않아야 한다. 학교생활을 통제하는 다양한 제도적 장치들은 개별 학생들의 특성이나 취향을 인정하지 않는 것이므로, 이들을 반영하여 '민주적이고 합리적인' 규정이어야 한다. 중등학생의 인권에 대한 논쟁은, 학생을 미성숙한 존재로 간주함으로써 '교육받아야 할 대상'으로 인식하는 교육가적 입장과, 학생을 자율적 청소년으로 인식하여 '자율적으로 학습하는 주체'라고 주장하는 학습권적 입장이 충돌하는 지점에 와 있다.[8]

---

8) 교사와 학부모의 대부분이 교육가적 입장을 취하고 있고, 학생 및 사회운동단체의 운동가들이 학습권적 입장을 취하고 있다. 그러나 이를 두고 "교사의 입장"과 "학생의 입장"으로 구분할 수는 없다. 첫째는, 많은 수의 교사들이 교육가적 입장을 비판하고 있고, 학부모의 경우 사태에 따라 선택적으로 취하는 경우가 많기 때문이며, 둘째, 학생들의 경우 자신의 자율성을 평가절하하여 자신

경기도 교육청에서 김상곤 교육감이 취임한 이후 학생인권조례제정을 위한 적극적인 역할을 해왔고, 몇몇 지방교육청에서 교육정책의 방향을 학생 중심의 학습환경을 조성하기 위한 방안으로 학생인권조례제정을 공언하고 있다. 그러나 그 과정이 결코 순탄하지는 않다. 이 과정에서 불거져 나오는 학생인권조례제정에 대한 비판의 내용을 보면서, 여전히 한국 사회는 학생들을 '미성숙한 아동'의 수준으로 보고 있다는 점에서 씁쓸한 마음을 금할 수 없다. 중등교육과정은, 학생이기 이전에 자라고 있는 인격체로서 자신의 생각과 행동에 책임질 수 있도록 교육하고, 또 키워줘야 할 가장 중요한 시기이다. 그런데 이 시기에도 학생들의 몸과 생각을 마치 큰 말뚝을 박아 끈으로 동여매 놓고 그대로 자라기를 바라는 것과 다르지 않은 듯하다. 결국 학생들의 마음과 지적 성장에 큰 상처가 생기고, 그리 강하지 않은 외부 환경적 변화, 어려움 속에서 쉬 낙담하고 쓰러지는 모습을 보게 된다. 학생은 자율적인 판단을 지닌 성숙한 인간으로 인정해야 한다. 그것이 언제부터냐고 묻는다면, 그것은 적어도 한 아동이 학생이라는 사회적 지위를 얻기 이전부터라고 할 수 있다. 이는 모든 아동의 부모들이 자신의 자녀들을 바라보면서 느끼고, 또 지켜내고 싶어 하는 가장 핵심적인 교육의 내용이기도 하다. 따라서 학생들은 미성숙하고, 스스로 판단하지 못하고, 나약하며, 인내하고 받아들여야만 하는 수동적 존재라는 기성세대의 인식은 반드시 폐기되어야 한다.

지속적으로 제기되고, 답변된 내용이지만, 다시 강조하자면, 인권은 어느 한 순간에 주어지는 것이 아니다. 서서히 키워지고, 또 실천함으로써 제대로 누릴 수 있는 그 자체로 교육적인 것이다.

의 권리를 부정하는 경우가 있기 때문이다.

제2장
2006년도 중등학생 인권실태분석[1]

1. 들어가며

본 장에서는 2006년도에 실시된 중등학교 학생들의 학생인권실태를 조사, 분석하고, 범주화하여, 대한민국 중등학교의 학생인권이 보여지는 실제를 검토하고자 한다. 이미 10여 년도 더 지난 과거의 학생인권실태를 검토하는 것은 어떤 의미를 가질 것인가?

우선, 기록으로서의 가치를 가진다. 바로 이어지는 다음 장에서는 국가인권위원회에서 5년 주기로 실시하는 대국민인권의식실태조사(2011년과 2016년)의 내용 중 학생인권실태를 다룰 것이다. 학생인권에서 자주 거론되는 인권침해사례 혹은 차별 사례는 시대에 따라 다른 양상을 보이는 것이 당연하다. 2000년에 들어서기 전에는 학생인권이란 개념에 앞서 교육선택권에 대한 논의가 등장했었다. 즉, 인권으로서의 학습권이 중요한 화두였다. 그러던 것이 1990년대 말 '학교붕괴' 담론의 시작으로 '학교폭력

---

[1] 본 장은 중등학생인권실태조사연구(한국교육개발원, 2006)의 내용을 재구성한 것임을 밝힌다.

실태'가 보고되면서 학생들의 자유로운 두발 및 용의복장에 관한 관리, 통제, 규정강화가 이루어졌다. 이에 반하여 학생인권을 옹호하는 측에서는 신체적 자유와 함께 실질적인 학습과 무관한 개인의 취향을 옹호하는 학생인권운동을 전개하게 되었다. 학생자치에 근거한 학교생활규정의 개정이 대표적인 사례였다. 이후 학생인권은 학생들의 학내 종교의 자유 논쟁을 거쳐 정치참여에 이르기까지 많은 변화를 거쳐왔다. 따라서 2006년도에 실시된 중등학생의 인권의식 및 실태조사를 검토하는 것은 학생인권의 양상이 어떻게 변화해 왔는지에 관한 중요한 흐름을 이해할 수 있도록 안내할 것이다.

이에 더하여, 중등학교의 인권의식 및 실태조사를 통해서 학생인권에서 무엇이 강조되었고 또 그렇지 않은지를 살펴볼 수 있다. 기록으로서 과거의 사례를 되짚어보는 것의 자연스러운 결과로서, 각 조사항목에서 어떤 것을 학생인권의 의식을 파악하는 준거로 삼고 있는지, 또는 어떤 내용이 당시 가장 중요한 학생인권침해로 가정되고 있는지 파악할 수 있다. 본 장에서 검토하는 중등학생의 인권실태에서는 주로 두발, 용의복장, 체벌에 관한 내용을 자주 접하게 된다. 그리고 학생의 인권에 대한 의식을 묻는 질문은 여전히 인권교육이 일반적으로 시행되고 있지 않다는 점을 전제하는 듯한 접근을 취하고 있다. 따라서 특정 시기의 인권의식 및 인권침해실태를 검토하면서 인권의 의미 및 이해수준을 가늠할 수 있게 될 것이다.

2. 2000년대 초기 학생인권 담론의 위치

학교 교육은 국민들의 신뢰 속에 공정하고, 인간적이며, 능력 있는 공동체적 사회 성원을 길러내는 곳이어야 한다. 우리나라 국민들의 교육에 대한 관심과 기대가 어느 나라보다 크기에 학교 교육의 문제는 곧 사회, 정치, 경제, 문화의 영역으로 전이된다. 국민들에게 학교는 공정하고, 인간적이며, 능력 있는 사회 성원들을 길러내는 곳으로 여겨지고 있으며 개인에게 있어서는 개개인의 능력을 키우고 관심을 심화하는 곳이다. 또한 개인으로서의 학생은 학교에서 자신의 능력을 공정하게 평가받으며, 자신의 능력과 관심에 따라 할 일을 자유롭게 결정할 수 있게 된다.

그러나 막상 학교가 전제된 공정성에 시시비비를 가려야 하는 상황에 처해 있고, 학생인권침해 사례가 보도, 고발되는 곳이라면, 국민들의 교육에 대한 기대와 국가 제도 및 정책에 대한 신뢰는 회복하기 어려운 상태에 이를 것이다. 한홍구(2003)는 학교를 '인권의 사각지대', 학생을 '노출된 인권침해 피해자'로 규정하면서, 학생인권의 회복과 수호가 그 어느 때보다도 절실하다고 주장한다.

사실 학생들의 개별적·집단적 인권적 의지와 권리는, 학업 성취도 향상이라는 '대목표'에 의해 쉽게 묻혀 버렸다. 즉, 한국 사회의 대학 서열화는 지독한 입시 경쟁을 통해 학생들에게 '일류 대학'을 꿈꾸도록 한다. 즉, 학생들에게는 쉽게 변화할 것 같지 않은 각 대학의 서열이 특정 분야에 대한 관심보다 더 큰 학습 동기라고 설명한다. 따라서 '좋은 교육', '질 높은 교육'이라는 말은, 얼마만큼 학생들의 총체적 성장(신체적, 지적, 감성적, 정신적, 영적)을 가져오는가에 의해서 결정되기보다는, 얼마만큼 서열이 높은 학교에 들어갈 수 있도록 입시 지도를 잘하는가에 따라 결정된다. 결과적으로 다양한 학생들의 관심을 심화하고 발전시킨다는 진정한 의미의 '자율 학습'은 사라지고, 오히려 획일화되고 학교 규율을 따르는 타율적 행태가 지속되고 있다. 성장기의 학생들에게 있어, 학교에서 마땅히 받아야 할 학습이 개별 학생들의 총체적 성장과 무관하거나, 혹 그들의 총체적 성장을 저해하는 것이라면, 이것은 학생들의 보편적인 인권을 침해하는 것이라 할 수 있다.

학생인권침해에 대한 관심은 2001년 교육행정정보시스템(National Education Information System: NEIS) 문제가 대두되면서 급증하였다(하승수, 2003). NEIS 문제는 학교 교육에서 정보화보다도 중요한 것이 인권 수호라는 것을 일깨우는 계기를 마련했다. 이후 2004년 학내 종교의 자유를 주장한 대광고 사건을 통해 학교에서 학생들의 개별 인권 문제가 큰 사회적 이슈로 다루어졌다. 이 사건은, 학생들을 동일한 체제 하에 주어진 학교 환경에 순응하는 존재로, 즉 체제와 교원 집단의 교화 대상으로 보아 왔던 관행에 이의를 제기한 중요한 계기가 되었다. 이로써 학생들이 단순히 학교의 교화 대상이 아니라, 학교의 한 주체로서 학교를 구성, 운영하는 권리를 가지고 있음을 보여주었다.

또한 학생인권 문제는 특정 사안에 따라 보도, 보고, 고발 형태로 지속적으로 제기되어 왔다. 체벌 문제는 대표적인 예로 교권과 학생의 인권을 둘러싸고 토론을 이어가고 있다. 최근 학교 폭력 문제의 심각성이 언론 매체에 반복적으로 보도되면서 이 또한 주요한 학생 비행이자 인권침해 사례로 보고되고 있다. 왕따를 포함한 학생 간의 폭력 사태가 개인적 수준을 넘어 집단화·조직화됨으로써, 학교 내의 문제를 넘어 사회문제화되어 왔다. 성차별·성폭력은 전통적 가부장 사회에서 오랫동안 관행화되어 왔기 때문에, 가시적인 인권침해의 대표적인 사례이면서도 그 해결책에 대해서는 그리 적극적인 자세를 보여주지 못했다.

이러한 학교 내에서의 학생인권침해의 문제는, 학생들에게 자연의 법칙, 즉 약자들의 희생이 당연시 되고, 강자들의 약자에 대한 억압과 폭력을 [부당하지만] 받아들일 수밖에 없는 현실임을 인식하게 함으로써, 정의롭지 못하고 반인권적인 구조와 행태를 재생산하도록 한다는 데에 있다 (강순원, 1999; 배경내, 1998).

학생인권침해 사례들에 대한 지속적인 보고와 대책 마련에도 불구하고 현재 이를 해결하기 위한 대책이 제대로 마련되어 있지 않다. 또한 학교 내 학생에 대한 인권침해 사례들은 사회적 파장을 일으키며 언론의 조명을 받아 이슈 중심의 논의가 이루어지기는 하지만, 그것이 '학생인권' 담론으로까지는 발전하지 못해 왔다.

중등 단계의 청소년들은 급격한 신체적 성장과 함께 감성적 변화를 겪는데, 이 기간 동안 대부분의 시간을 학교라는 제한된 공간에서 보내고 있다. 중학교 3년과 고등학교 3년, 총 6년의 기간 동안 중등학교의 학생들은 아동과 성인의 중간 지대에서 자신의 자아를 형성하고 장래를 위한 인지적 능력을 최대한 발휘하도록 훈련받는다. 초등학교의 학생들은 사춘기가 시작되기 전인 아동으로 간주되면서 중등단계에서 요구되는 '어마어마한 학습량'과 이를 감당할 수 있는 '인내력'을 기대하지 않는다. 대신 다양한 과외 활동과 창의적이며 자유로운 학습 방식을 권장한다. 또한 대학교육으로 통칭되는 고등단계의 학생들 또한 자율적인 학습 주체로서 전적으로 자신이 학습 내용을 선택하고 학습 방법을 결정한다. 그러나 중등단계 이후의 청소년들을 이미 성인이라고 간주하고, 개개인의 선택과 결정이 미치는 결과에 대해서 엄격한 책임을 감당케 함으로써, 이들을 유년기의 아동들과 구분한다. 즉, 미성숙한 아동기의 초등단계와 이미 성인으로 간주되는 고등단계 사이에서 중등학생들은 대부분의 시간을 보내는 학교에서 한편으로는 미성숙한 아동으로 간주되면서도, 다른 한편으로는 자율적인 주체로 행동할 것을 요구받는다.

교육받아야 할 대상으로서의 학생은, 지적, 정서적으로 미성숙하여 적절한 규제에 의한 통제를 받아야 한다. 이를 위해 각 학교는, 사회적 통념에 위배되지 않고 학교의 설립 이념을 반영하는 학교생활규정을 제정하여, 학생 개개인의 학교생활을 통제한다. 이 때 무엇보다 중시되는 것은 학생 개개인의 특성보다는, 학교가 설립된 취지와 목적에 부합한 공동체적 가치와 이념을 실현하는 것이다.

그러나 자율적으로 학습하는 주체로서의 중등학생은 이미 자신의 선택과 결정에 대해 책임을 감당할 수 있을 만큼 성숙하다. 따라서 중등학생은, 선택과 결정에 이르는 동안 교사와 학부모 등의 자문을 받을 수는 있지만 특정한 결과를 위해 자신의 선택과 결정을 강요당하지 않아야 한다고 주장한다. 학교생활을 통제하는 다양한 제도적 장치들은 개별 학생들의 특성이나 취향을 인정하지 않는 것이므로, 이들을 반영하여 '민주적이고 합리적인' 규정이어야 한다.

3. 중등학생 인권실태 조사 내용

학생인권실태 조사는 학생인권에 대한 의식과 실태, 인권교육 실시 상황을 주요한 내용으로 삼고 있다. 설문 대상 학교는 학교급별(중학교, 고등학교), 지역별(서울시, 광역시, 중소도시, 읍면지역)로 전국 142개교로서 표본 학교로 선정된 학교에서 각 학교의 2학년 한 반 35명을 기준으로 2개의 학급에 질문지를 실시하였고, 한 학급의 인원수가 35명보다 적은 경우는 전수 조사를 하였다. 교사와 학부모의 경우에는 한 학교당 10명을 조사 대상으로 정하였다.

실시된 질문지는 학생, 학부모, 교사용 3종으로 표집된 중·고등학교의 학생, 학부모, 교사 각각 9,323명, 1,420명, 1,420명을 대상으로 2006년 8월 28일부터 9월 1일 중에 실시되었다. 그 결과 학생, 학부모, 교사용 질문지는 각각 7,688명(82.5%), 1,090명(76.8%), 1,098명(77.3%)이 회수되었다.

주요 조사 항목의 내용은 아래 표와 같다.

표 2-1 학생인권실태 조사의 하위 영역 및 조사 항목(학생, 학부모, 교사용)

영역	세부문항	대상		
		학생	학부모	교사
배경 변인	• 학교급	○	○	○
	• 성별	○	○	○
	• 거주지	○	○	○
	• 학교 특성	○	○	○
	• 자녀 성별		○	
	• 교육 연한			○
학생인권에 대한 의식	• '학생인권' 인지 여부	○	○	○
	• '세계아동인권선언' 인지 여부	○	○	○
	• 학교에서 학생인권의 제한이 가능한 상황	○	○	○
	• 학교에서의 학생인권에 대한 의식	○	○	○
	• 학교 내외 생활과 관련된 학생인권 의식	○	○	○
	• 학생의 자율성에 대한 평가	○	○	○
	• 학생의 자율성이 낮을 경우 그 이유	○	○	○

학생인권실태	• 기본권적 학생인권침해 실태	○	○	○
	• 규율 차원의 학생인권침해 실태	○	○	○
	• 제도 차원의 학생인권침해 실태	○	○	○
	• 관계 차원의 학생인권침해 실태	○	○	○
	• 학부모에 의한 학생인권침해	○		
	• 후생복지 차원의 학생인권침해			○
	• 기본권적 학생인권침해에 대한 대응	○		
	• 규율 차원의 학생인권침해에 대한 대응	○		
	• 제도 차원의 학생인권침해에 대한 대응	○		
	• 관계 차원의 학생인권침해에 대한 대응	○		
	• 학부모에 의한 학생인권침해에 대한 대응	○		
	• 학생인권침해의 주체에 대한 인식	○		
	• 학교생활규정 위반 시 적절한 제재 방법에 대한 의견	○	○	○
인권교육실태	• 인권교육의 필요성	○		○
	• 현 교과 과정에 인권교육 내용이 담겨 있는지에 대한 동의	○		○
	• 인권교육 참여 의사	○		○
	• 인권 수업 참여 경험	○	○	○

4. 중등학생의 인권의식 수준은 어떠한가?

전반적으로 '학생인권'에 대한 의식 수준은 교사, 학부모, 학생의 순서로 높은 것으로 나타났다. 이 결과는 다음과 같은 논의를 제안한다. 첫째, 중등학생은 자신의 인권에 대한 의식이 낮다. 둘째, 인권 의식이 낮기 때문에 학생들은 인권침해의 대상이 되는 상황에서 단지 감정적인 대응 또는 무반응을 보이게 된다. 셋째, 교사가 학생인권에 대해 상대적으로 높은 인식 수준을 보임에도 불구하고, 교사는 학생들의 주요한 '학생인권침해 주체'로 지적되고 있다.

그러나 학생인권과 관련된 국내·외적 선언에 대한 인지 수준은 집단 간 유의미한 차이가 나타나고 있기는 하지만 이들의 평균은 1.63~2.33점 정도에 이르고 있다. 이는 학생, 학부모, 교사 모두 세계아동인권선언 및 학생인권선언에 대해 '이름만 들어보았다'는 수준으로 이들 선언의 내용에 대해서는 거의 무지한 상태라는 것을 나타내고 있다.

교육부는 1998년도에 학생아동인권선언을 제작하여 발표하였다. 그러나 이에 대한 인지 수준 또한 매우 낮은 것을 볼 수 있는데, 이는 국가인권위원회가 인권교육을 실시하고, 학교에 대한 인권교육의 필요성이 높았음에도 불구하고, 실제 인권교육이 거의 이루어지지 않았음을 의미한다.

학생, 학부모, 교사의 입장에서 학생인권이 제한되는 상황을 조사한 분석결과에서 가장 두드러진 특징은, 학생, 학부모, 교사 모두 '학생의 개성 있는 행동이 다른 학생에게 방해가 될 경우(학생의 인권을 제한할 수 있다)'를 선택하고 있다는 점이다. 그러나 이 경우를 제외하고는 학부모와 교사가 비슷한 비율로 '공동체 성원으로서 정상적인 사회인이 되는데 필요한 경우(학생의 인권을 제한할 수 있다)'를 선택한 반면, 학생들은 '현재의 처벌이나 벌칙 등의 통제가 학업 성적 향상에 도움이 되는 경우(학생의 인권을 제한할 수 있다)'를 선택하고 있다는 점에서 차이를 보인다.

또한 특정 사안에 대한 학생들의 판단 능력이 미숙하다고 생각되는 경우에 인권제한이 가능하다고 답하는 학생의 수(1,230명, 16.0%) 또한 많았다는 것을 참고해 보아야 한다. 이는 학생들의 자율성을 인정하지 않고 있는 부분인데, 학생, 학부모, 교사 모두 비슷한 비율을 차지하고 있다.

학교생활에서 학생인권에 대한 의식상황을 살펴보면, 전반적으로 학부모와 교사들은 학생인권에 대해 적극적인 해석을 하고 있는 반면, 오히려 학생들은 자신들의 인권 문제에 대해서 소극적인 태도를 보이고 있다. 예를 들어, '학생인권과 나의 실생활은 관련되어 있는가'라는 질문에, 학부모와 교사들은 밀접하게 관련되어 있다고 답한 반면, 학생들은 상대적으로 소극적으로 답변하고 있다. 이는 학생들이 학교생활에서의 인권에 대해 큰 비중을 두지 않고 있음을 보여주고 있다.

학생인권에 대한 각 주체의 인식은 분명히 모순된 면을 보이고 있다. 학생, 학부모, 교사 등 학교의 모든 주체들은, 학생이 하나의 인격체로 인정받고 존중받아야 할 존재임을 알고 있다. 이는 학생이 학교 내외 어디에서나 인격적 존재로 존중받으며, 인간으로서 기본적인 권리를 영위할 수 있다는 것을 인정하는 것이다. 그러나 이들은 모두 학교에서 학생의 인권이 제한되거나 침해될 수도 있다고 똑같이 인정함(학생-53.8%, 4,088명, 학부모-67.7%, 726명, 교사-67.2%, 733명)으로써, 인격 존중에 대한 판단을 학교 내에서만큼은 유보시키고 있다. 즉, 학교라는 시·공간 속에서 학생이 갖는 특수성은, 학생이 인격체로서 갖는 존엄성보다 앞선다고 생각하고 있는 것이다. 특히, 학부모나 교사는 학생에 비해 이러한 경향이 더 강한 것으로 보인다.

예를 들어, '사물함이나 가방의 소지품 검사를 거부할 수 있는가'라는 문항에서 교사 및 학부모들은 대체적으로 '그럴 수 없다'는 반응을 보인데에 반해, 학생들은 '거부할 수 있다'는 반응을 나타내고 있다. 앞서 제시했듯이, 교사 및 학부모와 학생 간의 반응 차이는 유의미한 것으로 나타났다. 길거리에서 누군가 가방을 열어 보자고 한다면 이에 순응할 사람들이 얼마나 되겠는가? 더욱이 집에서조차 학생의 가방을 부모들이 열어보도록 하지 않는다. 그러나 유독 학교에서만은 교사들에게 학생들의 사적인 공간을 '검열'할 수 있는 '특권'이 부여되고 있다.

무엇보다 교사와 학부모의 입장과 학생 입장이 차이를 보이는 부분은 두발 및 용의 복장 규정을 포함한 학교생활규정이다. 교사와 학부모는 학교생활규정의 필요성에 대해서 당위적인 반응을 보인 반면(학부모-84.9%, 916명, 교사-93.2%, 1,022명)2), 학생들은 학교생활규정에 대한 다른 시각을 보여주고 있다. 즉, 있어도 그만, 없어도 그만이라는 대답이 다수3)를 차지하고 있음을 볼 수 있다. 이것에 관해 두 가지 해석이 가능하다. 한 가지는 학교생활규정에 대한 폐해를 지적하는 것으로 볼 수 있다. 용의 복장에 관한 규정에 대해 학생들이 교사 및 학부모와 다른 의견을

---

2) 학부모-아주 많이 그렇다: 609명(56.4%), 조금 그렇다: 307명(28.5%) 합: 916명(84.9%)
  교사-아주 많이 그렇다: 717명(65.3%), 조금 그렇다: 305명(27.9%) 합:1022명(93.2%)
3) 학생-보통이다: 2,818명(37.0%)

보인 것에서 이에 대한 추론이 가능하다. '교복, 신발 및 기타 복장을 선택할 수 있는가'라는 문항에 대해서 학생들은 대체적으로 그렇다는 반응을 보인 반면, 학부모와 교사, 특히 교사들은 대체적으로 그렇지 않다는 반응을 보이고 있다[4]. 두발에 관한 규제에 대해서도 학생들은 교사 및 학부모와 다른 견해를 적극적으로 보여주고 있다. 두발 규제를 포함한 용의 복장 규정에 대한 문항의 응답을 통해 학생들은 학교생활규정의 폐해를 지적하고 있는 것이다.

학생들의 학교생활규정에 대한 응답으로 유추할 수 있는 다른 한 가지 사실은, 학생들이 학교생활규정에 대해서 무지하거나 혹은 학교생활규정을 무시하는 것이다. 학생들은 자신들의 학교생활규정에 대해서 그다지 잘 기억하고 있지 못하다. 면담 조사에 따르면, 학교생활규정에 대해서 직접 읽어 본 학생이 거의 없는 것으로 드러났다. 또한 김동일 외(2002)에 따르면, 고등학생들은 학교생활규정에 대해 인지하고 있는 것보다 훨씬 더 낮은 수준으로 규정을 준수하고 있는 것으로 보고되고 있다. 이는 부당한 학교생활규정에 대한 일종의 '저항'으로 볼 수 있다(김동일 외, 2002: 234-52).

조사가 진행되는 동안 학생, 학부모, 교사 모두 민감하게 반응했던 주제는 두발 규제였다. 현재까지 중등학교에서 학교 측의 학생 두발 단속에 대항하여, 두발 자유화를 주장하는 일련의 사건들이 있었고, 교육부에서 용의 복장 규정 등을 포함한 학교생활규정에 대한 학교 자율적 결정을 권고함으로써 중등학생들의 두발 자유화에 대한 열망은 커져왔다. 두발 규제에 있어 학부모와 교사 간의 인식 차이가 거의 없었던 것에 비하면, 이들과 학생들 간의 인식 차이는 매우 큰 것을 볼 수 있다.[5] '두발 자유화

---

4) 학생 – 매우 동의한다: 2,477명(32.3%), 동의한다: 2,274명(29.6%)
　학부모 – 전혀 동의하지 않는다: 71명(6.6%), 동의하지 않는다: 232명(21.5%)
　교사 – 전혀 동의하지 않는다: 61명(5.6%), 동의하지 않는다: 358명(32.7%)
5) 학생 – 전혀 그렇지 않다: 3,590명 (46.7%), 거의 그렇지 않다: 1,576명(20.5%)
　학부모 – 전혀 그렇지 않다: 129명(11.8%), 거의 그렇지 않다: 169명(15.5%)
　교사 – 전혀 그렇지 않다: 40명(3.6%), 거의 그렇지 않다: 174명(15.8%)

가 실시된다면 학교생활이 혼란스러워지겠는가'라는 질문에, 학생들은 '전혀 그렇지 않을 것이다'라고 대답한 반면, 학부모와 교사들은 대체적으로 '그러할 것'이라는 대답을 내놓고 있다. 두발 자유화가 가져올 학교생활의 혼란한 모습은 교사와 학부모가 갖고 있는 '근거 없는 두려움'에 속한다. 즉, 중등학생의 자율적인 선택과 그에 따른 책임을 수행할 수 있는 능력을 신뢰하지 못한다고 볼 수 있는 것이다.

또한, '자유로운 머리 모양을 할 수 있는가'라는 질문에서 학생들은 압도적으로 '그렇다'는 대답을 하고 있다. 이에 반해, 학부모와 교사들은 '그렇지 않다'는 반응을 보이고 있다. 학부모들은 교사와 비슷한 비율의 대답 유형을 보이고 있는데, 이는 흔히 교사들이 어쩔 수 없이 '머리 모양'을 정하고 규제하는 좋은 핑곗거리를 제공하고 있다. 즉, 교사들은 학부모들의 요구에 따라 학생들의 두발을 규제할 수밖에 없다는 것이다.

두발 문제와 관련하여 학생들이 문항 간 다른 반응을 보이고 있는 것 또한 목격된다. 학생들이 자기 자신의 자율성에 대해 낮게 평가하면서도, 유독 두발 문제에 있어서 자유를 강조하고 있는 것은, 쉽게 이해가 되지 않는다. 두발 자유화를 강하게 요구하는 만큼, 그에 따른 학내 학습 분위기를 저해할 수 있는 요소들을 스스로 차단하고 혹 발생할 수 있는 혼란에 대해서 책임질 수 있는 능력을 스스로 인정해야 할 것이다. 그러나 학생들은 스스로 자신의 자율적인 판단과 책임이 따르는 행위 능력을 낮게 평가함으로써 '어른' 집단의 '근거 없는 두려움'을 지속하게 하고 있다.

두발 규제, 소지품 검사 및 용의 복장 규정과 관련하여 학생과 학부모 및 교사 집단이 서로 다른 인식을 갖고 있는 반면에, 학교 수업에 대해서는 그다지 다르지 않은 반응을 보이고 있다. 언론은 자주 0교시 수업을 통해 학생들의 인권이 침해받고 있음을 보도하고 있다. 그러나 정작 대다수의 학생들은 0교시 수업 및 특기적성교육을 포함한 보충 수업을 '자율적으로' 선택하고 있다.

체벌 문제와 관련하여, 모든 주체들은 '과도한 체벌에 대해서 이의를 제기할 수 있는가'라는 질문에 대체적으로 '그렇다'는 반응을 보이고 있다. 이는 '과도한 체벌'이라는 말이 주는 느낌이 각 주체 간 서로 다르겠지만, 체벌은 정당한 사유에 대해서만 집행되어야 한다는 것에 모두 공감하고 있음을 보여주는 것이다.

모든 주체들은 학교 시설의 개선에 대한 요구 및 건강하고 안전한 급식에 대한 요구는 대체적으로 정당하다는 입장을 보인다. 이에 대한 논의는 일반적인 수준에서의 학교 환경에 대한 인식이라고 보이며, 특별히 이러한 학교 주체들의 권리를 학생인권과 결부지어 생각하고 있다고 보이지 않는다.

학교 내에서 의사를 자유롭게 표현할 수 있는 권리에 대해서도 세 주체의 반응은 큰 차이를 보이지 않았는데, 대체적으로 학생들의 자율적 의사를 존중하는 것으로 조사되었다. 즉, 말하고 싶지 않은 사실에 대해 말할 것을 강요당할 경우 거부할 수 있고, 사이버 공간(인터넷 등)에서 학교 문제와 관련된 의사를 자유롭게 표현할 수 있다는 데에 수긍하고 있다.

자율성에 대한 개념을 명시적으로 적시하지 않은 상황에서, 학교 내에서 학생의 자율성이 얼마만큼 존중되고 있는가에 대한 조사를 실시한 바 있다. 물론 자율성에 대한 서로의 생각이 달랐기 때문에 이에 대한 대답도 다른 양상을 띠게 될 것이라는 한계를 안고 있는 것이 사실이다. 학생의 자율성에 대한 각 집단의 평균값은 3.33, 3.06, 2.74으로 학부모, 학생, 교사의 순으로 자율성을 높게 평가하고 있다. 보통보다 약간 높은 수준에서(100점 만점에 50−70점 정도) 학생들의 자율성에 대한 평가를 내리고 있는 셈이다. 그렇다고 학생의 자율성을 아주 높게 평가하고 있다는 결론을 내릴 수는 없다. 특이한 사항은, 교사들보다 학부모들이 학생의 자율성을 높게 평가하고 있다는 점이다.

이어서, 각 주체들의 입장에서 학생의 자율성을 낮게 평가한 이유에 대해서 각각 서로 다른 이유를 제시하고 있다. 학생들은 자신들이 자율적으로 활동할 수 있는 학교의 환경이 마련되어 있지 못하고, 무엇보다도 대학에 진학해야 한다는 사회적 인식 때문에 학생들의 자율성이 낮다는 진단을 하고 있다. 반면에, 학부모와 교사들은 현 교육 제도가 학생 개개인의 특성을 함양할 수 있는 장치가 되어 있지 않고, 대학 진학이라는 중등학교의 목표에 대한 사회적 기대 때문에 학생들의 자율성이 낮다고 보고 있다.

5. 중등학생들은 학교에서 어떤 인권침해를 경험하는가?

가. 중등학교에서 누가 학생의 인권을 침해하는가?

중등학교에서 학생인권과 관련하여 가장 핵심이 되는 질문은, '과연 학생인권침해의 주체는 누구인가'이다. 결론적으로, 학생들은 교사가 학생인권을 가장 많이 침해하는 주체라고 대답하고 있다(2,988명, 42.3%). 물론, 학생들(동급생, 선·후배)로부터 또한 인권침해를 받고 있으며, 나아가 부모로부터도 10% 정도(870명, 12.3%)의 학생들이 인권침해를 당하고 있다고 보고하고 있다.

학교에서 교사들이 (의식적이든 무의식적이든) 학생들의 인권을 침해하는 가장 큰 이유는, 학생들이 통제된 학교생활을 통해서 공동체적 사회인으로 성장한다는 전제를 하기 때문이다. 이러한 전제 하에 학생들에 대한 일정한 규제, 즉 인권침해가 일어나는 것을 피할 수 없다. 학교생활규정으로 대표되는 학교의 규제 및 통제 장치들은, 개인주의적이고 미성숙한 학생들의 지적, 정서적, 도덕적, 공동체적 가치관과 행동 습관을 길러주는 '교화' 장치로 작동하고 있는 것이다. 또한 교사들은 중등학생이 어른과 아이의 중간적 존재로서 완전한 자율성을 행하기 어렵다고 생각한다. 이러한 이유 때문에 부득이하게 학교에서 인권침해가 발생하게 된다고 생각하고 있다. 이는 학생을 존중받아야 할 인격체로 인정하고 있으면서도, 이들의 인격은 점차적으로 형성되어지는 것으로, 아직 다듬어져야 하는 것으로 인식하고 있다는 것을 의미한다. '학업'에 대한 중요성 때문에 학생들의 인권이 침해되어도 좋다는 의견은 아주 소수에 불과하다.

학교에서 교사 및 선·후배 및 동급생으로부터 인권침해를 받았다고 하는 것은 어쩌면 자연스러운 결과이다. 그러나 전체 학생 응답자 중 10% 정도에 해당하는 학생들이 학부모를 인권침해의 주체로 지목하고 있는 것은 또한 눈여겨 볼만한 대목이다. 실제 학부모들은 다양한 방식으로 중등학교의 학생인 자녀들의 인권을 침해하고 있는 것으로 나타났다. 학부모들은 자녀들의 용의 복장(헤어스타일, 교복, 신발, 장신구) 문제로 훈계를 하거나 보충 수업 및 야간에 이루어지는 자율 학습에 자녀들이 참여하도록 강제하는 경우가 있다. 뿐만 아니라, 학생들의 성적과 관련하여 인신 공격적인 언행을 한다거나, 다른 자녀 및 주변의 학생들과 비교함으로써 인격적 모독을 주는 경우가 있다. 굳이 성적이 아니라고 하더라도, 가정에서 자녀 간의 차별 대우는 학생이 학부모들의 인권침해로 여기는 중요한 사례로 꼽히고 있다.

나. 어떠한 인권침해가 중등학교에서 발생하는가?

사례실태 1 학생의 시험 성적을 다른 학생 앞에서 공개하는 것

중등학교에서의 학생인권침해 사례들을 조사해 보았을 때, '학생의 시험 성적을 다른 학생 앞에 공개'하는 것이 가장 빈번하게(4,995명, 66.4%) 발생하는 학생인권침해 사례였다. 학생의 시험 성적이 다른 학생 앞에서 공개되는 사례는 다양하게 보고되고 있다. 면담 과정에서 만난 한 학생은 이와 관련하여 다음과 같은 하소연을 하고 있다.

"우리는 벽에 붙여놔요, 편차를. … 반편성되면 1등부터 3, 4등까지 이름 부르고 손들라고 그러고…. (문제 풀이 등을) 걔네가 대답 못하면 그냥 봐 주고…. 수행평가를 하는데 공부 잘하는 애들은 맞추면 (높은 점수를) 주고 '공부 못하는 애들은 어차피 너네는 공부 안 하지 않느냐' … '공부 잘하는 애들을 위해서 희생해라' 이러면서 수행평가(점수)를 다 깎아버린 거예요. 20점, 15점 막 이렇게 되는 거예요. 이게 말이 돼요?"

성적과 관련된 인권침해는 보다 다양하게 이루어진다. 학교에서 사용할 수 있는 독서실을 석차 순에 의해서 배정한다든지, 글짓기 대회 등 특정 분야의 교외 행사에 성적 우수자만을 추천한다든지, 학교 성적에 따라서 체벌의 수위가 달라진다든지 하는 경우가 그렇다. 교실에서 좌석을 배정할 때 성적 우수 학생들에게 우선권을 주어 좌석을 배정하거나 앞자리에 앉도록 하는 것은 면담 과정에서 대부분의 학생들이 지적한 사항이다.

이때, 학생들은 위와 같은 암묵적인 수준의 인권침해를 당할 뿐만 아니라, 언행을 동반한 인격적 모독을 당하는 경우도 발생한다. '너네는 항상 그런 식으로 살아왔으니까'라든지, '공부 잘하는 애들을 위해서 희생해라'라는 표현을 하는가 하면, 더 나아가, '너같은 쓰레기는 사라져야 한다'든지, '공부도 못하는 XX가 학교 수업도 똑바로 안 듣는다'는 욕설에 가까운 말을 듣기도 한다.

실업계 고등학교의 경우는 인문계 고등학교와 비교되곤 하는데, 학교 수업과 상관없이 학생들을 '양아치' 혹은 '중학교 때 나쁜 짓하고 온 애들'로 표현하기도 한다. 학교 수업과 관련해서는 실업계 학생들이 열등하다는 것을 직설적으로 표현함으로써 인격적 모욕을 더하기도 한다.

> "인문계 수업을 (실업계 수업이랑 같이) 나가면서 하는 선생님이, 인문계 애들은 이거 한 페이지 가르쳐주면 잘하는데 이걸 너네는 몇 시간을 하느냐…"

뿐만 아니라, 직업학교를 찾는 학생들에게는 '여기는 학교가 아니고 교육 과정 학원 같은 데니까 학생들을 인간적으로 대해 주기를 바라지 말라'는 협박과도 같은 인권침해가 발생하고 있다.

사례실태 2 원하는 수준의 수업을 듣고 있지 못하다

'원하는 수준의 수업을 듣고 있지 못하다'는 진술문에 대한 학생들의

응답을 통해서 학생의 기본적인 학습권도 침해당하고 있는 것(4,014명, 52.3%)으로 조사되었다. 학생의 학습권은 정규 교과 수업을 통한 것과 정규 교과 이외의 활동을 통한 것으로 구분된다. 그러나 중·고등학교의 수업이 상위 학교를 위한 입시 준비로 여겨지면서 학생의 참여가 제한되고 규제되고 있는 실정이다. 또한 수업 이외의 활동에서 자기 결정권을 쥐고 의미 있는 교육활동을 선택할 수 없고6), 학습 과정에서 조력 받을 수 없는 상황에서 학생의 학습권은 심각하게 침해되고 있다 할 수 있다(이수광, 2000).

사례실태 3 사생활 및 종교·양심의 자유 침해

다른 구체적인 사례들에 대해서 일일이 조사할 수 없었지만, 사생활을 침해하는 것으로 '개인 소지품을 검사'하는 것이나, '강제적인 종교 행사 참석'도 각각 3,381명(44.0%)과 2,467명(32.1%)으로 조사되었다.7) 소지품 검사가 '무차별'적으로 이루어짐으로써 학생의 사생활은 보호받지 못하고 있는 것으로 나타났다. 한 여학생과의 면담을 통해서 들을 수 있었던 소지품 검사와 관련된 인권침해 사례는 '폭력'적이라 할만하다.

"제가 다녔던 학교는 여학교였는데요, 가방 다 헤집고요, 여자애들 생리대 이런 것들 다 가방 안에 넣어 놓잖아요. 남자 선생님들이 학생 주임이니까 다 같이 들어와요. 남자 선생님들 있는 데서 다 헤집어 놔요. 쓰레기통까지도 엎어 보고요. 책상 다 뒤집어 놓고…. 거기까지는 괜찮아요. 그런 거

---

6) 이수광(2000)은 학급 활동, 클럽 활동, 특별 활동, 학교 활동의 형식적·변칙적 운영을 예로 들고 있다.

7) 이와 관련하여 최근에 보고된 학생인권실태 조사 자료를 참고할 필요가 있다. 충북교육연대가 제 77돌 학생독립운동을 기념하여 충북도내 남녀 중고생 592명을 대상으로 조사한 바에 따르면, 강제적 자율 학습(37%, 중복응답)을 가장 심각한 학생인권침해로 꼽고 있다. 성적에 따른 차별은 21.1%로 모욕적인 발언(25.8%)이나 신체적 구타(24%) 다음으로 심각하게 받아들이고 있는 것으로 나타났다(연합뉴스, "학생인권침해 1위는 강제자율 학습", 2006.11.3.)

할 수 있을 것 같아요. 그런데 여자 속옷 … 담배라도 숨겼을까봐 속옷 밑에
까지 여자 선생님들이 검사하고…. 양말까지 벗겨서 발톱 검사도 하고…."

　본 연구에서는 개인 소지품을 검사하는 것을 통해서 학교에서 사생활
보호권의 침해 실태를 조사했지만, 학생의 사생활 침해는 보다 다양한 방
식으로 일어나고 있는 것이 사실이다.[8] 특히 교육부에서 추진하기로 한
NEIS 방식의 정보 수집이 학생 개개인의 사생활을 얼마만큼 침해할 수
있는지는 이미 잘 알려져 있다.[9] 학교 당국이나 교사의 학생에 대한 과도
한 정보 수집 관행은 사생활 비밀의 침해 가능성 및 학교 밖에서의 자유
로운 사생활의 형성과 전개를 간섭할 가능성을 언제나 가지고 있다. 뿐만
아니라, 허술한 정보 관리로 인해 특정 학생의 사적 정보가 학교 구성원
들에게 알려지거나, 학교 외부로 유출되어 상업적으로 이용될 수 있다.
　강제적으로 종교 교과목을 수강하도록 하고, 정기적으로 실시되는 종
교 행사에 참여하는 것을 학교 성적과 연관짓고 있는 현 실태 또한 개인
의 자유로운 선택과 양심의 자유를 보장하도록 하는 기본권적 인권을 침
해하는 것이라 할 수 있다. 아래와 같은 학생 면담 내용은 학교가 개인의
종교의 자유를 침해하는 현실을 잘 보여준다.

　"(저희 학교는) 기독교 학교였는데, 아침에 찬송가도 부르고 반별 예배
　를 해요. 그리고 성경책도 강제로 구매해야 됐어요. 성경 교과서 사야 되
　고요 … 일주일에 한 번씩 강당에 모여서 예배를 드렸어요. (하기 싫은 학
　생들도) 해야 돼요. 그냥 따라 하는 거예요. 불만이 많이 있었을 거예요.
　저도 무교거든요. 싫었어요. 그런데 싫다는 것을 말할 수 있는 어떤 것(장치)

----

8) 정보 수집단계부터 처리정보 활용단계까지의 전 과정에서 학생이 실질적인 '자
　기정보통제권', 즉 열람, 정정청구권 및 삭제, 추가청구권을 행사하지 못하는
　것도 사생활권의 침해로 이해될 수 있다.
9) 국가인권위 쇄신을 위한 열린 회의(2003), "'전국단위 교육행정정보시스템
　(NEIS)에 대한 의견서' 제출" pp. 1－4.; 하승수(2003) "NEIS를 통해 본 학생
　인권" 교육비평제 13호, pp. 124－141.

이 없었어요."

용의 복장(헤어스타일·교복·신발·장신구) 규제로 인한 인권침해

　학교생활규정과 관련된 용의 복장에 대한 규제 내용은, 학생들에게 있어서 가장 민감한 사안으로 최근까지 논란의 중심에 있다. 특히 두발 규제 문제는 '완전한 두발 자유화'와 '교내 주체들 간의 합의를 통한 합리적 두발 규정' 사이를 오가면서 해결의 실마리를 찾지 못하고 있다. 본 실태조사의 결과에서 중등학교의 64.1%(4,930명)의 학생들이 용의 복장 문제로 처벌을 받은 적이 있다고 답했고, 교사의 96.9%(1,063명)가 용의 복장 문제로 학생들을 훈계한 적이 있다고 답했다.

　인권과 교육개혁을 위해 전국중고등학생연합과 인권운동사랑방(2001)이 공동으로 기획하여 조사, 분석한 중·고등학교 교칙분석자료를 통해 두발 규제에 대한 다양한 예시들을 접할 수 있다(pp. 12-3).

- 모자는 어떤 형태이든 쓰고 등교할 수 없다.
- 허용되지 않는 머리: 전체적으로 층을 낸 머리, 묶지 않고 길게 푼 머리, 올린 머리, 꼬불쳐서 묶은 머리.
- 남학생 금지 머리 모양: 앞가르마 타기
- 삭발, 말총머리 금지
- 파마, 펑크 머리나 혐오감을 주는 머리(삭발, 버섯머리 등)는 안 된다.
- 남학생의 두발은 스포츠 및 하이칼라 형으로 하되, 측두부 및 후두부 하단이 귀를 덮거나 목 부위를 덮어서는 안 되며 단정해야 한다. 여학생의 머리는 긴 경우 반드시 후두부 하단에 묶어야 하며 묶은 곳에서 20센티를 넘어서는 안 되고…
- 머리굽이 보일 정도로 짧게 자르지 않는다.
- 뒷머리와 옆머리는 이발 기계로 깎은 상태로 모자 착용 시 모자 밖으로 두발이 나오지 말아야 한다(예: 장교머리).
- 어른 스타일의 머리, 쪽진 듯 위로 묶은 머리, 커다란 핀으로 틀어 올린 머리, 옆머리가 뒷머리보다 긴 A라인의 단발머리나 커트 머리…

두발 규정을 두고 있는 중·고등학교의 학칙에 따르면, 대체적으로 학생들은 '앞머리는 눈썹에 닿지 않고, 옆머리는 귀를 덮지 않으며, 뒷머리는 옷깃에 닿지 않아야' 한다. 이와 관련한 인권침해의 내용을 분석해 보면 다음과 같다.

첫째, 학생은 학교에서 표현의 자유라는 기본적 권리를 침해당하고 있다. 학교에서 두발을 규제하는 이유는 '산만하면 공부가 안 될 것이다'라는 '근거 없는 두려움' 때문이다.[10] 이는 학교에서 학생의 '모범적인 상'을 정해놓고 그것을 학생들에게 강요하는 것으로, 소위 '학생다움의 이데올로기'라고 할 수 있다. '학생다움'에 대한 논쟁은 학교에서 학생의 인권 담론을 정립하는 데에 중요한 요소가 된다. '학생다움'은 어떤 명시적인 기준에 의해서 정해지기보다는, 사회 통념에 기댄 일방적 가치라고 볼 수 있다. 마치 '교육적'이라는 말이 갖는 의미가 교육의 주체에 따라 서로 다른 것과 같은 이치이다. 즉, '학생다운' 것과 '학생답지 않은' 것은 학생의 입장에서 구분되기보다는 교사와 학부모 등, 학생들을 바라보는 기성세대의 시각에 따라 결정된다. 따라서 중·고등학교에 암묵적으로 존재하고 있는 '학생다움'에 대한 이미지는 버릴 수 없는 절대적 '가치'로 학생의 각 행위들을 판단하는 잣대가 되고 있다. 문제는, 이러한 잣대가 합의에 의한 규범으로 명시되어 있지 않기 때문에, '학생다움'을 강요함으로써 학생의 '자율성'은 제한되고 있다는 것이다.

둘째, 학생은 합리적 절차에 의해서 두발 규제를 포함한 용의 복장 규정을 개정하는 데 참여가 보장되어 있지 않다. 교육부는 2002년도에 국가인권위원회의 권고를 이어 학교에서의 두발 규제와 관련된 문제를 단위학교에서 자율적으로 결정할 것을 지시하였다. 교육부의 이러한 조치는, 학교생활규정을 개정하는 데에 학생, 학부모, 교사 등이 함께 참여할 것과 민주적이고 공정한 방식에 의한 합의에 이를 것을 포함하고 있다. 그러나 이러한 교육부의 소극적인 조치는, 국가인권위원회의 '두발 규제'가

10) 배경내(1999).

학생의 표현의 자유를 침해하고 있으며, 두발 규제를 학교생활규정에서 제외함으로써 규제를 통한 인권침해를 중단해야 한다는 권고를 단위 학교로 전가함으로써, 책임을 회피했다는 비판을 받았다. 단위 학교에서는 교육부의 이러한 조치에 대하여 적절한 방안을 마련하는 데 소극적일 수밖에 없었다.

국가인권위원회의 권고에 의해 교육부는 단위 학교에 적절한 조치를 취할 것을 지시했지만, 실제로 단위 학교별로 두발 규제와 관련하여 학생 및 학부모 등의 의견이 반영되어 학교생활규정을 새롭게 개정한 곳은 드물다. 즉, 국가인권위원회의 권고와 교육부의 조치는 두발 규제를 통한 인권침해를 줄이는 데 그다지 큰 영향력을 발휘하지 못하였다. 단위 학교는 교육부의 조치에 대하여 반응을 보이기는 했지만 실제 단위 학교 내에서의 규제를 변화시키는 데에 이르지는 못했다. 학생과 학부모에게서 의견을 듣기는 했지만 두발 규제와 관련되어 그들의 의견이 반영되었는지는 알 수 없다. 사회의 민감한 문제에 대해서 즉각적인 반응을 보이기는 했지만, 단지 '제스처'에 그친 상황이 된 것이다.

학생과의 면담을 통해서 두발 규정에 대한 실제 논의가 진행되었다는 것을 확인할 수 있었지만, 학생들의 의견은 실제 의사 결정 과정에서 무시되었다. 가장 특징적인 현상은, 학생의 의견을 수합하고 이를 교장 및 교사와 협의할 수 있는 학생회의 역할이 거의 기능하지 못했다는 점이다. 학생의 의견이 수렴되기는 했지만, 의사 결정자와 직접적인 면담이 이루어지지 않은 경우에는 학생회의 의견을 학생담당 부서에서 여과하는 과정을 거쳤기 때문이다. 또한 학생과 교사 간의 협의 자리가 마련되었다고 하더라도, 담당 교사들은 학생의 의견을 듣기보다는 학교 측의 입장을 위하여 학생을 설득하는 자리로 바뀌었다. 학생들을 향한 교사들의 입장을 대변하는 논리는, '이거(두발 규제와 관련한 학교생활규정 개정 문제)는 너희가 참여할 일이 아니다'는 것이었다. 학생들을 설득하기보다는 학생들을 '속이는' 쪽을 택한 학교들도 있다.

"(교육부 공문에 두발 규정을) 정할 때 학생이랑 학부모랑 교사랑 다 같이 정하라고 했다더군요. 그런데 그 공문에 학생대표 도장을 찍었어야 했는데, 그 공문을 당장 내일 보내야 했어요. 선생님께서 그 때, '일단 도장을 찍으면, 학부모랑 선생님 불러서 회의할 수 있도록 해 주겠다. 그러니까 도장부터 찍어라' 해서 도장을 찍었는데, 도장만 찍고 끝났어요. 그 때부터 의견을 내도 '내년에 학생부장 선생님 바뀌니까 그분이랑 의논해라' 계속 이런 식으로 가니까 절대 바뀔 수가 없는 거죠."

또 다른 사례를 보면, 두발 규정과 관련하여 학생들의 의견을 수렴하기 위하여 학생회와 협의하여 설문을 실시한 학교들이 있었다. 다음의 사례가 단위 학교에서의 전형적인 모습이라고 할 수는 없지만, 교사를 포함한 학교 측이 학생들의 의견을 어떤 자세로 다루고 있는지 확인하기에 충분하다고 본다.

"저희 학교 두발 규제가 워낙 심해서 애들이 반란이 일어났어요. 그래서 학생부장 선생님이 '아 그러면은 두발 관련해서 학교 선생님하고 학생들하고 자리를 만들겠다'라고 해서 자리를 만들어서 회의를 했어요. 그러면서 학생들한테 질문지도 실시하고 그랬는데, 그 질문지를 실시함에 있어서 학생들의 의견이 전혀 반영이 안 되었거든요. 학생들은 완화를 원하는데 학교는 현행 그대로를 원하는 거였어요. 그 설문 조사를 학생회에서 준비를 다 했어요. 그래서 (질문지를 선생님들께) 넘겨드렸는데 학생회에서 준 설문 조사로 하지 않고 학교에서 자체 제작한 설문 조사로 학생들에게 해 버린 거예요. 그러니까 설문 조사 자체부터가 문제가 있었거든요."

이상에서 살펴본 바와 같이, 학생들은 다양한 방식에 의해서 학교생활 규정 개정과정에 주요한 의사 결정자로 역할하지 못했다. 논의 과정에서 '기만'을 당하거나 간단히 의견이 무시됨으로써 학생들은 학교의 주체로서 가질 수 있는 권리를 침해당하고 있었다. 학부모의 역할 또한 거의 기능하지 못했는데, 면담을 한 학교의 경우는 의견을 제시할 수 있는 통로인 학교 운영위원회의 선거 결과를 학교 재단에서 인정하지 않음으로써 기능이 정지되어 있었다.

셋째, 해당 규정을 어겼을 경우, 신체적 폭력 및 인격 모독을 포함한 체벌을 당한다.[11] 학생들에게 금지되는 행동을 가르치기 위하여 취하는 모든 제재를 벌이라고 하는데, 이 중 신체적 제약을 가하는 것을 체벌이라고 한다[12](손희권, 2003: 113; 송요원, 2005: 315). 두발 규제와 관련하여 가해지는 체벌의 사례는 다양하다. 담당 학급의 시험 성적이 부진하다고 해서 전 학급의 학생에게 삭발을 강요하는가 하면, 곱슬머리의 학생에게 '파마'를 했다는 이유로 수시로 머리를 감고 오라는 지시를 내리기도 한다. 그러나 정해져 있는 규정대로 두발 상태를 유지하고 있는가는 등교 시간에 교문에서 점검을 통해서 이루어지며, 많은 체벌이 이때 가해진다.

"교문에서 (두발 규정에 어긋나서) 여러 번 걸리고, 안 깎고 오고 그러면 막 발로 차기도 하고 그런 것도 봤거든요. 발로 차는 것뿐만 아니라요,

---

11) 교육기본법은 '학생을 포함한 학습자의 기본적 인권은 학교 교육 …에서 존중되고 보호된다(제12조 제1항)'고 명시함으로써 학교에서 학생의 인권이 보호되어야 함을 규정하고 있고; '학교의 규칙을 준수하여야 하며, 교원의 교육·연구 활동을 방해하거나 학내의 질서를 문란하게 하여서는 아니 된다(제12조 제3항)'고 규정함으로써 학교에서 학생이 지켜야 할 기본적인 규율의 토대 또한 제공하고 있다. 체벌과 관련하여 초·중등교육법 시행령에서는 '교육상 불가피한 경우를 제외하고는 학생에게 신체적 고통을 가하지 아니하는 훈육·훈계 등의 방법으로 행하여야 한다(제31조 제7항)'고 규정하고 있는데, 이는 암묵적으로 단위 학교에서 체벌의 가능성을 열어놓은 것으로 논란의 대상이 되고 있다(송요원, 2005, "학교 내에서 학생의 인권과 교원의 체벌", 토지공법연구, p. 315에서 재인용).

12) 체벌은 '직접 체벌'과 '간접 체벌'로 분류할 수 있다. 직접 체벌은 자신의 신체나 도구(회초리 등)를 사용하여 학생들에게 신체적 고통을 가하는 것을 의미하고, 간접 체벌은 교사들이 자신의 신체나 도구는 사용하지 않은 채 학생들에게 신체적 제약을 가하는 (얼차려 등) 것을 의미한다(손희권, 2003, "체벌을 대체할 학생 규율 방안의 윤리성 및 교육적 효과에 관한 학생들과 교사들의 지각 비교," 교육문제연구 19, pp. 111-133).

얼굴을 때려가지고요, 학생이 병원에 실려 가서 경찰에 소송을 냈었거든
요, 작년에는. 학생을 막 때린 다음에 눕힌 다음에 발로 막 밟으니까요."

신체적 체벌은 종종 사회적 사건으로 발전하여 법적인 해결을 요구할
만큼 심각한 상황에 와있다. 지나친 신체적 체벌 때문에 학교(주로 중등학
교)에서의 학생인권에 대한 논란이 계속되자 학교에서의 체벌의 지형은
바뀌고 있다. 체벌의 유형은 신체적 체벌 등 직접적인 체벌에서 간접적인
체벌로 바뀌고 있지만, 학생들의 인권은 여전히 심각하게 침해당하고 있
다. 간접적인 체벌의 유형은 '덕벌'과 '지벌'을 통한 교육적인 배려가 담겨
있다기보다는(문용린, 2000; 손희권, 2003), 학생 위에 존재하는 교사의 권위
를 보여주기 위한 조치가 대부분이다. 문제는 학생들에게 교육적으로 필
요하다고 생각되는 수준 이상의 신체적 체벌이 이성적 기준에 의한 것이
아닌 감정적으로 행해지는 것처럼, 간접적 체벌 또한 합리적인 기준 없이
가해진다는 점이다.

가장 대표적인 예는, 수행평가 및 학업 성적과 관련하여 학생들을 위협
하거나, 직접적으로 성적에 반영하는 경우이다.

"OO(과목명) 시간에 선생님이 저한테 질문을 하셨어요. 그런데 제가
'잘 모르겠어요' 이렇게 말 했거든요. 그러니까 '너 학생 선동이나 하지 뭐
대안이 없지 않느냐' (라고 하셨고) 그래서 제가 '(그것이) 이 수업 내용이
랑 무슨 상관인지 모르겠다'고 그러니까 '이거 보라고 바락바락 개기는
(반항하는) 거 보라고, 교사한테 어떻게 개기냐'고 그러면서 '너같은 쓰레
기는 사라져야 한다'고 말씀을 하셨어요. 그래서 제가 너무 열 받아서(화
가 나서) 그냥 나갔어요. 그것 때문에 수행평가를 7점인가 8점인가를 깎
으셨어요."

배경내(2004: 9)는 '학교의 경직된 규율과 질서로부터의 일탈은 곧바로
제재와 처벌의 대상이 된다'고 분석하고 있다. '학교에서 강제되는 규율은

해서는 안 되는 것(결석, 지각, 태만, 무례한 태도, 단정하지 못한 옷차림)과 하면 좋은 것(시간 엄수, 규칙적인 생활, 성실, 겸손하고 순종적인 태도, 단정한 자세)을 뚜렷하게 구분하고' 면담 과정에서 듣게 된 위의 사례처럼 '이를 상벌체제와 결합시킴으로써, 아이들의 행동을 규격화·표준화·획일화 시킨다(배경내, 2003: 9).'

6. 입시문화 속 중등학생들의 인권 들여다보기

가. '학생인권, 그것 공부에 방해된다?'

중등학교에서 규제와 통제의 방식으로 학생인권이 침해되는 경우, 그 사유는 대체적으로 '학습 효과를 극대화하기 위한' 방편으로 이해된다. 즉, 학교 교육은 경쟁적 입시 체제 때문에 정상적으로 운영되지 못하고, 학생들의 일상적 학교생활은 상급 학교로의 진학이라는 '공동의 목표'에 의해 통제되고 있다. 권혜진(2006: 66)은 인권침해를 지속시키는 원인으로 '입시 문화의 지배'를 지목하고 있다.[13] 입시만이 최고의 목표가 되는 학교 현실 속에서 학생들은 교사나 친구들과의 인격적 만남을 형성하기가 힘들고, 경쟁적인 동료 관계를 강요하는 학교 문화 속에서 불안과 불신을 경험하기도 한다. 이러한 입시 문화의 지배에 숨막혀하면서도, 대부분의 학생들은 이에 순응할 수밖에 없다.

학생의 인권이 침해될 수 있는 어쩔 수 없는 상황에 대해서, '한 학생의 개성 있는 행동이 다른 학생에게 방해가 될 경우'를 제외하고 교사와 학부모들이 많이 선택한 항목은 '공동체 성원으로서 정상적인 사회인이 되는데 필요한 경우'였다. 이는 '공동체적 사회인이 되기 위해서 일정한 규제를 받아보는 것도 교육'이라고 생각하기 때문이다. 학생의 경우에는 비교적 '현재의 처벌이나 벌칙 등의 통제가 학업 성적 향상에 도움이 되는

---

13) 권혜진(2006), "학생청소년 인권침해와 대응방안", 학생인권 관련 단체 및 전문가와 함께하는 학생인권증진 인권교육 토론 마당, 2006.9.29., 국가인원위원회.

경우'를 많이 선택하고 있다. 이는 학생들이 학교와 교육 시스템에 의한 인권침해의 정도를 거의 느끼지 못하고 있으며, 중등학교의 경쟁적 입시 체제 속에서 '학생인권'은 제한당할 수밖에 없다는 암묵적 동의로 보인다. 이러한 경향은 중등학교 가운데에서도 고등학교에서, 실업계보다는 인문계 학교에서 특히 강하다.

그리고 대도시 지역의 인문계 고등학교보다도, 학생 선발권이 학교에 주어져 있는 소위 '지방 명문' 고등학교에서 학업 향상이라면 인권침해가 일어나도 수용될 수 있다고 반응한다. 지방의 J 여고의 경우, 졸업생 중에 서울 지역으로 진학하는 경우가 증가하면서 J 지역의 여고 명문으로 오랫동안 자리 잡아 왔다. 또한, 지방 대도시의 대부분의 고등학교들이 추첨제에 의해 학생을 배정받는 것과는 달리, J 학교는 시험 성적에 의해 학생들을 선발하고 있다. J 학교에서의 면담 내용을 보면, 학생들은 학교에 대한 불만보다는 동료 등 급우에 대한 불만을 토로했다. 그 이유는 '소수의 학생들이 J 여고인의 명예를 실추시키고 있다'는 것이었다.

학생 1: 교복을 아무렇게나 입고 있고, 머리를 단정하게 하고 있지 않고 돌아
　　　　다니면 다른 사람들이 뭐라고 생각하겠어요?
학생 2: 다른 사람들의 이목이 있는데…
학생 3: 그게 싫어요, 나는 열심히 잘해도, 행동을 잘해도, 한 사람으로 인해
　　　　서 학교 이미지가 깎일 수가 있잖아요.

J 여고의 명예라는 것은, 앞서 이야기한 바와 같이 대학, 특별히 서울 소재 대학에 얼마나 많은 수의 졸업생을 진학시켜 왔는가에 달려있다. 실제로 중등학교의 현실적 교육 목표는 상급 학교, 특히 '명문 학교' 진학임에 분명하다. 이에 따라 입시 대비 수업은 교사 및 학부모뿐만 아니라 학생들도 원하는 수업 방식이 되고 있다. 입시 대비 수업은, 단편적 지식의 암기만을 강요하는 주입식 교육으로 이루어지며, 이는 학생의 자율성을 신장시키기보다는 억누르고 통제하는 방식으로 진행된다. 이 바탕에는

'학생들이 미성숙하기 때문에 학습 내용 및 수업 내용은 교사가 주도적으로 결정해야 한다'는 의식이 전제되어 있다.

심지어 두발을 규제하는 이유 또한 '공부'와 연결 지어 설명된다. 그 논지는 한마디로 '산만하면 공부가 안 될 것'이라는 것이다. 면담에 참여한 한 학부모는, 이러한 설명이 중등학교의 학생들에게 얼마나 엉성한 권위주의적 논리인지, 그리고 학생들이 이 논리를 어떻게 판단하고 있는지 들려주고 있다.

> 학교에서 두발을 입시와 관련해서 규제를 하는데 그 논리는 굉장히 허무맹랑하죠. 그렇게 (두발 규정을 자유롭게) 했을 때 '너희가 공부 분위기가 안 잡힐 것이다'라고 하는 이유를 듭니다. 그러니까 내가 사복을 입었다고 그래서 공부가 안 되는 게 아니고, 내가 머리를 길렀다고 해서, 남자애들이 머리 좀 길렀거나 묶는다고 해서 공부가 안 되는 게 아닌데도 불구하고 학교에서는 그런 논리로 (규제해요.) 그런데 이것이 너무 불합리, 비논리적일 뿐만 아니라 아무런 근거도 없어요. 그걸 강요하는데, 학생들은 이걸 전부 알고 있어요.

나. 경쟁적 입시 준비교실, 끊임없는 차별과 인권침해의 토대

한국 사회에서 교실 수업은 침해할 수 없는 교사 권위의 상징이며, 교실 수업의 연장인 '0교시 수업'을 비롯한 '보충(보충 수업)'과 '야자(야간자율학습)'는 학생의 의사가 불필요한 학교선택 사항이다. 실질적 학업 성적의 평가자인 교사는 학생을 대상으로 '무소불위'의 권력을 쥐고 있다. 따라서 인종상, 그리고 언어상 단일한 국가인 한국 사회에서 학업 성적은 오랫동안 학생 개개인을 저울질하는 잣대로 이용되어 왔다.

한국 사회의 중등학교에서의 관계적인 측면에서 가장 두드러진 인권침해 사례는 '성적과 관련하여 차별'적 대우를 하는 경우이다. 소위 '학업 성적이 높은 학생'은 '학업 성적이 낮은 학생'에 비해 일상적 학교생활에서 학교 및 교사로부터 보다 좋은 대우를 받고 있다. 성적 비교를 통한 학생들의 인권침해 사례는 단지 학교에서만 발생하지 않는다. 학생들은 가정에서도 부모로부터 혹은 친지로부터 같은 이유로 차별적인 대우를 받는다. 이 또한 학생들이 부모로부터 받는 인권침해 사례 중 가장 높은 빈도를 나타내고 있다.

학업 성적에 의한 차별 대우의 방식은 다양하다. 학생의 성적을 일괄적으로 공개하는가 하면, 성적과는 관련 없는 상황에서 특정 학생의 성적을 (혹은 등위를) 밝힘으로써 학생의 인격을 모독하기도 한다. 학교 시설을 이용할 수 있는 권한을 학업 성적에 의해 분배하기도 하고, 학생회 임원의 자격을 특정 성적 등위 내로 제한하는 생활규정을 두기도 한다.[14) 또한 수업과 관련된 자료들을 학업 우수자들에게만 한정하여 배포하기도 한다. J 여고의 경우를 보면, 성적 우수반인 '심화반'을 두어 다른 학생들과의 거리감을 조장하기도 한다.

> "공부 잘하는 애들을 한 반에 몰아넣어요. 심화반을 그렇게 배치하니까 다른 애들이 불만이 많았어요. 그 반에 비해서 떨어지는 반들이 있잖아요. 어떻게 보면, 학교에서는 나머지 애들보고 더 공부를 열심히 하고, 더 잘 하라는 그런 자극적인 의미로 할 수 있는데, 열심히 해도 성적이 잘 안 오르는 애들은 약간 상처를 되게 많이 받았어요. 선생님들도 조금 말실수를 하시기도 하구요. 걔네들은 스카이반이라고 불리는데, 너는 우리 반이 아니라, 다른 반 소속이다 이런 느낌까지 주는 거예요, 3학년 가서 진짜 잘 할 수도 있는 거잖아요."

학교, 특히 중등학교에서는 학생 간의, 학급 간의, 학교 간의 성적을 비

---

14) 인권운동사랑방과 전국중고등학생연합이 공동으로 실시한 "인권을 찾자 교칙을 찾자" 캠페인 결과보고서—244개 중·고등학교 교칙분석'에 따르면, 학생회 회칙을 정하고 있는 189개 중·고등학교의 학칙 중 90여 개의 학교에서 '성적 우수자'에 한해 학생대표로 출마할 수 있다는 조건을 내세우고 있다(pp. 4-6).

교함으로써 경쟁적인 입시 체제를 부추기고 있다. 성적을 공개하고 비교함으로써 비교의 대상인 학생에 대한 통제를 용이하게 할 수 있게 된다.

'교육적'이라는 언어적 포장 속에는 '경쟁적 입시 문화 속에서 학업 성적을 향상시키는 데 도움이 되는' 모든 행위들이 정당화되고 있다. 이에 배경내(2006: 9)는, '강제적인 보충·야간학습의 실시, '학생다움'을 규정한 학교생활규정, 교사 재량 행위 등을 통한 일상적 검열과 통제, 폭력'이 학교에서 '교육'이라는 이름으로 관철되고 있음을 고발하고 있다. 그의 주장처럼 '입시에서의 성공을 위해 모든 것은 희생되어도 좋다'는 의식이 교사 및 학부모뿐만 아니라, 학생들에게도 팽배해 있는 것이 사실이다. 학생, 학부모, 교사 등 학교의 모든 주체들은, 학생이 하나의 인격체로 인정받고 존중받아야 할 존재임을 알고 있음에도 불구하고, 학교에서만큼은 학생의 인권이 제한되거나 침해될 수도 있다고 똑같이 인정함으로써, 인격 존중에 대한 판단을 학교 내에서만큼은 유보시키고 있다.

결론적으로, 입시와 상급 학교 진학이라는 암묵적 '공동의 목표' 때문에, 학교라는 시·공간 속에서 학생이 갖는 특수성은, 학생이 인격체로서 갖는 존엄성보다 앞서 있다.

제3장
대국민인권의식조사(2011, 2016) 속
학생인권실태1)

1. 들어가며

학생인권이 사회와 동떨어진 관념적 담론으로 존재할 수 없다면, 한국의 학교와 교육 현실 속에서 인권적 실태는 어떻고, 인권 개념과 자신의 인권이 어떻게 보장되고 있는지에 대한 실태를 조사하고 담론의 토대로 삼는 것이 필요하다. 1990년대 후반 민간영역에서 고발 형식으로 제기되던 학교 내 학생들의 인권침해실태는 2000년대 초반이 되어 공식적인 조사연구대상으로 관심을 갖게 되었다. 이후 한국교육개발원의 조사(박효정·유성상, 2006)와 청소년정책개발연구원(김영지 외, 2009; 2010)로 이어지면서 학생들의 인권의식과 실태 조사 내용이 발표되었다. 쟁점을 이해하기 위한 토대로서 중요한 자료들이 아닐 수 없다. 그러나 이들 조사에서는 교육과 관련된 모든 학교급별, 학교 이외의 공간에서 학생인권에 대한 실

---

1) 본 장은 5년 주기로 두 차례에 걸쳐 진행된 대국민인권의식조사(2011, 2016)의 학생인권실태조사 보고내용을 종합, 재구성한 것임을 밝힙니다. 더욱이 2016년 보고서는 임영신 선생과 함께 저술되었습니다.

태를 다루기보다는 주로 중등학교에 집중하여 문제를 다루고 있기 때문에 학생인권에 대한 총괄적인 실태를 제시하고 있다고 보기 어렵다.

이에 국가인권위원회는 국가청소년위원회와 공동으로 2006년 중등학생을 대상으로 한 학생인권실태 조사결과를 내놓았다(최윤진 외, 2006). 이는 1989년 유엔총회에서 채택한 아동권리협약(Convention on the Rights of the Child)에 따른 것이다. 한국정부는 1991년에 이 협약에 비준함으로써 아동의 권리를 보호하고 신장해야 할 법적·도덕적 책임을 갖게 되었다. 아동권리협약은 18세 미만의 모든 사람을 아동으로 정하여 보호대상이 아닌 권리주체로서 아동의 권리를 생명권, 의사 표시권, 고문 및 형벌금지, 불법해외 이송 및 성적학대금지 등으로 포괄적으로 다루면서, 아동이 일상생활에서 경험할 가능성이 있는 기본권 침해와 그에 따른 보장을 규정하고 있다. 본 협약에 비준한 193개 국가들은 이를 지키기 위해 최대한의 자국의 입법 및 사법, 행정적 조치를 취하도록 의무화하고 있다(구정화, 2009).

2001년 한국은 국가인권위원회를 설립하여 인간으로서의 존엄과 가치를 구현하고 민주적 기본질서의 확립에 이바지함을 목적으로 하여 모든 개인이 가지는 불가침의 기본적 인권을 보호하고 그 수준을 향상시키고자 하였다. 또한, '국가인권위원회 법'의 제19조 제4호에서는 인권상황에 대한 실태 조사를 국가인권위원회의 중요한 업무로 규정하고 있다. 따라서 2005년 전국 규모로 '국민인권의식조사'가 실시되었고, 2006년 학생인권실태를 별도의 조사연구로 시행하여 2005년 대국민조사를 보완하였다. 그러나 2005년 조사 목적에 명시된 바와 달리 국민인권의식조사는 한국인의 인권의식을 '매년 지속적으로 파악하기 위한 원년 자료'로서의 기능을 하지 못하였다. 2011년에 이르러서야 2005년과 2006년의 조사를 계승하여 일반인·전문가·시민단체 관계자·학생에 대하여 종합적인 조사 틀을 갖추고 인권실태 조사가 시행되었다(국민인권의식 실태조사, 2011).

국민인권의식 실태조사는 한국인의 인권의식 및 태도, 그에 대한 평가, 인권침해 경험 등을 체계적으로 이해하고 이를 통해 바람직한 인권정책의 수립과 한국인의 인권 개선에 일조하는 데 의의가 있다. 뿐만 아니라, 연차적 전국표본조사 사업으로 한국인의 인권의식에 대한 변화 연구에도 광범위하게 사용될 수 있는 사회 과학 조사 자료를 구축하고자 하는 데 그 목적이 있다. 특히 초·중학생 조사의 경우에는, 유엔아동권리위원회 심의 결과 지속적으로 권고를 받은 사항인 아동의 인권실태를 파악하고 인권 진전 상황을 지속적으로 모니터링 할 수 있도록 체계적인 아동 인권 관련 데이터 수집체계를 마련(김영지 외, 2013)하고, 아동의 인권 개선을 위한 정책적 제안을 마련하고자 했다.

본 장에서는 2011년 실시된 조사와 2016년 실시된 두 차례의 대국민인권의식조사 중 학생인권의식 및 실태조사결과를 바탕으로 학생인권침해 실태와 인권의식변화 동향을 비교 검토하고자 한다.

2. 대국민인권실태조사(2011, 2016) 계획 및 실시

2011년 대국민인권의식실태조사를 통해 초·중학교 학생을 대상으로 한 학생인권의식실태조사는, 전국 지역의 학생분포에 따라 시도, 읍면 규모별로 중학교 24개교씩을 무작위 선정하여 초등학교 5학년생 및 중학교 2학년의 1개 학급 30여 명, 총학생 720명을 대상으로 조사하였다. 이중 초등학생 589명, 중학생 623명이 응답하였다. 이에 비하여 2016년도 조사에서는, 제주 특별 자치도를 제외한 전국에서 10개의 초등학교에서 5학년 각 1학급(총 10학급), 12개의 중학교에서 2학년 각 1학급(12학급)의 학생들을 대상으로 실시하였다. 2016년도 설문에 응답한 학생들은 총 542명이며, 남학생은 288명(53.1%), 여학생은 254명(46.9%)을 대상으로 조사하였다. 이 중 146명은 대도시에 거주하고 있으며, 314명은 중소도시에, 82명은 농어촌지역에 거주한다고 보고하였다. 모두 공립학교에 다니는 응답자들을 대상으로 하였으며, 학교급에 따라서는 초등학생이 278명(51.3%), 중학생이 264명(48.7명)이다.

최근 조사된 2016년의 대국민인권의식조사 설문 문항은 연도별 인권의식 변화에 대한 사회변화의 흐름을 포착할 수 있도록 2011년 문항과의 연계성과 지속성을 염두하고 구성하였다. 또한, 최근 새롭게 등장한 인권 관련 이슈에 대한 문항을 추가함으로써 인권침해 경험 등이 반영하는 시대적 특수성 문제에 대해서도 관찰하고자 하였다. 2011년과 2016년 조사의 가장 큰 차이는 2011년 조사에서는 학교와 가정, 학원으로 크게 구분하여 인권침해 경험에 대해 묻고 있는 데 반해, 2016년의 경우에는 학원에서의 인권침해 경험과 관련한 부분을 전부 삭제하고, 최근 인권 관련 이슈에 대한 문항을 추가하였다. 2011년 설문이 공간을 중심으로 구분되어 침해 경험과 관련해서는 가해자에 대해 명시하지 않았던 한계를 극복하기 위해 공간으로 대분류한 후, 인권침해의 가해자에 따라 다시 소분류하여 응답자의 오해 없이 설문이 이루어질 수 있도록 구성하였다.

무엇보다도 2016년 조사에서는 다문화가정과 탈북청소년의 문제, 유엔아동권리협약 31조에서 규정한 놀 권리 및 쉴 권리에 대한 문제, 온라인상에서의 인권침해 경험, 우울증 및 스트레스와 관련한 정신적 건강에 대한 문제 등, 2016년 현재 한국 사회에서 아동들이 겪고 있고, 겪을 가능성이 다분한 문제들에 대해 제시함으로써 보다 현실을 잘 반영한 조사가 될 수 있도록 노력하였다. 근로기준법 제 64조 1항에 따르면 15세 미만인 자는 근로자로 노동을 할 수 없지만, 불법으로 근로 상태에 있는 청소년들의 인권침해 실태를 파악하기 위해 아르바이트 경험과 관련한 문항도 중학생 대상 설문지에 추가하였다.

2016년 조사에서는 사회적 자본(Social captial)에 대한 설문 문항을 추가하고, 정교화하였다. 사회자본은 물적 자본 및 인적 자본과는 구분되는 자본으로 사회적 관계 속에 존재(M. Woolcock, 1998)하는 것으로, 행위자들이 개별적으로 보유하고 있는 자본이 아니라 행위자들 사이의 관계 속에 내재하고 있는 자본이다(L. Lin, 2001). 사회자본에 대한 정의와 핵심 구성요소에 대한 합의가 이루어지지는 않았지만, 본 연구에서는 거시적 관점에서 사회자본을 정의하며 주로 Putnam의 관점을 따랐다. Putman(1993)은 사회자본을 '조정과 협력을 촉진하는 연결망, 호혜적 규범, 사회적 신뢰 등 참여자들이 공유하는 목표를 추구하기 위해 효율적으로 함께 일할 수 있도록 하는 조건'으로 정의한다. 따라서 사회자본의 구성요소를 사회적 신뢰, 호혜성의 규범, 사회적 연결망, 참여를 중심으로 문항을 구성하여 아동인권과의 상관관계를 분석하고자 하는 연구에 도움이 되고자 하였다.

3. 학생인권의식 및 학생인권실태의 비교

여기서는 국가인권위원회 국민인권의식의 2011년 실태조사와의 비교를 통해 지난 5년간 학생들의 인권의식에 어떠한 변화가 있어 왔으며, 이와 관련된 요인들이 무엇인지를 파악함으로써 학생들의 인권의식 및 인권실태에 대해 논의하고자 한다.

가. 인권 의식의 성장

2016년의 조사에서 두드러지게 나타나는 특징은 학생들이 인권에 대한 일반적인 인식이 향상되었다는 점이다. '인권', '국가인권위원회', '세계인권선언', '학생 인권 조례' 등의 개념에 대해 전체적으로 2016년 조사에서 인지 정도가 월등한 것으로 나타났다. 이는 2006년 시행되었던 학생조사와도 비교 가능한데, 2011년 당시에도 2006년에 비해 초등학생 및 중학생의 전반적인 인권의식이 성장했음을 증명하였다는 점을 고려한다면, 지난 10년간 학생들의 인권에 대한 인식은 점차적으로 성장해 왔다는 긍정적인 해석이 가능하다. 구체적으로 세 단계의 척도로 조사한 각 인권관련 개념에 대한 인지 여부에 있어 제대로 인지하고 있다고 응답한 경우를 중심으로 살펴보면, 초등학생의 경우 2011년에 '세계인권선언'에 대한, 인지 여부에 대해 제대로 인지하고 있다고 응답한 학생들이 7.8%에 머물렀던 반면, 2016년 조사에서는 52.5%로 44.7%P가 증가했음을 보여주었다. '국가인권위원회'에 대해서도 2011년 26.1%에서 2016년 28.2%로, '학생인권조례'에 있어서도 12.6%에서 15.1%로 전 조사 영역에 있어 모두 증가한 추세를 보여주었다. 아래 그림은 '인권'개념에 대해 2011년 조사와 2016년 조사에서 학교급에 따라 학생들의 인지 정도가 어떻게 변화해 왔는가를 보여준다.

그림 3-1 인권 개념에 대한 인지 여부 비교

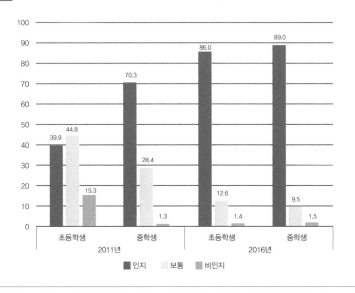

이러한 결과는 인권에 대한 개념의 인지 경로와 함께 해석될 때 의미가 있다. 2016년 조사 결과에서는 초등학교에서 91.7%, 중학교에서 95.1%로 압도적으로 수업시간의 교과서에서 학생들이 인권에 대한 개념을 접하고 있음을 보여준다. 2011년의 조사에서는 교과서를 통해 인권에 대한 개념을 접했다고 응답한 학생들이 초등학교에서 15.2%, 중학교에서 21.2%로 나타난 결과와 비교해본다면 교육과정에서 인권과 관련된 내용이 다루어지는지 여부가 학생들의 전반적인 인권 개념의 향상에 대한 중요한 역할을 한다는 점을 시사한다. 또한, 언론매체 및 인터넷 커뮤니티를 통해서도 이러한 개념들에 대한 접근이 많아졌다는 점은 2011년에 비해 2016년의 학생들이 교과서 이외의 다양한 경로를 통해 인권을 접하고 있음을 알 수 있다. 이러한 결과는 사회 전반에서 학생들이 인권에 대해 왜곡되지 않은 시선으로 접근할 수 있도록 섬세한 노력이 필요하다는 점을 환기시킨다. 아래의 그림은 학생들의 인권 관련 개념들에 대한 인지경로에 대해 복수 응답을 가능하게 하여 조사한 결과를 비교한 것이다.

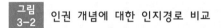

그림 3-2 인권 개념에 대한 인지경로 비교

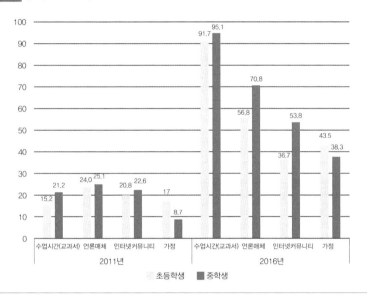

나. 학내에서의 인권침해 실태 비교

1) 중학생들의 학내 안전성에 대한 인식 개선

학교 내에서 일어나는 학생들의 인권침해 실태에 대해 알아보기에 앞서, 학생들이 학교 안전성에 대해 어떻게 인식하고 있는지를 조사한 결과를 비교해보았다. 여기에서는 초등학생의 경우 학내 안전성에 대한 인식이 지난 5년 전과 비교하였을 때 거의 변화가 없었으나 중학생의 경우 21.0%P 더 많은 학생들이 학교 공간에 대해 안전하다고 느끼고 있다는 긍정적인 결과를 확인할 수 있었다. 2011년 조사에서 중학생이 학교에 대한 신뢰, 안전, 그리고 흥미가 현저히 떨어져 있어 학교에 대한 긍정적인 의견이 초등학생에 비해 현저하게 낮은 점이 지적되었다. 중학교에서 학교 안전성에 대한 학생들의 인식의 개선을 가져온 원인에 대한 후속 연구를 통해 학생의 가정적 배경이나 학업 수준, 학교 유형에 상관없이 학생들이 학교 안에서 안전을 보장받을 수 있는 환경을 만들어 나갈 수 있도록 해야 하겠다.

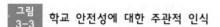

그림 3-3 학교 안전성에 대한 주관적 인식

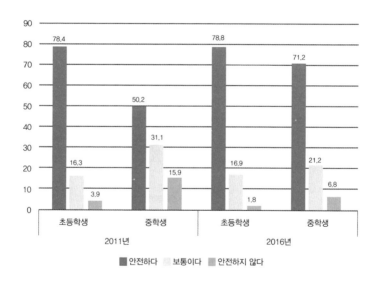

다음으로, 학내 친구들과의 관계에서 겪게 되는 학생들의 인권침해 및 차별 사례에 대한 조사 결과를 비교했을 때 가장 두드러지는 변화는 학업과 관련하여 초등학생의 경우 인권침해 및 차별 정도가 심해졌으며 중학

생의 경우에는 더욱 완화되었다는 점이다. 성별이나 장애로 인한 차별 현상은 두드러지게 감소하였다. 또한, 2011년에 비해 2016년에는 외모로 인한 차별 현상이 학교급이나 성별에 상관없이 눈에 띄게 증가한 점이 주목할 만하다. 이어서 각 항목별로 변화 추이에 대해 살펴보도록 하겠다.

표 3-1 학내 인권침해 및 차별 사례 경험 비교

(단위: %)

구분 ('그렇다'에 대한 응답률)	2011년			2016년		
	전체	초등 학생	중학생	전체	초등 학생	중학생
1) 공부를 못한다고 무시를 당한 적이 있다	19.1	6.5	31.6	14.6	12.9	16.3
2) 여자 또는 남자라는 이유 때문에 차별을 받은 적이 있다	33.7	28.2	39.2	12.0	11.9	12.1
3) 장애가 있다는 이유로 차별을 받은 적이 있다	1.8	1.5	2.1	0.7	0.7	0.8
4) 키, 몸무게, 외모를 이유로 놀림을 받은 적이 있다	19.1	19.2	18.9	26.4	24.8	28.0
5) 종교가 다르다는 이유로 차별을 받은 적이 있다	–	–	–	0.7	1.1	0.4
6) 엄마나 아빠가 안 계신다거나 할아버지, 할머니와 산다는 이유로 차별을 받은 적이 있다	1.2	1.0	1.3	0.7	1.1	0.4
7) 다문화 가정(부모님 중 한 분 이상이 외국인)이라는 이유로 차별을 받은 적이 있다	–	–	–	0.6	0.7	0.4
8) 내 허락도 없이 내 몸을 만지거나, 야한 농담을 해서 기분이 상한 적이 있다	5.5	2.7	8.3	7.9	6.8	9.1

2) 성적으로 인해 차별받는 초등학생의 증가

2011년 조사에서는 학업과 관련하여 차별이나 무시를 받았다고 보고한 초등학생이 6.5%에 불과하였으나 2016년에는 6.4%P 증가한 12.9%의 학생들이 공부를 못한다고 무시를 당한 적이 있다고 응답하였다. 초등학교에서 시험이 폐지되었음에도 불구하고 학생들의 학업에 대한 부담과 그로 인한 차별이 더욱 심각해졌음에 대해 후속 연구가 필요하다고 여겨진

다. 그러나 중학생의 경우에는 초등학생의 결과와는 반대로 학업으로 인한 차별을 겪는 학생이 31.6%에서 16.3%로 감소한 결과를 보여주었다.

3) 성별로 인한 인권침해 및 차별 감소

학교에서 '여자 또는 남자라는 이유 때문에 차별을 받은 적이 있다'라는 질문에 응답한 학생들은 2011년 전체 33.7%를 차지했으나 2016년에는 21.7%P 감소한 12.0%의 학생들만이 그러한 차별 경험이 있다고 보고하였다. 이는 성별로 인한 인권침해 및 차별 현상이 지난 5년 사이에 급격히 감소했다는 긍정적인 결과를 나타낸다.

4) 장애로 인한 인권침해 및 차별 감소

성별로 인한 인권침해 및 차별 감소와 더불어 장애로 인한 인권침해 및 차별 현상도 현저히 줄어든 것으로 보고되었다. 2011년 1.8%에 해당하는 학생들이 '장애가 있다는 이유로 차별을 받은 적이 있다'고 보고하였으나 2016년에는 0.7%에 해당하는 학생들만이 그러한 경험을 하였다고 응답하였다. 인권과 관련한 내용에 대해 교육과정을 통해 인식이 개선되었다는 결과가 실제 성별과 장애로 인한 차별 현상에 대한 감소로 이어진 것으로 해석할 수 있다.

5) 외모로 인한 인권침해 및 차별 증가

그러나 '키, 몸무게, 외모를 이유로 놀림을 받은 적이 있다'고 보고한 학생들이 2011년에는 19.1%에 불과하였으나 2016년에는 7.3%P 증가한 26.4%의 학생들이 외모로 인한 차별 현상을 경험하였다고 응답하였다. 성별과 장애로 인한 차별 현상이 줄어들었음에도 불구하고, 외모로 인한 차별 현상에서는 이러한 부정적인 결과가 보고되는 것은 우리 사회의 외모 지상주의적 시각이 학생들에게 반영되어 나타난다는 해석이 가능하다. 수업 시간 외에 학생들이 언론 매체나 인터넷 커뮤니티를 통해 다양한 경험을 하고 있음을 고려한다면, 학생들이 가치 판단의 기준을 형성해 가는 과정에서 왜곡된 시선을 가지지 않도록 할 수 있는 새로운 기제를 마련하는 것이 시급하다고 할 수 있겠다.

6) 초등학교 내 성적 인권침해(성추행) 증가

초등학생들이 '내 허락도 없이 다른 사람들이 내 몸을 만지거나, 야한 농담을 해서 기분이 상한 적이 있다'는 질문에 대한 응답률이 2011년에 2.7%에 불과하였으나 2016년에는 6.8%로 4.1%P 증가하였다. 지난 5년 사이 학생들의 인터넷 등 다양한 정보에의 접근 가능성이 확장된 측면과 초등학교 내 성교육이 부족한 점에 대한 다양한 연구 결과에서 지적되어 온 점을 함께 고려한다면, 학생들이 학교 내에서 성추행 경험으로 인해 왜곡된 성의식을 갖지 않을 수 있도록 우리 사회와 학교 관계자들 모두의 노력이 필요하다. 2011년과 2016년 학교에서 학생들이 경험한 인권침해 및 차별 경험에 대해 아래의 그림을 통해 한 눈에 비교할 수 있게 하였다.

그림 3-4 학내 인권침해 및 차별 경험 비교

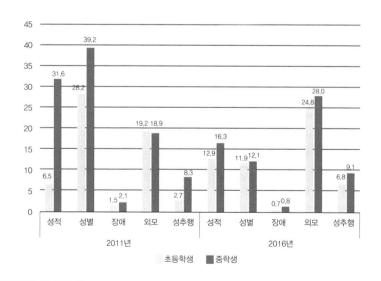

7) 교사의 태도에 대한 학생들의 인식 개선

학교에서는 또래 집단 간의 관계뿐만 아니라 교사와 학생들의 관계도 학생들의 생활의 질에 중요한 영향을 미치기 때문에 교사들이 학생들을 대하는 태도에 대한 조사를 실시하였다. 2011년과 비교했을 때 전반적으로 학생들이 인식하는 교사들의 태도가 긍정적인 방향으로 변화했음을 확인할 수 있었다. 초등학생에 비해 중학생 사이에서 교사에 대해 긍정적인 인식의 전환이 있었다. 먼저, '학생이 불공평한 대우를 받는 상황에서 적극적으로 그 학생을 도와주신다'에 대한 응답은 2011년 전체 46.1%에서 2016년에는 18.1%P가 증가한 64.2%에 해당하는 학생들이 긍정적인 응답을 보였다. 이러한 변화는 중학생에서 28.9%P가 증가하는 두드러지는 변화에서 기인했다. 또한, '내가 어떠한 질문을 하더라도 친절하게 대답해 주신다'는 질문에 대해서도 2011년 38.3%에서 2016년 64.9%로 26.6%P 증가한 응답률이 보고되었는데 여기서도 마찬가지로 중학생 사이에서 38.9%P 긍정적인 방향으로 응답이 증가했음을 확인할 수 있었다. '다른 친구들을 배려하는 것을 가르쳐 주신다'는 질문에 대해서도 2011년 48.1%에서 2016년 70.7%로 그렇다는 응답이 증가하였으며 역시나 중학교급에서 30.6%P 인식의 개선이 있었다. 담임교사 및 교과교사뿐만 아니라 보건

표 3-2 교사의 태도에 대한 학생들의 인식 비교

(단위: %)

구분 ('그렇다'에 대한 응답률)	2011년			2016년		
	전체	초등 학생	중학생	전체	초등 학생	중학생
1) 학생이 불공평한 대우를 받는 상황에서 적극적으로 그 학생을 도와주신다	46.1	60.1	32.1	64.2	67.3	61.0
2) 내가 어떠한 질문을 하더라도 친절하게 대답해 주신다	38.3	50.3	26.3	64.9	64.7	65.2
3) 다른 친구들을 배려하는 것을 가르쳐 주신다	48.1	58.6	37.6	70.7	73.0	68.2
4) 보건 선생님은 내가 아프거나 다쳤을 때 바로 치료를 해 주신다	60.5	73.0	48.0	72.7	75.2	70.1

교사에 대한 태도를 알아보기 위한 '보건 선생님은 내가 아프거나 다쳤을 때 바로 치료를 해 주신다'는 질문을 추가하였다. 이 항목에 있어서도 2011년 전체 60.5%의 학생들이 그렇다고 응답한 데 반해 2016년에는 12.2%P 상승한 72.7%의 학생들이 그렇다고 응답하였다. 보건 교사와 관련한 항목에서도 중학교에서 22.1%P 만큼이나 긍정적인 응답률이 상승했다.

8) 학내 휴대폰 사용에 대한 자율성 요구 증가

2016년 조사에서는 2011년의 조사와 연계성을 염두하고 설문지를 작성하였으나 필요에 의해 수정한 부분이 있었다. 학생들의 학내 휴대폰 사용과 관련한 사안이 2011년에 비해 2016년 현재 학교 내에서 더욱 중요한 문제로서 다루어지고 있음을 반영하여 문항을 수정하여 학생들의 의견을 더욱 자세히 파악하고자 하였다. 2011년에는 '수업에 방해가 되기 때문에 휴대폰을 선생님이 보관하는 것은 정당하다'라는 의견에 대한 동의 여부를 묻는 방향으로 설문이 진행되었으며 전체 46.6%의 학생들이 그렇다고 응답하였으나, 2016년에 비슷한 질문인 '학교에는 가져와도 되지만, 하교할 때까지 선생님이 수거해서 보관하도록 한다'는 의견에는 전체 27.1%의 학생들만이 긍정적인 응답을 하였다. 2016년의 조사를 보면 가장 많은 응답을 차지한 의견은 '학교에 가져와서 개인이 보관하되, 수

표 3-3 학내 휴대폰 사용에 대한 인식 비교

(단위: %)

구분 ('그렇다'에 대한 응답률)	2011년			2016년		
	전체	초등학생	중학생	전체	초등학생	중학생
(2011년) 수업에 방해가 되기 때문에 휴대폰을 선생님이 보관하는 것은 정당하다	46.6	61.3	31.9			
(2016년) 학교에는 가져와도 되지만, 하교할 때까지 선생님이 수거해서 보관하도록 한다				27.1	19.1	35.6
학교에 가져와서 개인이 보관하되, 수업시간에 방해되지 않게 한다				51.1	56.5	45.5

업시간에 방해되지 않게 한다'가 전체 51.1%로 압도적으로 많았으며, '자유롭게 쓸 수 있어야 한다'는 의견도 12.9%를 차지하였다. 반면 '학교에 가져오지 못하게 해야 한다'는 의견은 4.8%에 머무르며 2011년에 비해 2016년에는 학교급이나 성별에 상관없이 더 많은 학생들이 학내 휴대폰 사용과 관련하여 자율성을 갖기를 희망하는 것으로 나타났다.

9) 세계시민의식의 성장

해외의 빈곤과 기아 등의 인권 관련 문제에 대해 학생들의 인식을 통해 세계시민으로서의 의식의 변화를 알아보기 위해, 2011년에는 '여러분은 아프리카 등의 가난한 나라 학생들의 건강, 학교교육, 기타 인권 문제 등이 여러분과 얼마나 가까운 문제라고 생각합니까?'라는 질문에 대해 다섯 가지 척도로 설문한 결과 초등학생의 40.6%가, 중학생의 31.6%가 가까운 문제로 인식한다고 응답하였다. 반면에, 2016년에는 2011년의 설문 문항을 그대로 유지하기에는 아프리카에 대한 편견이 있어, '여러분은 다른 나라에 살고 있는 친구들이 학교에 가지 못하고, 밥도 제대로 먹지 못

그림 3-5 세계시민의식 비교(긍정적인 응답 기준)

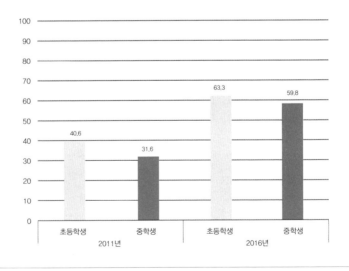

하는 등의 문제가 여러분과 얼마나 가까운 문제라고 생각하나요?'라고 수정하여 질문하였다. 이에 대해 63.3%에 해당하는 초등학생과 59.8%에 해당하는 중학생이 가까운 문제로 인식한다고 응답하였다. 이러한 결과를 종합했을 때 2011년에 비해 2016년에 전반적으로 학생들의 세계시민의식이 성장하였다고 해석할 수 있겠다.

다. 가정의 인권침해 실태 비교

다음으로 가정에서 학생들이 경험하는 인권침해 실태에 대해 2011년과 2016년의 조사 결과를 비교해보았다.

1) 가정 내 정서적 안정감에 대한 인식 변화

가정 내에서 일어나는 학생들의 인권침해 실태에 대해 알아보기에 앞서, 가정 내 정서적인 학대의 일반적인 경험에 대해 알아보기 위해 학생

그림 3-6 가정 내 정서적 안정의 일반적 경험 비교

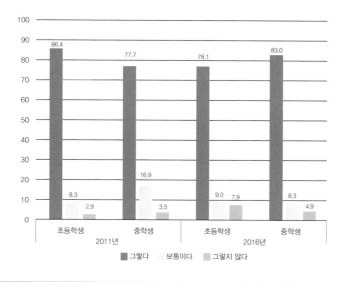

들이 가정에서 보살핌이나 사랑을 받고 있다고 느끼는 정도에 대해 조사한 결과를 비교해보았다. 2011년과 2016년 조사에서 두드러지는 특징은 가정 내에서 안정감을 느낀다고 응답한 초등학생은 8.3%P 감소한 반면, 중학생은 5.3%P 증가했다는 점이다. 전반적으로 초등학생들이 가정 내에서 충분한 사랑과 보살핌을 받고 있다고 느끼는 인식은 부정적인 방향으로 변화한 반면에, 중학생의 경우에는 그러한 안정감에 대한 인식이 긍정적인 방향으로 증가하였다는 점이 특징적이다.

학생들이 경험하는 가정에서의 인권침해 및 차별 경험에 있어 2011년에 비해 2016년에 나타나는 가장 큰 특징은 성별 및 나이로 인한 차별 현상이 현저히 줄어들었다는 점이다. 또한, 가정 내에서 가족이나 친지들로부터 행해지는 신체적인 체벌이나 폭행, 구타 등도 줄어들었다는 점에서 지난 5년 사이의 가정 내 인권 환경이 상당 부분 개선되었음을 확인할 수 있었다. 이러한 결과는 바로 위에서 분석한 바와 일치한다. 가정 내에서 학생들이 경험하는 인권침해 및 차별에 대한 환경이 개선되어감과 동시에 가족이나 친지들로부터 정서적 안정을 얻고 있음을 알 수 있었다. 이

표 3-4 **가정 내 인권침해 및 차별 사례 경험 비교**

(단위: %)

구분 ('그렇다'에 대한 응답률)	2011년			2016년		
	전체	초등 학생	중학생	전체	초등 학생	중학생
1) 공부를 못한다고 무시를 당한 적이 있다	14.6	4.9	24.2	12.7	12.9	12.5
2) 여자 또는 남자라는 이유 때문에 차별을 받은 적이 있다	21.9	19.0	24.9	5.0	5.8	4.2
3) 장애가 있다는 이유로 차별을 받은 적이 있다	0.7	1.0	0.5	0.6	0.4	0.8
4) 키, 몸무게, 외모를 이유로 놀림을 받은 적이 있다	13.9	14.8	13.0	10.0	12.2	7.6
5) 나이가 어리다는 이유로 차별을 받은 적이 있다	26.6	23.9	29.4	0.2	0.0	0.4
6) 내 허락도 없이 내 몸을 만지거나, 야한 농담을 해서 기분이 상한 적이 있다	2.8	2.9	2.7	0.9	1.4	0.4
7) 폭행이나 구타를 당한 적이 있다	28.8	29.4	28.3	14.0	24.5	3.0

어서 각 항목별로 변화 추이에 대해 살펴보도록 하겠다.

2) 성적으로 인해 차별받는 초등학생의 증가

학교 내에서 성적으로 인한 인권침해 및 차별이 초등학교급에서는 증가하고, 중학교급에서는 감소한 결과와 마찬가지로 가정 내에서도 '공부를 못한다고 무시를 당한 적이 있다'고 응답한 초등학생들이 2011년에는 4.9%에 불과하였으나 2016년에는 12.9%로 8.0%P 더 많은 초등학생들이 학업으로 인한 차별을 가정 내에서 겪고 있음을 확인할 수 있었다. 중학생의 경우에는, 2011년 24.2%의 학생들이 성적으로 인한 차별을 겪고 있었으나 2016년에는 11.7%P 감소한 12.5%의 학생들만이 그러한 차별을 겪고 있다고 응답하였다.

3) 성별로 인한 인권침해 및 차별의 획기적 감소

가정 내에서 '여자 또는 남자라는 이유 때문에 차별을 받은 적이 있다'라는 질문에 응답한 학생들은 2011년 전체 21.9%를 차지했으나, 2016년에는 전체 5.0%에 해당하는 학생들만이 그렇다고 응답하였다. 학교급이나 성별에 상관없이 전체적으로 성별로 인한 인권침해 및 차별이 지난 5년 사이에 급격히 줄어들었음을 확인할 수 있었다. 한국 사회에서 여성인권의 증진을 위한 노력과 가부장적 체제에 대한 전환이 학교뿐만 아니라 가정 내에서도 그 결실을 맺고 있음을 증명하는 결과라 할 수 있겠다.

4) 외모로 인한 인권침해 및 차별 감소

학교에서 외모로 인한 인권침해 및 차별을 겪고 있는 학생들이 증가한 반면, 가정에서는 그로 인한 차별이 줄어든 것으로 확인되었다. 2011년에는 초등학생의 14.8%, 중학생의 13.0%가(평균 13.9%) 가정에서 '키, 몸무게, 외모를 이유로 놀림을 받은 적이 있다'고 보고하였으나, 2016년에는 초등학생의 12.2%, 중학생의 7.6%(평균 10.0%)의 학생들만이 그렇다고 응답하였다.

5) 나이로 인한 인권침해 및 차별의 획기적 감소

성별로 인한 차별뿐만 아니라 나이로 인한 차별과 관련하여 2011년에는 전체 26.6%의 학생들이 '나이가 어리다는 이유로 차별을 받은 적이 있다'고 응답한 반면에 2016년에는 오직 전체 0.2%에 해당하는 학생들만 그러한 차별을 경험하였다고 응답하였다.

6) 가정 내 성적 인권침해(성추행) 감소

학교에서의 인권침해 경험에서는 초등학교 내에서 성추행을 경험한 학생들이 증가한 것으로 나타났으나, 가정 내에서는 감소한 결과를 보여주었다. '내 허락도 없이 내 몸을 만지거나, 야한 농담을 해서 기분이 상한 적이 있다'는 질문에 대해 2011년에는 초등학생의 2.9%, 중학생의 2.7%에(평균 2.8%) 해당하는 학생들이 그렇다고 응답한 반면, 2016년에는 초등학생의 1.4%, 중학생의 0.4%에(평균 0.9%) 해당하는 학생들만이 그러한

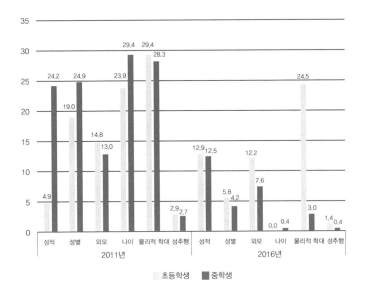

그림 3-7 가정 내 인권침해 및 차별 경험 비교

경험을 한 적이 있다고 응답하였다.

7) 주변 환경의 안전에 대한 인식 개선

학생들이 자신들의 주변 환경에 대한 인식을 알아보기 위한 조사에서는 2011년에 비해 2016년에 전반적으로 긍정적인 응답률이 증가한 경향을 보였다.

표 3-5 주변 환경에 대한 인식 비교

(단위: %)

구분 ('그렇다'에 대한 응답률)	2011년			2016년		
	전체	초등 학생	중학생	전체	초등 학생	중학생
1) 우리 동네는 범죄로부터 안전한 곳이다	47.1	52.0	42.2	52.2	54.3	50.0
2) 우리 동네는 교통사고가 잘 일어나지 않는다	30.1	31.1	29.1	46.1	46.0	46.2
3) 놀이터, 도서관, 체육관 등 우리가 이용할 수 있는 시설이 충분히 있다	32.6	37.9	27.3	60.0	60.1	59.8
4) 담배나 술을 사거나 밤 10시 이후 피시방에 들어가는 것이 어렵다	49.6	55.9	43.2	51.3	45.3	57.6

비교 가능한 네 가지 항목에 있어서 각 항목별로 살펴보면, 먼저 '우리 동네는 범죄로부터 안전한 곳이다'라는 질문에 대해서 2011년에는 전체 47.1%에 해당하는 학생들이 그렇다는 응답을 하였으며, 2016년에는 중학생의 긍정적 응답이 7.9%P 증가하여 전체 52.2%의 학생들이 범죄로부터 안전하다고 인지하는 것으로 나타났다. 그러나 여기에서는 약간의 긍정적 인식의 개선보다는 여전히 2명 중 1명의 학생들은 자신들의 생활환경이 범죄에 노출되어 있는 불안감을 느끼고 있음에 집중할 필요가 있다. 교통사고에 대한 불안을 느끼는 정도도 2011년 전체 30.1%의 학생들만이 교통사고로부터 안전하다고 느낀 반면, 2016년에는 16.0%P 증가한 46.1%의 학생들이 긍정적인 응답을 하였음에도 불구하고 여전히 대다수의 학생들은 자신들의 동네에서 범죄나 교통사고로부터 안전하다고 느끼지 못

한다는 점을 간과하지 말고, 학생들이 생활하는 주변 환경을 학생들에게 더욱 친화적이고, 안전할 수 있는 방향으로 개선할 수 있는 사회의 노력이 필요하겠다.

또한, 놀이터나 도서관, 체육관 등의 편의 시설에 대해서는 2011년 전체 32.6%의 학생들만이 충분한 편이라고 응답한 반면에, 2016년에는 학교급에 따른 차이가 거의 없이 전체 60%의 학생들이 충분한 편이라고 응답하였다. '담배나 술을 사거나 밤 10시 이후 피시방에 들어가는 것이 어렵다'는 질문에 대해서는 2011년에는 초등학생의 55.9%, 중학생의 43.2%(전체 49.6%)의 학생들만이 그렇다고 응답한 반면에, 2016년에는 초등학생에게서 10.6%P 감소한 45.3%만이 그렇다고 응답하였다. 중학생은 14.4%P 증가한 57.6%의 학생들이(전체 51.3%) 긍정적인 응답을 하였다.

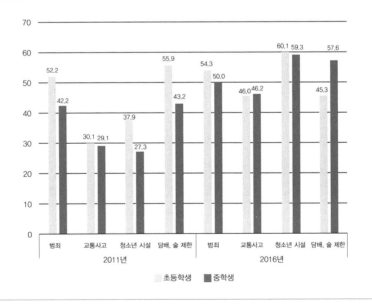

그림 3-8 주변 환경에 대한 인식 비교(긍정적인 응답 기준)

4. 학생인권의식 및 실태, 어떻게 바라볼 것인가?

대한민국의 헌법 제10조에서는 '모든 국민은 인간으로서 존엄과 가치를 가지며, 행복을 추구할 권리를 가진다'고 명시되어 있다. 뿐만 아니라 제34조 1항에서는 '모든 국민은 인간다운 생활을 할 권리를 가진다'고 명시되어 있다. 인간이 가지는 가장 기본적이고 보편적인 권리는 대한민국 국민이면 누구나 가지는 권리이기 때문에 연령이나 성별, 사회경제적 배경 등 어떠한 조건에 의해서도 이러한 권리는 차별받거나 제한되어서는 안 된다. 그러나 아동의 경우에는 양육권이 부모나 친척 등과 같은 성인에게 귀속되어 있는 관계로 다른 연령층에 비해 그 권리가 제한당하기 쉽다는 특성을 지닌다. 유엔아동권리위원회 일반논평에서 주지한 바와 같이 '아동은 부모나 국가의 소유가 아니며 단순히 관심의 대상이 아님'(국가인권위원회, 2006)에도 불구하고 여전히 우리 사회에서는 아동을 독립된 인격체로 인정하지 않아 다양한 아동인권침해와 관련된 문제들이 발생하고 있다.

유엔의 시민적·정치적 권리에 관한 국제규약에서 밝히듯 기본적으로 가족은 아동의 요구나 이익에 적합한 조치를 하여야 하나 만약 부모나 대리인이 아동의 요구나 이익을 대변할 수 없을 경우 국가는 아동의 요구와 이익을 누릴 수 있도록 지원하고 보호해야 한다. 따라서 아동이 자신의 권리에 대한 주체적인 인간으로 권리를 향유할 수 있도록 사회가 아동 인권을 보장하는 것은 필수적이다.

따라서 학생들의 인권 의식 실태 조사를 통해 살펴 본 학생들의 인권 인지 정도와 인권침해 경험 등을 바탕으로 다음과 같은 논의가 가능하다.

둘째, 인권침해를 막기 위한 학생들의 사회적 참여를 촉진할 필요가 있다.

학생들의 인권침해 및 차별 경험은 사회적 자본과 밀접한 상관관계를 가지고 있다는 점을 분석을 통해 알 수 있었다. 학교에서는 '인성교육'을 통해 학생들의 인권침해 및 차별 현상을 근절하고자 한다. 개인의 자유와 인권이 그 어떤 시대보다 우선시되고, 최근 우리나라를 비롯하여 세계의 여러 국가에서는 사회 문제의 근본적인 해결책으로서 '인성교육'이 화두가 되어 왔다. 그러나 수많은 교사들은 예절교육이라는 한계에서 벗어나지 못한 채 인성교육을 해오고 있는 실정이다. 문제 중심 학습, 팀 프로젝트 학습, 역할놀이, 협동학습, 봉사활동, 글쓰기 등 다양한 형태로 인성교육을 고안해 실행하고자 하는 노력이 있어 왔으며, 제7차 교육과정부터는 실천 중심으로 도덕 교과의 범위를 넘어 국어, 사회 과목 등에서도 인성교육을 통해 학생들의 인권을 보호하고자 노력해왔다.

그러나 본 조사결과에서는 초등학생들의 경우에 학급이나 학교 내에서 발생하는 공동의 문제에 더욱 적극적으로 참여하는 학생일수록 다른 학생들의 인권을 침해하는 경향이 낮았으며, 교사나 부모보다는 또래집단과 더욱 강한 네트워크를 가지고 있을 때 다른 학생들의 인권을 보호하는 경향을 보인다는 점을 증명하였다. 따라서 학생들이 실제의 생활 속에서 서로의 인권을 존중해주는 태도를 향상시키기 위해서는 또래 집단 간 교류를 더욱 확장시킬 수 있는 기회를 마련하고, 많은 학생들이 공동의 문제에 참여할 수 있도록 장려할 수 있어야 할 것이다.

셋째, 중학교 내에서 교사와 학생 간의 관계 강화방안을 마련해야 한다.

사회적 자본과 관련한 본 연구 결과에서는 중학생들이 교사와의 연결망이 강할수록 다른 학생들의 인권을 침해하거나 차별하는 경향이 더 낮음을 증명하였다. 중학생들은 초등학교 때에 비해 교사와 같은 공간에서 생활하지 않을 뿐만 아니라, 담임 중심의 학교생활에서 교과 중심의 학교생활로의 전이가 일어나는 학교공간에서 학생들은 교사와 교류할 수 있는 기회가 더욱 적어질 수 있다. 그러나 교사와의 관계가 부모나 또래 집단에 비해 인권침해 및 차별 행위에 더욱 유의미한 결과를 가져온다는 점을 고려해 중학교에서 학생들이 교사와 관계를 맺을 수 있는 기회를 확장하기 위한 방안에 대해 논의할 필요성이 제기된다.

셋째, 이주배경 아동에 대한 인권 실태를 파악할 필요가 있다.

이번 조사를 통해 이주배경 아동들의 인권침해 실태를 파악하고자 하였으나 응답자의 한계로 유의미한 결과를 얻기는 힘들었다. 그럼에도 불구하고, 학교 현장에서 이주 배경 아동의 수가 증가하는 경향을 고려한다면, 다문화가정 아동 관련법의 필요한 부분을 개정하여 모든 아동들이 누려야 할 기본 권리를 보장할 수 있도록 해야 할 것이다. 우리 사회는 1990년대 이후 이주노동자, 결혼이주자를 비롯한 국내유입외국인이 증가하면서 다문화사회로 들어서기 시작했다. 그러나 국내에 체류하는 외국인의 증가에 대비한 제도적 정비조차 제대로 마련되지 않았으며, 외국인에 대한 배타적인 인식태도와 이해 부족 등으로 인해 발생하는 차별문제가 이주민의 국내 정착에 큰 어려움을 더하는 실정이다. 특히 다문화가정 아동이나 탈북청소년 등과 같이 이주배경 아동의 경우에는 성인대상의 정책이 중심이 되어 제공되는 현 상황에서 차별적 상황을 제재할 수 있는 정책적 안전장치가 부족하다. 여기에 아동이라는 특성이 결부되어 이중적 차별을 받을 가능성이 높기 때문이다.

넷째, 학교 내 아동성추행 법규를 강화해야 한다.

아동성추행과 관련하여 학교 내에서 이러한 문제를 근절하기 위한 법규가 강화될 필요성을 제기한다. 본 설문의 경우 인권침해 주체를 분명하게 구분함으로써 가해자에 대한 판단이 가능하도록 설계되었다. 또한, 장소에 따른 성적 인권침해 경험에 대해 초등학교 내에서 응답 비율이 2011년에 비해 높아진 점에 대해서 각성할 필요가 있다. 학교뿐만 아니라 가정, 주변 환경, 아르바이트 중이나 온라인상에서 행해지는 성추행 문제를 자가 신고하는 창구를 마련해야 한다. 아동의 성추행 문제에 있어 처벌을 보다 강화하는 방안을 고려해 보고, 이러한 내용에 대해 공익광고와 캠페인을 통하여 인식 개선까지 할 수 있게 되길 희망한다.

다섯째, 온라인 공간에서의 학생 인권 보호망을 조성해야 한다.

매체의 변화에 따른 인권침해 현황에 대한 구체적인 파악을 통해 온라인상에서의 인권침해와 관련한 보호망을 조성할 필요성이 제기된다. 우선적으로 이와 관련한 법률의 제정으로 학교 내에서 이를 방지할 수 있는 체계적인 교육이 이루어질 수 있고, 침해 실태에 대해 제도적으로 파악하여 대처할 수 있는 환경이 조성되기를 바란다. 오늘날 인터넷은 우리의 필수 생활공간으로 작용하고 있다. 온라인 세상은 정보 검색 및 소통 범위의 확대, 전자상거래 활성화 등 순기능을 가지고 있으나 모욕, 명예훼손, 폭력성 조장 등 타인의 인권을 침해하는 역기능을 가지고 있기에 새로운 사회문제로 부상하였다. 온라인에서의 익명성은 자신의 정체성을 숨기고 사회적 규칙을 피해갈 수 있는 여지를 주기 때문일 것이다. 아동이 온라인 공간에서도 성숙한 사회인으로 성장하고 학교 교육을 통해 가치나 규범을 체득할 수 있도록 제도적인 뒷받침이 조성될 수 있기를 바란다.

여섯째, 인권 친화적인 학생 생활환경을 위해 노력해야 한다.

학생들이 경제적 수준이나, 성적, 거주 지역 등 개인적 배경에 상관없이 모두가 누릴 수 있는 인권 친화적인 거주 환경을 조성하는 것은 우리 사회의 몫이다. 주변 환경의 안전에 대해서 2011년에 비해 2016년에 긍정적인 방향으로의 응답이 증가하였다고는 하나, 여전히 약 50%의 학생들은 생활공간이 불안함의 공간으로 작용하고 있음을 확인할 수 있었다. 그러므로 우리 학생들이 안전하고 인권 친화적인 환경에서 마음 놓고 생활할 수 있도록 모두의 노력이 필요하겠다.

일곱째, 인권을 침해받고, 침해하는 학생들의 탈출구를 마련해야 한다.

인권을 침해하는 행동을 하는 학생과 인권을 침해받는 학생들과 관련한 결과를 분석해보면, 다른 학생들의 인권을 침해하는 행동을 하는 학생들이 가정 내에서 역으로 본인들이 인권침해를 당하고 있었으며, 또한 학교 내에서나 가정 내에서 인권침해를 받는 학생들 사이에 유의미한 상관관계는 이들이 서로 다른 학생들이 아님을 증명한다. 이러한 억압 구조 속에 놓인 학생들이 그 순환 고리를 끊을 수 있는 탈출구를 마련해 주는 것이 시급하다고 판단된다.

결론적으로 아동은 우리의 미래를 이끌어 갈 중요한 인적 자원이다. 아동의 기본권을 보장하고 건강하게 성장할 수 있도록 사회적 안전망을 체계적으로 구축하는 것은 우리에게 주어진 과업이다. 인권의 가치는 개인의 권리일 뿐만 아니라 타인에 대한 개인의 의무이기도 하기 때문이다.

그러나 유엔 아동권리협약에서 제시하는 권리기준에 비추어 보면 우리는 아직 아동의 권리를 충분히 보장해주지 못하고 있다. 본 연구는 아동의 권리 증진을 위해 인권 실태를 파악하는 기초 작업이 될 것이다. 궁극적으로는 모든 아동이 자신의 권리를 보호받고 보장받을 수 있는 사회 안에서 성장할 수 있도록 국가지원체계가 수립되어야 할 것이다.

제2부

학생인권 논쟁 속
대한민국 사회의 구조와 제도

제4장
학생인권침해 제한은 정당화될 수 있는가?

1. 학교에서 학생인권은 정당화될 수 있는가?

학교에서의 인권 논쟁이 뜨겁다. 논쟁이 뜨거운 만큼 최근의 지방교육 자치단체를 중심으로 추진되고 있는 학생인권조례제정과 관련된 찬반양 상은 전 국민의 이목을 사로잡고 있다. 2009년 첫 주민직선 교육감 선거 에서 진보적 성향의 김상곤 경기도 교육감이 당선된 이후 학교 현장에 적 용될 방안이 어떻게 되어야 하는지의 문제는 기대와 우려가 교차되는 지 점이었다. 이후 2010년 전국지방선거에서 경기, 서울, 강원, 전북, 광주, 전남 등 6개 시·도 교육청의 교육감으로 진보적 성향 후보들이 당선되었 고, 학생의 인권제고를 위한 조례제정은 진보적 성향의 교육감들에게 기 대되었던 많은 교육혁신의 과제들 중 빼놓을 수 없는 것이 되었다. 팽팽 한 사회적 찬반 양상이 이어지는 사안이었음에도 불구하고, 조례가 제정 되었거나(경기도 교육청 2010년), 조례제정을 위한 조례안이 마련된(서울, 전 북, 전남, 광주시 교육청 2011년) 상태로 진행되고 있다. 강원도 교육청의 경 우, 학생인권에 국한하지 않고 학교인권조례를 제정하는 방향으로 논의가 진행되고 있다.

한편으로 학생인권을 보장하고 신장해야 한다는 당위론이 크게 힘을 얻어 제도화된 인권보장 노력이 탄력을 받고 있는가 하면, 학생들의 인권을 보장한다는 것의 구체적인 실천 항목들이 학교 현장에서 어떻게 적용되고 있고, 이에 대한 부작용으로서 학교에서 교사들의 학생지도가 얼마나 어려운지에 대한 현실적 불가론 혹은 타협방안들이 만만치 않은 반론으로 제기되고 있다. 학생인권에 반하는 개념으로서 대다수의 교사들이 제시하는 '교권' 논쟁이 그것이다. 사실 '학생인권 대 교권'이라는 개념으로 진행되고 있는 논쟁은 다양한 쟁점이 자리하고 있다. '학생들의 판단력과 결정을 믿고 신뢰할 수 있을만큼 성숙한 존재라 할 수 있는가', '학교에서의 학생인권은 상급학교 진학 및 꼼꼼한 입시제도 속에서 불가피하게 제한될 수밖에 없는가', '학생인권에 대해 논의하거나, 학생들에게 인권을 가르치는 것이 학교 수업을 진행하는데 방해가 되는가', '특정한 인권내용은 학생들에게 허용되어서는 안되는가' 그리고 '지금도 학교는 학생들에게 충분히 인권적인 환경이라 할 수 있는가', '인권적 의식의 성장은 경험을 통한 것인지, 아니면 일정한 성장이 전제되는지' 등이다. 각각의 쟁점들에 대해서 결코 쉽지 않은 찬성과 반대 논거가 있다고 여겨지고, 이에 대해 찬반 여론이 지속적으로 제기되고 있다.

문제는 이에 대한 학술적 쟁점 분석이나 학생인권을 둘러싼 학문적 설명의 시도들이 잘 이루어지고 있지 않다는 점이다. 1948년에 제정되어 전세계적으로 모든 인간들의 권리를 옹호하고 보장해야 한다는 '세계인권선언'을 의식하여 당위적으로 학생들의 인권이 보장되어야 한다는 것에는 누구도 반대하지 않는다. 문제는 '학교라는 장소의 특수성'을 어떻게 받아들여야 하며, 사회의 일원으로 살아가도록 '사회적 가치와 보편적 지식'을 배워야 하는 성장과정의 학생의 인권이 무엇을 의미하는가에 대해서 아무런 합의가 이루어지지 않고 있다는 점이다. 따라서 학생인권의 문제는 독립된 인권 담론의 연장이라기보다는 학교와 사회, 그리고 한국 사회에서의 학생들의 사회적 지위와 밀접하게 관련된 것이어야 한다.

이러한 문제의식에 따라, '왜 사람들은 학생인권을 전혀 다른 시각으로 바라보는가' 그리고 '학생인권침해가 정당화되는 한국사회의 교육적 맥락은 무엇인가?'라는 두 가지 질문을 중심으로 살펴보고자 한다.

2. 학교교육을 바라보는 두 가지 상반된 기능

교육현상을 바라보는 사회학적 시각은 학교의 상반된 기능을 설명하는데 이용되어 왔다. 전통적인 사회학 이론에서 비롯된 두 가지 이론은 기능론과 갈등론이다. 물론 기능론과 갈등론이 흔들림 없는 사회구조에 초점을 두고 있다면, 사회변화의 주체로서 개개인의 역량과 의지를 강조하는 해석학적 접근은 '저항', '문화 해석', '의식화', '성찰' 등 다양한 개념을 통하여 구조주의적 이론에 대안을 제시하고 있다. 그러나 여전히 사회 기관의 하나로서 학교교육을 바라보는 두 가지 상반된 사회학적 시각을 통하여 학교교육, 학생, 그리고 인권 이슈의 관계를 정리해 낼 수 있을 것이다.

가. 학교교육의 기능주의적 접근

기능론자들에 따르면, 학교는 사회가 정상적으로 기능하도록 한 세대를 다음 세대로 연결시켜주는 역할을 담당한다. 이러한 입장을 알기 쉽게 피력했던 뒤르케임은 중세시대 수도원 학교에서 시작된 학교의 역사가 이후 세속적인 공교육의 형태를 띠면서 이러한 세대와 세대를 이어주는 학교의 기능에 착목했다. 학교를 바라보는 일상적 풍경들은 이러한 뒤르케임의 사회학적 논의와 크게 다르지 않다. 기능론자들이 보는 학교는, 사회가 중시하는 전통(문화)을 잘 정리하여 교과지식으로 선택하고, 선택된 지식을 아동의 발달단계에 따라 전수하는 장소이다. 교과지식은 세대를 초월하여 공부해야할만한 가치를 가진 것으로, 시간과 장소를 불문하고 한 사회(공동체)에서 공통적으로 가르쳐지고 받아들여야 한다. 이때 지식은 시시때때로 변화하는 문화, 즉 유행과 세속적 대중성으로부터 독립된 것으로, 학교는 곧 세속적 질서와 대중문화로부터 독립된 공간으로 인식된다.

가르쳐지기에 마땅하다고 선정된 지식은 교과서로 형상화된다. 따라서 구분된 교과 및 지식을 담고 있는 교과서는 성스럽게 지켜져야 한다. 교사를 전문가라 부를 때에는 기존의 지식을 담고 있는 교과내용을 학생들의 발달 수준에 적절하게 가르칠 줄 아는 교수방법의 전문가를 의미한다. 지식의 내용에 도전하거나 교과 이외의 지식을 가르치는 것은 학교에서 허용될 수 없는 것이다. 따라서 학생들의 발달심리와 행동심리를 연구한 바에 따라 교과내용을 분석적으로 구분하고, 가장 효과적으로 가르칠 수 있는 교수방법을 개발하는데 시간을 할애하는 것이 수업을 준비하는 것이 되어야 한다.

학생들의 입장에서 학교는 가정, 이웃과는 동떨어진 곳으로 인식되어야 한다. 학교에서 가르쳐야 할 내용을 효율적으로 받아들이고, 이를 내면화하는 것으로 자신의 공부 과업을 완수해야 한다. 자신의 반사적 습성으로 남아있는 세속적이고 일상적인 행위들은 학교에서 감추어져야 하고, 결국은 교과지식으로 전달되는 내용으로 교체되어야 한다. 이를 위하여 학교는 엄격한 규율과 훈육을 필요로 한다. 참과 거짓, 옳고 그른 것, 해야 할 것과 하지 말아야 할 것을 판단하는 것은 학생의 몫이 아니라 이미 그들에게 주어진 외부의 지식 내용이다. 따라서 학생들에게 무엇이 옳은지 혹은 무엇을 행동하는 것이 타당한지, 주어진 지식의 옳고 그름을 스스로 판단하는 것은 결코 허용되지 않는다. 이미 옳다고 판단되고, 그래서 선택된 지식내용을 배우는 입장의 학생이 다시 판단하는 것은 옳지 않기 때문이다. 그래야 한 사회가 가치롭다고 여기는 전통과 문화는 한 세대에서 다음 세대로 변화하지 않고 이어질 수 있는 것이다. 여기서 한 가지 덧붙이자면, 학교에서 공부하는 학생은 책임있게 사회적 행동을 해나갈만한 능력이 부족한 상태에 있다고 전제되며, 학생들은 성숙함이 모자란 상태, 즉 미성숙하다고 여겨진다. 학생의 판단과 행동은 항상 평가되어야 하고, 지도되어야 하는 이유이기도 하다. 배우는 사람들에게 실수는 있을 수밖에 없지만, 그다지 환영할만한 것이 아니다. 학생들은 실수를 통한 경험으로부터 배우는 것이 아니라, 이미 앞서 세대가 만들어 놓은 행동의 규율과 규칙으로부터 자신의 향후 판단과 행동을 배워야 한다. 학생들의 실수는 익숙해져가기 위한 경험의 과정에서 생긴 어쩔 수 없는 것이 아니라, 제대로 익히지 않은 미숙한 판단, 그리고 부족한 내면화의 결과로 보완, 수정되어야 한다.

만약 주어진 질서에 순응하거나 편입되기를 거부하는 상황, 즉 배워야 할 것을 제대로 배우지 않고, 배운 바를 구체적 행동으로 제대로 옮기지 않는 사람들은 사회적 제재를 받아야 한다. 마치 국민의 합의에 의해 만들어진 법을 어긴 사람들이 법의 심판과 법률에 근거한 처벌을 받아야 하는 것과 같은 이치이다. 사회의 긴장과 갈등의 상황은 사회 질서, 즉 학교를 통하여 전수되는 내용을 이행하지 않는 것으로 당사자는 강도 높은 재교육을 받아 교정하거나, 정상 상태로부터 격리되어야 한다.

나. 학교교육의 갈등론적 접근

갈등론은 기능론에서 전제했던 대부분의 내용들에 대해서 동의하지 않는다. 학교는 사회(공동체)의 핵심적 가치와 전통의 내용을 세대간 전수하는 장소가 아니라, 사회의 하위 조직과 세속적 가치, 질서, 힘(power)이 경합하는 곳이다. 따라서 문화의 내용을 전통과 세속으로 구분하는 것 자체가 의미가 없으며, 학교 바깥의 현실적 가치와 문화로부터 독립된 것이라 보지 않는다. 오히려 학교와 사회를 가르는 울타리는 물리적 경계일뿐 그 이상의 의미를 부여하기 어렵다.

갈등론자들에 따르면, 한 사회가 특정한 가치와 질서를 공유함으로써 스스로의 정체성과 지속가능성을 추구하기는 하지만, 이에 반하여 서로 다른 가치와 문화의 내용이 다양하게 생겨나고, 유통되고, 경쟁하고, 경합하고, 결국 사라지거나 남아 있게 된다. 어느 문화든 시공간을 가로질러 가치롭게 남아있기 어려우며, 늘 변화와 변혁의 대상이 된다. 학교는 한 사회의 주도적인 집단(공동체)의 가치와 질서가 전달되어 다음 세대로 계층과 계급 구조를 재생산하는 공간이다. 학교가 계급/계층 재생산의 도구로 작동하는 데 있어 다양한 기제가 작동한다. 교과교육 내용의 선정, 교실에서 교과내용을 전달하는 교사의 태도, 학생들이 교과지식을 학습하는 방식, 학습내용에 대한 평가, 평가 결과에 따른 선발·배치, 사회가 학생들의 학업성취를 대하는 방식 등.

교과내용은 그 자체로 참되거나 진리이기 때문에 선택되고, 가르쳐지는 것이 아니다. 사회적으로 우세한 집단의 영향력(힘)에 의해 선택된 것이기에, 서로 다른 가치를 중시하는 사회경제적 배경을 지닌 아이들에 의해 무시되거나, 저항에 직면하거나 혹 변화를 요구하는 행동에 부딪힐 수밖에 없다. 다양한 가치를 포함한 교실 수업을 요구하고, 서로 다른 가치를 존중하거나 용인할 수 있는 태도를 받아들일 것을 요구하기도 한다. 서로 다른 가치에는 기성세대로 표명되는 어른들의 문화와 학생들의 하위문화를 포함한다. 따라서 신체적, 정서적으로 성숙하지 못한 학생으로서 취급되었던 학생들은 자신의 문화가 그 자체로 받아들여질만한 하위문화로 인정받기를 요구한다. 학생은 사회적으로 인정받을 수 있는 구성원으로 되어가기 위한 과정에 있는 것은 분명하지만, 무지몽매에서 완전 성숙의 사이에서 성숙성을 판단받아야 하는 존재가 아니다. 학생은 매 순간 그 자체로 성숙한 존재로, 그들의 판단과 행동은 존중되어야 한다. 학생들은 자신의 판단과 행동이 다른 개인과 관계되는 방식을 통하여 무엇이 옳고 그른지를 스스로 판단해가면서 보다 나은 판단력, 세계를 바라보는 세계관을 갖추어간다. 따라서 학생들은 앞선 세대가 미리 경험하여 구축한 규칙과 규율을 내면화하는 것으로 배우지 않고, 매 순간 실수를 포함한 판단의 경험을 통하여 배운다. 실수는 무시되거나 불완전한 판단의 하나가 아니라, 앞으로 '보다 나은(a better)' 판단을 위한 중요한 학습과정으로 인식된다.

학교를 갈등론의 시각에서 바라보는 교사들의 경우, 자신이 학교에서

해야 할 과업을 기능주의적 시각에서 바라보는 교사들과 전혀 다르게 인식하고 행동한다. 교사는 주어진 지식 체계를 학생들에게 그대로 전수하고, 익히도록 하는 데 목표를 두지 않는다. 교과서에 담긴 지식은 언제든 변화할 수 있는 '유동적인' 것이기에 교과 내용 그 자체에 착목하기보다는 교과서 내용을 중심으로 다양한 내용을 교실 수업에 활용한다. 아이들은 교과 지식을 대하는 방식이나 익숙한 정도가 다르므로, 학습자로서 학생들의 사전경험을 중요하게 다루고, 전달되는 교과내용과 학습자의 경험을 연결하여 학생 각자가 지식을 스스로 구성해 나가도록 돕는다. 이런 점에서 교사는 특정한 분야의 교과내용을 효과적이고 효율적으로 전달하는 방법에 정통한 점에서 전문가가 아니라, 학생들의 학습경험을 교과내용과 연계하고 발전적으로 지도할 수 있는 '퍼실리테이터(촉진자라고 번역하기도 함)'로서 전문가라고 할 수 있다. 학생들에게 외부로부터의 지식, 규율, 훈육 방식을 그대로 받아들이라거나 순응하는 것이 반드시 좋은 것은 아니라고 지도하며, 더 나아가 보다 나은 방식의 지식체계를 구성하고 자신에게 적합한 가치관을 갖도록 인도한다.

학교에서 발생하는 긴장과 갈등은, 마치 학교 바깥의 현실적 시공간에서 집단간·개인간 긴장이 존재하고 갈등이 일상적으로 발생하는 것처럼 자연스러운 것이다. 가장 작은 사회적 집단으로 불리는 가족 구성원 사이에서도 긴장과 갈등이 일상적인 상황에서 학교 내부의 긴장과 갈등은 결코 비정상적이라거나 무시되어서는 안된다. 갈등론자들에게 문제는 '긴장과 갈등이 존재해야 하느냐', 혹은 '긴장과 갈등이 존재하기는 하느냐'를 묻기보다는 '어떤 종류의 긴장/갈등이고, 이를 어떻게 해결해야 할 것인가'란 질문이 중요하게 여겨진다. 학교가 사회의 문화경제적 구조로서 계급/계층을 재생산하는 기관이라고 보는 갈등론의 한 부류로서 맑스주의자들은 학교보다는 사회구조를 변혁하는 것이 먼저라고 보는 반면, 비판적 문화주의자들의 경우에는 변혁의 주체적 공간으로서 학교에서 변혁을 통하여 사회구조의 변화 가능성을 엿본다. 이처럼 갈등론 내에서도 어떻게 문제를 해결할 것인가라는 점에 있어서 서로 다른 수준의 해법이 존재한다.

3. 학생인권을 바라보는 서로 다른 시각

사회학의 전통적 두 가지 상반된 이론은 이처럼 학교를 전혀 다른 장소로 인식하고, 그 속에서의 주체, 매개, 행동, 관계하는 방식에 대해 전혀 다른 해석을 제시하고 있다. 기능론이 가능한 사회구조와 질서의 변화를 저어하는 측면이라면, 갈등론은 가능한 사회구조가 유지되는 구조와 질서의 변화를 도모하는 측면을 갖는다. 서로 다른 이 두 교육사회학적 시각에 따라 학생인권을 바라보는 두 가지 입장을 묘사할 수 있다.

가. 학생인권? 가능한 유보해야 한다

학교교육을 받고 있는 학생들의 인권을 가능한 유보하자는 입장은 학교를 기능주의적으로 접근하는 사람들에게서 주로 나타난다. 한 가지 분명하게 짚고 넘어갈 것은, 아무리 학교의 사회적 기능을 강조하는 입장을 취하는 사람이라고 하더라도, 학생들의 기본적 권리를 옹호해야 한다는 취지에 결코 반대하지 않는다. 그러나 학생들의 기본적 권리를 행사하는 것보다 중요한 것이 있기 때문에, 특정한 시공간적 상황에서 학생들의 인권은 제한되거나 유보되어도 된다고 본다. 학생들의 인권을 제한하거나 유보해도 되는 특정한 시공간적 상황이란 무엇인가?

첫째, 학교는 가치와 문화의 다양성을 존중하기보다는 전통문화의 핵심적 가치를 담지한 지식을 전수하는 곳이다. 학교는 학교 바깥의 세속적 가치와 문화의 내용으로부터 독립된 공간이어야 한다. 가르치고 무엇을 배워야 하는 지식의 내용은 교과서로 대표되는 체계적 지식으로 정리되며, 이를 선택, 교수하는 것은 사회적 합의로 마련된다.

둘째, 교사들은 학생들이 배워야 하는 교과지식을 보다 잘 알고 있으며, 학생들은 교사가 전달하고자 하는 지식의 체계를 그대로 받아들이는 존재이다. 학생의 발달 수준에 맞추어 교사는 자신의 교과지식을 효율적이고 효과적으로 가르치는 방법을 잘 알고 있는 전문가로, 학생들은 교사와의 관계에서 수동적인 관계일 수밖에 없다. 따라서 교사에게 순응하는 태도가 필요하다.

셋째, 학생은 사회의 구성원이 되어가는 과정에 있는 존재로, 신체적, 지적, 정서적으로 성숙하지 않다. 적어도 중등교육단계까지의 학생은 미성숙한 상태라 전제되며, 사회에서 용인할 수 있는 성숙의 수준에 이르도록 사회가 정한 규칙, 규율을 내면화하고 훈육에 임해야 한다. 학교에서의 규칙과 규율은 학생들이 미성숙함을 벗어날 수 있도록 인도하는 중요한 가이드라인이다.

넷째, 미성숙한 학생들의 판단과 행동은 스스로 책임질 수 있는 것이라 여기기 어렵다. 아이들의 치기어린 요구와 행동은 훈육의 대상이 되는 것과 같은 이치이다. 학생들의 일상적 생활에서의 습관은 전통적 가치의 틀에서 기성세대가 허용하는 수준에서만 받아들여져야 한다. 학생들이 학교라는 공간에서 지식을 습득하는 가장 중요한 이유이다. 주어진 규칙과 가치, 질서를 반복하고 내면화하는 것이 학생 스스로 판단하여 행동하는 것보다 우선시 되어야 한다.

따라서 학생들의 인권은 학교라는 공간에서 학생이라는 신분을 갖는 기간 동안 유보되어야 한다. 이때 학생인권은 사회의 구성원이 되는데 필요한 지식 습득을 저해하는 요소로 인식된다. 더욱이 학교는 학생들에게 지식습득의 효율적이고 효과적인 방법을 전문적으로 담당하는 기관으로서 이에 불필요한 학생들의 개별적인 요구와 특성은 잠시 무시되어도 좋다고 본다.

만약 학생인권을 최대한 보장한다면 어떤 일이 발생하는가? 학교는 정상적인 기능을 할 수 없게 된다. 학교의 정상적인 기능이란, 주어진 지식체계를 학생들에게 전달하는 교수-학습과정이 방해받는다는 것을 의미한다. 학교 환경은 지식을 매개로 교사와 학생의 교수-학습과정이 효율적이고 효과적으로 이루어질 수 있도록 최적화된 공간이므로, 학생 개개인의 인권적 요구가 받아들여지는 상황은 최적화된 공간적 효율성을 저해한다. 저학력(低學力), 무질서, 학교폭력은 학생인권을 보장하였을 경우

대표적인 원인이자 결과가 된다. 뿐만 아니라 교사와 학생은 교과 지식이 매개되는 과정에서 상하관계를 형성한다. 물이 위에서 아래로 흐르듯, 지식은 교사에게서 학생에게로 전달되어야 한다. 그러나 교사와 학생이 서로 동등한 인간 개체로 만나는 상황에서 교사가 지식을 매개로 갖는 권위는 유지되기 어렵다. 교사의 권위가 실추되는 것은 교실에서의 교수－학습 상황에서 교사 개인의 문제를 넘어서서 궁극적으로 학생의 지식 습득을 저해하는 주요인으로 작동하게 된다.

나. 학생인권? 최대한 보장해야 한다

학생인권을 최대한 보장해야 한다고 주장하는 사람들은 학교를 사회의 구조와 질서를 그대로 반영하는 기관의 하나로 인식하고, 인간과 인간의 일상적 소통방식으로 학교에서의 긴장과 갈등을 자연스럽게 받아들인다. 학생들의 인권을 강조하는 것은 학생이라는 특정한 시기의 사회적 신분 자들에게 부여되는 권리를 확대하자는 것이 아니라, 연령과 신분에 구애받지 않고 사회의 모든 구성원들에게 허용되는 기본적 인간의 권리를 인정하자는 것이다. 기능론자들은 학교를 사회와 독립된 특정한 공간으로, 학생을 학생이전과 학생이후의 특정한 시기로 구분하는 것에 반대한다. 학교를 사회(공동체)의 가치와 질서가 반영되는 일상적 공간으로, 학생을 학생이전의 인간 개체로 인정한다. 따라서 앞서 학생의 인권은 가능한 학생신분이 유지되는 기간 동안 학교라는 특정한 공간에서 유보되어야 한다는 주장에 동의하지 않는다.

첫째, 인권은 모든 인간 개체에게 보편적으로 적용되는 가장 본질적인 것이다. 그 어떤 특수한 상황에서도 인권보다 앞서는 우선순위는 존재할 수 없다. 인종, 성, 계급/계층, 출신지역에 의해 인간적 권리를 누릴 기회가 배제되거나 유보되어서는 안되는 것처럼, 특정 연령 및 기간 동안 특수한 신분을 이유로 인권을 제한하거나 유보하는 것은 인정될 수 없다.

둘째, 학교는 사회로부터 독립된 공간이 아니다. 오히려 사회의 일부분으로, 사회의 다양한 가치와 힘(power)이 충돌하고 경합하는 곳이다. 학교가 지식을 전수하는 곳이라고 부르지만, 정작 학교의 지식은 구성원 모두가 합의한 것으로 마땅히 한 세대에서 다음 세대로 가르쳐져야 하는 전수의 대상이 아니다. 지식은 인간 개개인이 자신의 일상적 경험을 통하여 자신만의 지식체계를 구성해나가도록 매개하는 것에 불과하다. 무엇이 더 중요한 지식인지, 무엇이 덜 중요한 지식인지 판단하는 것은 그다지 큰 의미가 없으며, 이러한 중요성에 대한 판단은 시간과 공간의 특성에 따라 늘 달라질 수밖에 없다. 따라서 지식 그 자체가 중요한 것이 아니라, 지식을 대하는 인간 개체의 학습경험이 더 중요하다.

셋째, 학교에서의 규율과 규칙은 반드시 따라야 하는 것으로 정당화되어서는 안된다. 규율과 규칙은 이를 이행할 구성원들의 합의에 의한 것으로, 공동체(조직)를 이루고 있는 구성원에 의해 언제든지 바뀔 수 있는 것이어야 한다. 학생은 학교에서 규칙을 일방적으로 따라야 하는 훈육의 대상이 아니라, 자신의 행동을 제한할 수도 있는 규칙을 합의하는데 참여할 수 있어야 한다. 물론 학교의 구성원으로서 참여하여 합의한 규칙을 스스로 지킨다는 것을 전제로 한다.

넷째, 학생은 사회의 구성원으로 받아들여지기까지 신체적, 지적, 정서적으로 성숙함에 이르는 과정의 미성숙한 존재가 아니다. 학생의 판단과 행동에 실수와 부족함이 있는 것은 분명하지만, 학생의 판단과 행동은 개인의 판단과 선택으로 존중받아야 한다. 학생 개개인의 선택과 행동이 존중받아야 한다는 말은, 각자의 선택과 행동을 가능한 허용해야 하며, 그에 따르는 결과에 스스로 책임지도록 해야 한다는 것을 의미한다. 학생은 외부로부터 주어진 훈육과 규율을 지키는 것으로 옳고 그름을 판단하기도 하지만, 자신의 자유로운 선택과정과 실수를 통하여 학습하며 가치관을 형성해 나간다. 한 개인 내부에서 무엇이 옳고 그른지, 참과 거짓을 구분하는 스스로의 기준을 발전시켜 나가는 것은 외부의 지식체계와 규율이 아니라, 개개인이 자신의 경험을 비판적으로 성찰하는 과정을 통해서이다.

다섯째, 적어도 학교라는 공간이 특별하고, 학생이 사회구성원으로 나가기 이전의 특수한 사회적 지위를 가진 것이라고 한다면(물론, 그렇지 않지만), 학교에서 학생들은 학교 바깥에서보다 자유롭게 선택하고, 판단하고, 행동하고, 스스로 성찰할 수 있는 기회를 보다 많이 가질 수 있어야 한다. 학교 바깥에서는 성인의 행동에 대해 엄격하게 판단하는 것과 비교하여, 학교는 학생들의 선택과 행동에 보다 허용적이어야 한다. 학교는 학생 개인이 학교 바깥에서 쉽게 경험하기 어려운 사회의 다양한 가치를 배경으로 안고 있는 다양성을 경험할 수 있는 곳으로 인식되어야 한다. 그리고 학생들은 교과지식을 매개로 이러한 다양한 가치와 행동방식에서 함께 더불어 살아갈 수 있는 삶의 방식을 체득하게 된다.

따라서 특수한 사회적 신분을 가진 학생을 서로 동일한 가치와 문화 내용에 기반한 규율에 길들여지도록 한다는 것은, 인간의 기본적 권리를 짓밟는 폭력이다. 한 사회의 운영 원리와 국가의 정책이 만들어지는 과정에 부단한 대화와 조정과정이 있듯이, 학교의 운영원리와 규율, 그리고 학생과의 관계는 부단히 조정되어야 한다. 이를 위하여 학교의 핵심 주체인 학생이 학교 운영과 스스로를 제어할 규율을 만들어가는데 능동적으로 참여할 수 있어야 한다. 이 경우 학생을 대화와 조정의 상대로 인정하는 것이 가장 우선적으로 이루어져야 한다.

4. 학생인권침해, 한국사회가 이를 정당화하는 사회문화적 맥락들

이상에서 살펴보았듯이, 학교에서 학생이 교육에 참여하는 현상을 두고 다른 두 입장이 공존하고 있다. 물론 현실에서 양극단의 이 두 입장 중 하나의 입장만을 완벽하게 실현하고 있는 경우는 드물다. 문화간 접촉의 기회가 적어 여전히 자신들의 고유한 공동체적 질서를 유지하고 있는 소규모 문화공동체, 또는 유일신을 담고 있는 하나의 경전에 기초한 종교공동체의 경우 교육은 곧 기존의 질서를 그대로 만들어내자는 입장에서 학교교육의 기능론을 강조하고, 한 개인의 자유의지에 따른 권리를 가능한 제한하고 유보하는 입장을 취하고 있다. 그러나 대부분의 국가들은 두 입장의 중간 어느 즈음에 자리하고 있다.

일반적으로 이야기하자면, 북유럽의 국가들의 경우에는 다양한 문화와 가치를 지닌 집단의 이해관계를 최대한 존중하는 사회분위기만큼 학교에서의 학생의 학습경험이 존중되고, 다양한 가치에 기인한 행동이 허용된다. 상하관계가 보다 분명한 권위주의적 사회질서에 기반한 중국, 일본, 대만, 싱가포르의 경우는 학생의 인권 내용을 가능한 유보하는 학교교육 시스템을 유지하고 있다. 자유주의적 사상이 사회의 주류 가치로 자리잡고 있는 영국과 미국의 경우, 학생 인권은 가능한 최대로 보장하도록 학교교육 시스템(체제)을 발전시켜 왔다. 그러나 사회주류의 문화적 전통이 지식의 정수로 받아들여져 온 관행이 유지되고, 주류 집단과 소수 문화집단(공동체) 사이의 간격이 큰 상황에서 학교에서 학생은 인권 유보와 인권 확대라는 두 입장이 팽팽하게 공존하고 있다.

한국의 경우는 학생인권을 가능한 유보해야 한다는 입장에 가깝다. 사실 이러한 입장을 확인하게 된 것도 그리 오래되지 않았다. 글의 첫 부분에서 언급했듯이, 학생인권이라는 말은 아래로부터의 끈질긴 문제제기를 통하여 회자된 개념이다. 학생이란 개념도 있었고, 인권이란 개념도 있었지만, 한국 사회에서 학생인권은 통용되는 개념이 아니었다. 1990년대 후반부터 시작하여 20년이 지나지 않은 기간 동안 학교와 그에 속한 학생들은 학생의 인권을 어떻게 인정, 수용, 적용, 이행할 것인지를 놓고 치열한 싸움을 벌여왔다. 정해진 규칙을 위반하는 '탈선 학생'을 양산하고, 이에 반발, 저항하는 본인 및 이를 지원하는 시민단체들의 지리한 법적, 윤리적, 교육적 분쟁이 이어졌다. 교육은 정치행위로부터 중립적이어야 한다는 당위적 언명과는 관계없이, 지방선거과정에서 학생의 인권을 인정할 것인지 말 것인지를 놓고 투표대결을 벌여야 했다. 결과적으로 보면 지방의 시도교육청 몇 곳에서 학생인권을 법적으로 보장하자는 조례제정을 이루었다는 점에서 학생인권은 크게 신장되었다고 할 수 있다. 그러나 겉으로 보이는 것과 달리 단위학교 수준의 교수-학습이 일어나는 구체적 공간으로서 학교와 학교를 바라보는 사회의 전반적인 분위기는 학생인권의 신장을 그다지 바람직한 것으로 인정하지도, 수용하지도 않고 있다.

도대체 왜 그런 것일까? 그 이유는 무엇일까? 한국의 학교교육 체제에서 학생의 인권이 갖는 특정한 사회적 입장이 발생하는 이유는 무엇인가? 다음의 몇 가지로 이러한 현상의 이유를 설명할 수 있을 것이다.

가. 국가의 발전 우선, 교육발전론

첫째, 한국의 교육체제는 전통적으로 교육이 국가의 필요와 발전에 수단적 기능을 해야 한다는 기능주의적 입장을 강하게 담고 있다. 유학의 토대위에 들어선 조선은 유학권장과 과거제도를 통하여 유교적 가치를 이어갈 엘리트를 양성, 선발, 배치하는 것으로, 개화기의 경우 근대화를 대비하기 위한 언어교육, 기술교육을 교육받은 사람의 능력으로 인정함으로써, 식민지 시기에는 식민지 정책에 부응하는 순종적인 하급 관료를 양성함으로써, 해방 이후에는 국가의 경제발전에 기여할 수 있는 기술인력 및 국가 이데올로기를 내면화한 인적자원을 양성함으로써 학교교육은 국가의 기능을 유지, 발전시키는 데 중요한 수단이 되었다. 교육발전론은 교육이 국가 발전과 관련하여 맺게 되는 기능성을 연구하는 학술적 담론으로, 해방 이후 1980년대에 이르기까지 국가의 전통적 가치 전달 및 개개인의 자원화를 유도했던 이론이었다. 이를 가장 잘 표현한 것이 대통령령으로 공포된 국민교육헌장(1968)일 것이다. 결국 국가의 발전에 있어서 교육이 국가의 이익을 위한 것이지, 개인의 지적 개발이 주요한 목적이 아님은 명확해진다.

교육이 개인을 포함하는 사회에 어떻게 봉사할 것인가를 묻는 교육의 기능주의적 입장이 강조되는 상황에서, 개인이 어떤 교육을 택할 것인지, 자신의 학습경험과 대면하는 지식체계와의 갈등, 긴장이 어떻게 새로운 지식을 구성해 나갈 것인지에 대한 선택이 줄어 들 수밖에 없다. 지식의 정수를 담고 있는 텍스트를 암기하고, 되뇌이고, 시험으로 평가받아 서열화된 사회조직에서 내게 부여된 기능을 군말없이 이행하면 되는 것이다. 학교는 장차 사회 구성원으로 담당하게 될 역할을 연습하고, 태도를 내재화하는 장소가 된다. 문제는 장차 사회에 진출하여서도 사회조직의 구성원으로 말썽을 피우면 안된다는 것이다. 그것이 국가라는 공동체에 봉사하는 방식이고, 더불어 함께 살아가는 방식이기 때문이다. 즉, 학생인권, 그것은 국가 발전을 저해하는 잘못된 태도를 키우는 것에 불과하다.

나. 교육은 입신출세의 수단, 입시!

둘째, 학교교육은 그 자체로 의미를 추구하려는 본질적 목적을 갖고 있음에도, 사회지위 상승의 수단으로도 여겨지고 있다. 교육의 기회가 적은 상황에서 교육을 받았는가 아닌가에 따라 이후의 사회적 지위가 결정되었으며, 교육의 기회가 모두에게 돌아간 경우에는 어떤 교육을 받았고 그 결과가 어떠한가에 따라 사회적 지위가 결정되어 왔다. 이러한 학교교육을 둘러싼 사람들의 열망을 '교육열'이라 개념화하고 독특한 공동체의 교육적 열망을 학술적으로 설명하려 노력해 왔다. 그러나 분명한 것은 학교교육에 참여하는 주체들은 교육의 본질적 목적보다는 수단화된 과정으로 여기는 경향이 강하다. 따라서 학생들은 개인의 학습경험을 통한 지식재구성보다 학생 가정의 안정적인 사회적 지위 확보가 우선해야 한다. 대학입시로 통칭되는 중등학교의 비정상적인 입시준비교육은 배움의 즐거움보다 주요과목의 높은 학업성취를 강조하고, 굳이 학교가 아닌 방법, 즉 사교육을 통해서라도 높은 성적만 유지하면 된다는 생각을 갖게 한다.

학교에서 좋은 성적을 얻는 것이 졸업 후 좋은 대학에 진학함으로써 장래 안정적인 사회적 지위를 획득하려는 개인의 욕망과 직접 연결된다는 점에서, 개별 학생은 학교체제가 자신에게 부과하고 있는 사회적 질서와 엄격한 규칙을 거스르지 못한다. 어쩌면 거스릴 수 있다는 생각조차 갖지 못하게 한다. 주어진 규율과 규칙은 곧 학생에게 최적의 교수－학습

환경을 제공해 준다고 가정되기 때문이다. 그러나 학생 모두가 학교의 체계와 틀잡힌 규칙에 순응하지는 않는다. 폴 윌리스의 Learning to Labor (Willis, 1977)는 영국학교의 교육과정과 평가체제에서 소외될 수밖에 없는 노동자 계층의 아이들이 학교교육에 어떤 방식으로 저항하는지를 보여주고 있다. 학교교육은 특정 사회, 문화, 경제적 집단을 대표하는 것이라 본다면 이에 적응하기 어려운 계층의 경우 겉돌거나 다른 방식으로 학교라는 특정 공간에서 학생이라는 특정 기간 동안의 신분을 활용하게 된다. 적어도 이들에게 배움이 곧 장래 사회적 지위와 연결되는 것이 아니기 때문이다. 결국 한국의 강한 교육열로 대표되는 학교교육의 수단화는 학생 개개인의 학습권과 다양한 경험을 통한 성찰이 가능한 학교라는 공간을 가로막는 큰 장애물로 작동하고 있는 것이다.

학생인권, 그것은 오늘이 아닌 내일의 높은 사회적 지위를 성취하는 데 방해가 될 뿐이다.

다. 연장자 우선, 이런 버릇 없는 놈!

셋째, 우리나라를 포함하여 중국, 일본, 대만, 싱가포르의 경우 유교의 영향을 강하게 받은 사회문화적 전통의 영향으로 학생은 미성숙하다는 입장이 우세하다. 아직 성숙하지 않은 학생들의 판단을 신뢰하기 어려우므로, 학생의 사회정치적 참여는 불순한 것으로 치부되고, 선거권 대상 연령을 낮추는 문제는 본격적으로 논의되지도 않고 있다. 학생을 미성숙한 존재로 대하는 사회문화적 방식은 학교와 교실에서 교사와 학생 관계가 상하 종속의 관계로 남아 있게 한다. 교사와 학생의 관계는 마치 연장자와 어린아이의 관계와 같이 고정된 것이란 관념이 강하기 때문이다. 이러한 관계는 학교의 학년에 따른 구분으로 비롯된 '선배' '후배'의 상하 관계를 경직되게 하였고, 교사―학생만큼이나 선배―후배 간의 상하 관계는 분명하게 자리잡고 있다. 따라서 학생이 학교라는 공간에서 받게 되는 특수한 사회적 지위만큼 그에 상응하는 사회적 차별은 감수해야 한다고 여기게 된다.

이 지점에서 훈육은 정당화된다. 신체적 체벌을 포함한 훈육은 미성숙한 학생들이 사회적 질서를 내면화할 수 있도록 인도하고, 이로 말미암아 온전한 사회구성원으로 길러낸다고 가정하기 때문이다. 훈육에 임하는 교사의 경우에도, 어떤 방식의 체벌이든, '자신을 위한 것이 아니라' '학생 자신을 위한 것'임을 주장한다. 결국 훈육은 교육의 일부이고, 경우에 따라 교과교육보다 더 큰 교육활동이라 주장하기도 한다. 이를 거부하거나 이의를 제기하는 그 어떤 행위도 허용되지 않는다. 단지 훈육의 방식이나 훈육의 내용이 중요한 것이 아니라, 사회 질서로 자리잡혀 있는 교사−학생 간의 고정된 구조에 저항하는 것이기 때문이다. 학생인권 담론에 대응하는 기성세대의 논리가 '교권'을 중심으로 제기되는데, 이때 교권은 '교사의 권리'가 아니라 '교육권'에 가깝다고 봐야 한다. 즉, 교육은 지식을 내용으로 전달하는 활동으로 보는 관점에서, 전달하는 입장은 교사, 전달받는 입장은 학생이라고 보는 사회적 관념이 자리하고 있는 것이다. 즉, 학생인권, 그것은 연령별 위계에 따른 사회구조에 대한 저항인 것이다.

라. 독립자로서 개인보다는 조직(사회, 공동체), 튀면 안된다!

넷째, 우리 사회는 개인을 독립적인 존재로 두기보다는 개인이 속한 여러 관계 속에 위치지우고, 그에 따라 판단하고 평가한다. 개인 또한 크든 작든 자신이 속한 집단의 구성원들과의 관계가 얼마나 중요한지 알고 있고, 관계를 깰 수 있는 부정적인 태도나 행동을 자제한다. 이러한 관계를 중시하는 개개인의 특성이 공동체적 소속감은 높여줄지는 모르지만, 공동체의식과 그에 따른 책임있는 행동으로 이어지지 않는 것은 아이러니하게 여겨진다. 최근의 KBS 다큐멘터리 '공부하는 인간(호모 아카데미쿠스)'에서 이러한 한국 학생의 특성을 잘 보여주고 있다. 미국의 학생들은 자신이 잘하는 것을 즐거워하고 더 공부하려는 경향을 보인 데 반해, 한국의 학생들은 자신이 비교 집단 내에서 열등하다는 느낌을 지우기 위하여 못한다는 반응에 더 공부에 집착하는 경향을 보였기 때문이다. 즐겁기 때문에 공부하는 것이 아니라, 남에게 지지 않기 위하여, 적어도 못한다는 이야기를 듣지 않기 위해 공부한다.

관계를 중시하는 사회의 속성은 학교 체제에서 학생 개개인의 인간적 권리를 주장하고, 요구하게 하는데 큰 장애요소로 작동한다. 학생은 스스로 미성숙하다고 느끼기 때문에 자신의 인권적 요구를 내세우지 못하는 것이 아니라, 집단을 구성하는 구성원 간의 조화로운 관계를 해치는 것을 두려워하고, 혹 자신이 그 관계로부터 버림받거나 소외될지도 모른다는 두려움으로 인하여 적극적으로 인권을 내세우지 못한다. 기성세대가 선정한 지식의 체계에 대한 문제제기도, 납득하기 어려운 학교 규율에 이의를 제기하는 것도, 교사들의 부당한 처사에 대응하는 것도 마치 개인이 집단 전체와 맞붙어 싸우는 듯한 양상을 만들어 내게 된다. 결국 문제를 일으키지 않고 조용히 자신에게 주어진 과업에만 집중하는 것이 최선의 생존 전략이 되는 셈이다. 즉, 학생인권, 그것은 문제를 일으키는 별난 '개인'의 관심사일 뿐이다.

마. 학생인권? 그것은 종북 좌파의 꼬드김이다!

다섯째, 한국의 학생인권 논쟁은 결국 집단 간 이데올로기 싸움의 양상을 띠어왔다. 학생인권을 높이자는 주장은 곧 '종북' '빨갱이' '좌파'의 입장과 다르지 않다는 것이다. 여기서 무엇이 종북이고 무엇이 좌파적인 것인지는 굳이 따지지 않으려 한다. 한국에서 제대로 된 이념 논쟁이 있었던 적이 없으며, 혹 학술적 이념성에 대한 개념화를 위하여 노력하였다고 하여도 언론과 국민 정서에서 작동하는 언어와는 사뭇 다르기 때문이다. 우리나라의 정체성을 이루고 있는 이데올로기가 상반된 북한과 대치하고 있는 상황에서 '종북' 혹은 '좌파'로 부르고, 불리는 방식은 바로 애국적 행위와 반국가적 행위로 구분되어 연결되어 왔다. 즉, 학교에서 학생 개인이 인권을 충분히 향유하는 것보다 국가의 이념적 정체성을 유지, 보존하는 것이 우선적으로 강조되는 점이 우리사회의 특징인 것이다.

국가주도의 교육체제, 주어진 지식 습득에 몰두하는 개인들의 이해관계, 그리고 연장자가 존대받는 사회문화적 풍토 등이 복합적으로 학교와 교실 내의 교수－학습 상황을 구체적으로 통제, 관리해 왔다. 학교라는 건물과 조직을 통제하듯이, 학교에 속한 교사와 학생 개개인의 신체와 정신까지 통제해 왔다. 보다 정확하게 이야기하자면, 통제하고자 했다. 외부의 적을 둔 상황에서 조직 내부의 문제를 확대 재생산하여 조직의 역량을 감소시키는 것은 '반국가적 행위'인 것이다. 학생인권은 단위학교의 자잘한 문제가 아니라, 미성숙한 학생들이 사회의 근본적인 질서와 구조에 저항하는 것인만큼, 이에 적극적으로 대응하는 것이 필요하다. 더욱이 학생인권을 부추기듯 옹호하고, 이를 법적 토대로 허용하자는 기성세대는 '정치권력의 변화를 꾀하는' 정치적 행동일뿐이다. 즉, 학생인권, 국가 발전의 저해를 넘어 반국가적 행위의 온상일 뿐이다.

바. 학생인권을 바라보는 넘어설 수 없는 세대간 인식의 불균형

여섯째, 학생인권을 둘러싼 세대간 의견의 차이가 좁혀지지 않고 있다. 한국의 사회적 토대는 유교문화가 가치로운 전통이라 여기고 사회 시스템을 실제 움직이도록 하는 가치관으로 단단히 자리잡고 있다. 그러나 학교교육의 체제와 교육의 변화양상은 사회의 중요 가치라 여기는 유교문화적 토대와 함께 유교적 질서에 대응하는 서구의 영향을 받아왔다. 60년이 조금 넘는 역사를 돌아볼 때, 우리나라는 일제에서 해방된 이후 전쟁, 부정부패 등에 얼룩진 가난을 딛고 지금 국제사회의 초현대적 사회경제적 변화를 성공적으로 이루어 온 국가의 이미지로 각인되고 있다. 그러나 내부적으로 빠른 경제성장과 문화의 변화에 대응하는 문화지체현상이 나타나고 있으며, 이는 세대간 그 차이가 확연하다(무니, 2012). 세대간 사회문화적 변화를 인식하고 사회에서 유통 가능한 문화적 가치에 대한 태도는 상당히 큰 간격이 존재하고 있다.

(보다 엄밀한 학술적 구분이 있어야겠지만, 대략적으로 구분해보면) 교육의 기회와 관련하여 공교육의 혜택을 제대로 받지 못하고 교육기회를 동경해 왔던 세대; 확대된 공교육의 체제의 기회를 얻었지만, 주어진 질서에의 순응과 적용이 나름 사회의 발전으로 이어졌다고 여기는 세대; 공교육의 기회는 당연시되기에 개인의 능력에 따라 보다 높은 학력을 갖출 수 있다고 여겨 고등교육에 '올인'한 세대; 교육의 어떤 단계에서도 기회보다는 타인이 경험할 수 없는 차별화된 교육의 질을 확보해야 하고, 이러한 확보는 사회적 경쟁을 통해서만 가능하다고 보는 세대 등. 이들은 학교와 학교에서의 교수-학습활동, 그리고 교수-학습활동의 결과로서 시험성적 및 진학으로 이어지는 일련의 교육 과정(過程)을 바라보는 시각이 다르다. 학생인권은 서로 다른 세대간의 교육을 바라보는 서로 다른 시각이 충돌하는 하나의 지점으로 작동하고 있는 것이다. 물론 세대간 차이와 함께 사회경제적 지위의 차이가 서로 어떻게 관계하고 있는지, 이 요소가 각각 학생인권침해를 어떤 방식으로 정당화하고 있는지에 대해서는 추후 연구가 필요하다. 즉, 학생인권, 학교교육을 바라보는 세대간 서로 다른 시각이 충돌하는 지점이다.

사. 우리 종교적 교리에 적절하지 않다

일곱째, 종교가 학교교육에 미치는 영향으로 말미암아 학생인권침해가 정당화되는 경우가 많이 발생하고 있다. 인권의 내용에 있어 '종교 선택의 자유'는 결코 빼놓을 수 없다. 우리나라 사립 중등학교의 경우 종교계 학교가 많은 부분을 차지하고 있는 상황에서 '종교선택의 자유'가 학생인권침해의 단골 주제로 등장하는 것이 이상하지 않다. 근대적 학교를 설립했던 사람들은 세 가지(국가 근대화, 민족주의 의식함양, 그리고 선교) 중 하나, 혹은 둘 이상을 목적으로 하였고, 1970년대 중등학교의 팽창정책에 따른 사립학교 설립이 확대되는 시기에 선교를 목표로 내세운 미션 스쿨이 대거 운영되기 시작하였다. 원칙적으로 학교운영에 있어서 사립학교재단이 운영의 주체가 되는 것은 분명하다. 그러나 한국의 사립학교는 설립과 운영에 있어 법률에 따른 통제와 관리, 그리고 재정지원을 받고 있는만큼 엄격한 의미의 서구식 사립학교와는 구별된다. 사립학교가 아닌 '공공 사립학교'인 것이다. 그러다 보니 국가가 사립학교를 관리하는 방식과사립학교재단이 학교의 주체로서 갖고 있는 운영방식에 차이가 생기고,이는 특히 종교문제에 있어 다양한 사건을 만들어 내고 있다. 대광고 강의석의 소송은 그중 가장 잘 알려진 사건이다.

문제는 여기에만 있지 않다. 종교로서의 한국 기독교는 미국의 보수적교단의 영향을 받아 뿌리내리고, 국내외를 구분하지 않고 왕성한 선교전략을 구사하고 있다. 이러한 종교적 영향력은 정치와 사회에 영향력을 행사하고 있고, 이는 무시하기 어려운 사회 이익 집단으로 작동하고 있다.학생인권이 논의되는 상황에서 특정 종교로서 기독교계의 영향력은 지대하다. 강원도에서 학생인권조례를 제정하는 데 있어 문제삼은 동성애 이슈는 대표적인 사례이다. 포괄적으로 학생의 인권을 보장하자는 취지에는공감하되, 특정 사안은 포함시켜서는 안 된다고 본다. 이유는 교리에 어긋나기 때문이다. 즉, 학생인권은 공교육 기관으로서 학교, 종교단체, 그리고 개별자로서 학생 사이의 복잡한 지형을 만들어 내고 있는 것이다.

학생인권, 선교의 자유를 가로막고 종교적 교리를 무시하도록 부추기는 어젠다일 뿐이다.

제5장
서울시 학생인권조례 추진과정과 주요쟁점1)

1. 학생인권조례는 필요한가?

학생인권은 하나의 운동으로 민간단체에서 주로 이루어져 왔었다. 인권운동사랑방을 거쳐 인권교육센터'들', 청소년인권운동단체인 '아수나로' 등은 최근까지 학생인권의 이슈와 학생인권정책 옹호, 그리고 인권교육활동을 이어오고 있다. 학생을 포함한 아동 인권에 관한 공적 활동을 담당했던 곳은 국가인권위원회였다. 국가인권위원회는 2002년 설립된 이래 (2001년의 '국가인권위원회법'(법률 제6481호)에 따라), 인권의 주체로서 학생의 차별과 인권침해실태 보고, 인권교육법제화 노력2), 인권교육제고를

---

1) 본장은 서울시 학생인권조례추진과정과 주요쟁점(의회와 정책, 2014)의 원고를 활용하여 재구성한 것임을 밝힙니다.
2) UN은 2004년 12월 세계인권교육프로그램을 발표하고, 모든 국가에서 인권교육이 이루어지도록 노력하고 있다. 국가인권위원회는 2005년 인권교육법 제정을 위한 TF를 구성하여 2006년 10월 초안 작성, 2007년 수정된 정부안을 국회에 상정하였다. 그러나 인권교육법이 국회에서 통과되지 않은 이래, 2012년 국회에서 인권교육법 제정을 위한 공청회(12월 1일)를 거쳐, 2014년 6월 현재 법 제정이 이루어지고 있지 않다.

위한 노력을 기울여 왔다.

학교교육에 있어서 학생인권을 보호하고 제고하기 위한 노력을 기울일 것으로 여겨지는 교육관련 부처에서는 오히려 학생인권에 관하여 부정적이거나 소극적인 자세를 보여 왔다. 교육부는 세계인권선언 50주년을 기념하여 1998년 학생인권선언제정을 위한 위원회를 위촉하고 '학생인권선언(안)'을 마련했지만, 학교장을 중심으로 한 반대의견에 못 이겨 선포되지 못하였다. 특히 교육관련 부처가 학생인권에 대해 소극적이거나 부정적이었다는 점은 교육지자체에서 제정, 공포한 학생인권조례에 대해서 줄곧 재의를 요구하거나, 제정된 조례 내용의 수정, 개정을 요구해 왔었다는 것에서 알 수 있다. 학생인권의 신장과 인권교육의 학교교육에의 정착이 학교교육환경을 훼손한다거나, 교사의 '교권'을 심각하게 침해한다고 보았다.[3] 이를 역설적인 현상으로 이해해야만 할까?

학생이 인간으로서 가지는 기본적인 권리는 어떻게 지켜져야 하는가라는 질문에 대해서 1990년대 후반 이후 불거져 온 '학생인권' 논쟁은 국회에서의 법안 상정을 위한 움직임, 그리고 교육지자체의 조례제정 추진이라는 법적 대응으로 이어져 왔다. 몇몇 국회의원들이 학생의 인간적 권리를 법으로 보장하자는 취지에서 국회에서 법안을 상정하려 하였지만, 성공하지 못하였다.[4] 구체적으로 논의조차 되어보지 못한 학생인권의 법제화 움직임은 이후 교육지자체에서 조례제정을 위한 구체적인 활동으로 이어졌다.

본 장은 서울시 교육청에서 공포한 학생인권조례제정을 위한 준비 단계 이후 2014년 6월 현재에 이르기까지의 학생인권조례제정 절차와 학생

---

3) 교육과학기술부는 2012년 8월 28일 '교권보호 종합대책'을 내놓았다. 이 내용은 교권을 침해한 학생 및 학부모를 제재하고 피해 교원 구제조치를 강화하는 학교폭력 종합대책의 일환이다.

4) 최순영 의원은 학생의 학교운영위원회 참여보장을 핵심으로 하는 '학생인권' 법안을, 구논회 의원은 '학생회 법제화'를 골격으로 하는 교육기본법 개정안을 발의하였었다. 이주호 의원은 학생의 학교운영위원회 참여를 보장하는 법안을 대표발의(2005.9.9.) 하였었다.

인권조례제정을 둘러싼 논쟁 속에서 도전과제를 정리하고, 2014년 6.4 지방선거 이후 7월부터 시작되는 지방교육자치제도에 주는 정책적 시사점을 제안하는 데 목적을 둔다. 이를 위하여 본 장은, (1) 학생인권의 개념과 학생인권이 조례라는 형식으로 제도화되는 것의 의미를 검토하고, (2) 서울시 교육청에서 공포한 학생인권조례의 내용 및 추진과정을 정리하고, (3) 학생인권조례제정과정에서 나타난 논의 및 쟁점과 도전과제를 제시하는 것을 주요 내용으로 삼는다. 결론에서는 도전과제를 통하여 살펴본 학생인권조례의 안정적 정착과 실천을 위한 서울시 의회 운영에의 시사점을 제안하고자 한다.

그러나 여기에 몇 가지 제한점이 있음을 밝힌다. 본 장은 학생인권과 관련하여 지난 2012년 1월부터 현재까지의 학생인권조례가 정책적으로 어떠한 결과를 가져왔는지에 대해서 평가하는 글이 될 수밖에 없지만, 조례 공포 이후 지금까지의 학생인권실태에 대한 조사와 분석 없이 평가와 성찰을 이야기하기는 어렵다. 더욱이 학생인권조례를 둘러싸고 정치적인 공방이 계속되고 있다는 점이 시공간이 제한된 정책수행결과에 대한 평가가 온전히 이루어지기 어렵다는 점을 보여주고 있다. 학생인권조례를 적극적으로 추진한 교육감과 이후 보궐선거를 통하여 들어선 교육감의 학생인권조례 개정 움직임, 그리고 새로이 당선된 교육감의 정치적 진보성 등은 여전히 서울시 교육청의 학생인권조례의 내용적 변화와 정책적 지원의 수준을 변화시킬 것으로 기대되기 때문이다.

2. 학생인권과 학생인권조례

가. 학생인권: 개념과 의미

학생인권은 '보편적 인간 존재로서의 학생들이 마땅히 누려야 할 기본권적 권리를 의미'한다(박효정, 유성상, 2006: 15). 보편적으로 학생인권의 개념이 명확하게 규정되어 있지는 않다. 청소년 인권의 일부(김영지, 2004),

청소년 권리(최윤진, 1999), 학생권리(김혜숙, 1999) 등으로 개념화되거나 범주화되는 것이 일반적이었다. 2000년대 초반부터는 '학생인권'이 보편적인 용어이자 학생의 인간적 권리를 지칭하는 구체적인 개념으로 제안되기 시작하였다(이수광, 2000). 이러한 개념들은 0세에서 18세까지의 아동의 권리를 보호하고 교육하기 위한 UN의 아동권리협약(UNCRC, The UN Child Rights Convention)에 근거하고, 청소년들의 권리를 위한 정부차원의 권리선언 및 민간단체의 학생인권선언에 근거하고 있다. 이러한 제반 국제규약, 협정, 그리고 선언문들은 1948년 12월 10일 UN 총회에서 채택된 '세계인권선언'에 따르고 있다. 세계인권선언은 결혼을 제외하고는 그 어떤 조항에서도 연령 및 특수한 사회적 지위로 인하여 인간으로서의 기본적인 권리와 자유를 제한받거나 차별받아서는 안 된다고 규정하고 있다. 이에 따라 학생이 특정 연령에 한정되어 있다는 점, 그리고 사회의 특수한 지위로 인정되고 있다는 것이 학생이 인간으로서 누려야 할 천부적 권리를 제한할 수 없다고 할 수 있다.

그러나 사회현상으로서의 '교육'과 학문으로서의 '교육학'에서 학생은 아주 특수한 신분으로 이해되고 있다. 학생은 학교라는 제도 속에서 '배우는 사람'으로 정의할 수 있지만, 근대를 거쳐 현대의 각 국가에서 공교육체제를 확립해 오면서 학생의 연령대가 규정되고 학생으로서 지켜야 할 규율이라는 것이 형성되어 왔다. 이런 상황에서 2000년대 초중반 케냐의 84세의 할아버지가 초등학교 1학년에 입학한 일은 전 세계적으로 주목을 받기에 충분했다.[5] 학교가 교육을 전담하기 위하여 사회로부터 구분된 공간으로 정착해 오면서, 학생 또한 특정한 시기와 공간 속에서 부여되는 특별한 지위에 놓이게 된 것이다. 이것은 두 가지 방향에서 학생을 규정하는 주요한 틀로 작용하고 있다. 하나는, 학생이 사회의 구성원으로 자라기 위하여 충분히 배우는 존재들인만큼, 배우고 익히는데 필요한 시간 동안 성인들에게 요구하는 사회적 역할을 유예해준다. 다른 하나

---

5) Kimani Ng'ang'a Maruge(1929-2009). 초등학교에 입학한 최고령자로 기네스북에 등재되어 있다. 이에 대해서는 The First Grader라는 영화를 참고할 것.

는, 사회구성원에게 요구되는 사회의 역할을 배우고 익히되, 학교에서 부여하는 교과 내용과 교사가 지도하는 사회적 질서에 편입되도록 노력해야 한다는 것이다. 일정 기간 동안의 시간 유예와 공간 제공이 학생들의 입장에서 필요한 것이었다면, 학생들이 익히고 따라야 할 사회적 질서에의 순응은 학생을 바라보는 성인들의 입장에서 필요한 것이었다.

문제는 주어진 시간적·공간적 영역에서 학습하고 따라야 할 학생들의 사회적 역할에 대한 인식에 차이가 있다는 점이다. 이러한 차이는 곧 학교와 교육에 참여하고 있는 주체들 간의 긴장과 갈등을 유발해 왔으며, 긴장과 갈등을 해결하는 방법이 '교육정책'이라는 이름으로 추진되어 왔다. 그러나 2000년대 중반이 되기 전까지 교육정책에 있어서 학생의 학교생활에 관한 접근은 학생 중심이라기보다는 규율에의 적응, 수업 만족도, 혹은 교육 성취도와의 관계가 주를 이루고 있다. 이는 학생은 학습된 사회적 역할을 수행할 구성원으로 기대된다는 성인과 사회적 차원의 입장이 먼저 고려되었기 때문으로 볼 수 있다. 문제는 사회의 변화만큼 사회의 한 구성 단위로서 학교 환경이 바뀌었고, 학교교육의 주요 주체로서 교사, 학생, 교과 지식 및 방법이 변화해 왔음에도, 이어진 교육정책은 학생을 대상화하고 길들여야 할 존재 이상으로 인식하지 못했다는 점이다.

따라서 학생을 보편적인 인간으로 인식해야 한다는 인권적 시각은, 교육정책 전반에서 간과되거나, 그다지 중요하게 여겨지지 않았다. 학생인권을 주장하는 것이 공적인 영역에서 부정되거나 소극적인 태도로 일관하고 있는 이유가 여기에 있다고 본다. 학생에게 인간 본연의 기본적인 권리를 인정하는 것은 학생들이 반드시 학습하고 따라야 할 사회적 전통과 질서와 위배될 수 있다는 '걱정'을, 곧 학생인권을 학생기간 동안 '유보'하도록 방향 지어져 왔다. 결국 학생인권은 기존 교육정책이 추진되어 온 방식과는 달리 아래에서 위로 요구하여, 쟁취해야 할 '무언가'가 되어 왔다.

나. 학생인권의 내용

국가인권위원회는 2007년 국가인권정책기본계획(NAP National Action Plans for the Protection and Promotion of HumanRights)을 발표하고, 국가차원의 인권제고 방안을 마련하고자 했다. 이에 따르면 대한민국 국민의 인권은 크게 세 가지 범주로 구분된다. (1) 시민적, 정치적 권리, (2) 경제적, 사회적, 문화적 권리의 보호와 증진, (3) 사회적 약자 및 소수자의 인권이다.

표 5-1 국가인권정책기본계획(NAP) 인권구분 및 권리내용

구분	세부권리내용
시민적 정치적 권리	• 생명권 • 신체의 자유 • 거주 이전의 자유 • 인격권 및 프라이버시권 • 사상 양심 및 종교의 자유 • 언론 출판 집회 결사의 자유 • 참정권 • 권익 피해의 구제를 위한 권리
경제적·사회적·문화적 권리의 보호와 증진	• 교육받을 권리 • 근로의 권리 • 근로3권 • 경제활동에 관한 권리 • 인간다운 생활을 할 권리 • 건강 보건 및 환경권 • 문화 예술 등에 관한 권리 • 가족 생활 등에 관한 권리
사회적 약자 및 소수자의 인권	• 여성 • 아동청소년 • 장애인 • 노인 • 범죄피해자 • 외국인 • 재외동포 • 난민 • 새터민 • 병력자 및 성적소수자

출처: 국가인권위원회 (2007), 국가인권정책기본계획(NAP).

학생인권은 인권을 규정하고 있는 국가인권정책기본계획(NAP)에 토대하고, 학교와 학생의 특수한 여건을 감안하여 인권적 내용을 고려하고 있다. 그러나 학생인권을 논의하고 있는 내용들의 경우에도 학생의 특수한 사회적 신분과 학교교육의 특수성을 어느 정도 고려하고 있는가에 따라, 혹은 명시적으로 '학생인권'이라는 용어를 사용하는가에 따라 인권내용을 다르게 규정하고 있다.

표 5-2 학생인권의 개념과 내용에 관한 연구

연구문헌	학생인권개념	학생인권의 내용
최윤진(1999)	청소년권리	• 자율권(신체의 자유, 정신적 자유, 사회적 자유, 생활양식의 자유, 참여권) • 보호권(학대, 방임, 착취로부터의 보호권, 교육, 문화, 건강, 의료 복지권)
김혜숙(1999)	학생의 권리	• 소극적 자유권 • 적극적 자유권 • 평등권 • 복지권
이수광(2000) 심성보(2002)	학생인권	• 교육받을 권리(차별없는 기회제공권, 교육환경정비요구권, 유의미한 교육을 받을 권리, 평등하게 교육기회에 접근할 수 있는 권리, 교육내용의 선택, 결정에 참여할 수 있는 권리, 체벌을 받지 않을 권리) • 인간으로서 가질 수 있는 권리(자치권, 사생활보호의 권리, 적법 절차에 의해 보호받을 권리, 기타 인간으로서 보호받아야 할 권리 등)

위의 표에서 정리한 것을 보면 알 수 있듯이, 학생의 인권을 어떻게 개념화하고 있는가라는 점이 이후 인권의 내용과 긴밀하게 관련되고 있다고 본다. 사실 학생들이 인간으로서 누려야 할 권리의 목록을 제시한다고 하더라도, 이를 현실 학교교육이라는 틀 속에서 어떻게 실현해 낼 것인가는 전혀 다른 질문이 된다. 그럼에도 불구하고, 학생들이 누려야 할 인권의 내용이 '마땅하고 정당하게' 주어진 것으로 인식되어야 하며, 그에 토대하여 인권의 내용이 목록화되는 것이 타당할 것이다. 그렇지 않고 '상

황과 여건에 따라' 달리 적용되거나 해석될 여지를 두어야 하는가는 '현실여건'과 '학교교육'을 둘러싼 특수성 논쟁으로 인하여 정작 인권을 보호하고 신장하기 위한 노력보다는 인권의 내용을 둘러싸고 교육의 정치적 종속 심화와 인권 논쟁의 정쟁 도구로 전락할 위험이 크기 때문이다. 실제 서울시 교육청의 학생인권조례제정과정을 살펴보면, 학생인권의 내용을 둘러싸고 인권을 어떻게 보호하고 신장할 것인가라는 데에 초점이 맞추어지기보다는, 인권의 내용을 둘러싼 정치적 파당과 분쟁이 골 깊게 자리잡아 왔음을 알 수 있다.

다. 학생인권조례의 추진상황과 내용

학생인권을 구체적으로 실현하기 위한 공적인 노력은 교육지자체의 학생인권조례제정 추진으로 이어졌다. 학생인권조례가 제정되는 과정에는 아래로부터의 요구와 시민사회운동으로서 변화, 발전해온 학생인권에 대한 인식변화가 주요한 동인이 되었다. 또한 학생인권을 쟁점으로 하는 이론과 현실 사이의 간극이 점차 큰 갈등에 대한 하나의 대응으로도 볼 수 있다. 1990년대 말 '교실붕괴' 논쟁, 2000년대 초반 이후 증가하는 학교폭력의 심각성, 입시경쟁을 부추기는 '고교다양화－대학입시정책', 사교육시장의 자기 발전 등 교육정책의 진단과 혁신은 '공교육 활성화' 혹은 '공교육 회복'이라는 목적과는 구조적으로 모순적인 방식으로 전개되어 왔다. 그러면서도 이러한 모순을 온전히 감내해내야 할 주체적 존재로서의 학생 중심적 개혁은 이루어지지 못했다. 2000년대 중반 이후 학생인권을 법제도적 장치로 만들려는 시도가 이루어지기 시작한 것은 이러한 구조적 문제의식에 터하여 이루어진 인식의 전환이라 할 수 있다.

다시 부언하건데, 학생인권의 개념과 내용을 학문적으로 어떻게 정리할 것인가라는 것과 현실의 학교교육에서 이를 어떻게 실현할 것인가는 전혀 다른 질문이다. 물론 일부 학생인권의 개념과 내용을 학문적으로 검토하고 정리하는 것에 이어서 정책의 구체적인 내용으로서 법안, 혹은 조례의 내용으로 정당화, 타당화할 수 있을 것이지만, 정제된 학문의 용어와 개념이 현실 학교 상황에서 구체적인 법적 용어와 규정으로 만들어지는 것이 자연스러운 과정이 되지 않는다는 말이다.

학생인권조례제정을 처음 추진한 것은 경기도 교육청이었다. 2009년 첫 주민직선 교육감 선거에서 진보적 성향의 김상곤 경기도 교육감이 당선된 이후 학교 현장에 적용될 방안이 어떻게 되어야 하는 문제는 기대와 우려가 교차되는 지점이었다. 이후 2010년 전국지방선거에서 경기, 서울, 강원, 전북, 광주, 전남 등 6개 시도 교육청의 교육감으로 진보적 성향 후보들이 당선되었고, 학생의 인권제고를 위한 조례제정은 진보적 성향의 교육감들에게 기대되었던 많은 교육혁신의 과제들 중 빼놓을 수 없는 것이 되었다. 경기도가 학생인권조례 제정에 있어 첫 사례가 된 배경이다. 2010년 10월 5일 경기도 교육청은 교육지자체 중 처음으로 학생인권조례를 공포하였고, 이어서 광주시 교육청은 2011년 10월 28일, 서울시 교육청은 2012년 1월 26일에, 전북교육청은 2013년 7월 12일 학생인권조례를 각각 공포하였다. 강원도 교육청의 경우에는 2011년 학생을 특정하지 않은 "강원학교인권조례" 추진을 위한 방안을 마련한 이래 토론회 및 공청회를 거쳤지만 아직 입법이 이루어지고 있지 않다. 이 밖의 교육청에서도 학생인권조례를 둘러싼 논쟁은 지속되고 있으며, 일부 논의를 시작했거나, 추진 중에 있다.

표 5-3 각 시도별 학생인권조례 추진 현황

시도교육청	인권조례 추진현황	비고
서울시교육청	• 서울특별시 학생인권조례 공포(2012.1.26.) • 무효확인소송(대법원 무효소송 각하 / 2013.11.28.)	• 학생인권조례 개정안 추진 중
대구시교육청	• 교육권리헌장(2012.9 시행)	• 학생인권조례 미제정
인천시교육청	• 인천시의회 '인천광역시 학생의 정규교육과정의 학습선택권 보장에 관한 조례' 공포(2011.10.17.) • 정규교육과정외학습에 대한 학생, 학부모의 자율적 선택	• 학생인권조례 미제정

	에 관한 제도마련을 위한 것으로 학생인권조례와는 거리가 있음	
광주시교육청	• 광주광역시 학생인권 보장 및 증진에 관한 조례 시행 (2012.1.1.이후)	
강원도교육청	• '강원학교인권조례'(안) 마련(2011) • 인권조례안입법철회요청 및 조례관련 대법원제소(2013.3.) • 조례(안) 도의회 제출	• 학교인권조례 추진중
대전시교육청	• 단기적으로 경기, 서울의 조례를 참고하여 학생인권과 교권에 대한 방안을 학생생활지도 기본계획에 반영	• 학생인권조례 추진 검토
경기도교육청	• 경기도 학생인권 조례시행(2011.3.1.)	• 전국 최초 제정 및 시행
충북교육청	• 학생인권조례 제정 운동본부 출범(2011.5.19.) • 충북교육청, 충북교총 학생인권조례 제정 반대 입장 발표 • 인권조례제정을 위한 토론회(2011.8.31.) • 충북학생인권조례 시민단체 패소(2013.8.)	• 학생인권조례제정 추진중
충남교육청	• 각계 각층의 의견을 수렴하는 과정 후 추진예정	• 학생인권조례제정 추진예정
전북교육청	• 전라북도 학생인권 조례 공포(2013.7.12.)	
전남교육청	• 전라남도 교육공동체 인권조례 부결	• 학생인권조례제정 추진중
경남교육청	• 경상남도 학생인권조례 부결	
미추진 교육청	• 부산, 울산, 경북, 제주	

출처: 강원도 교육청 (2013.2), 도의회 제출자료 기반 수정보완.

위 표에서 볼 수 있듯이, 각 시도별로 학생인권을 보호하고 신장하기 위한 노력은 주로 학생인권조례를 제정하는 것으로 나타나고 있으며, 다른 방식의 접근을 취하고자 하는 경우가 있기도 하다. 예를 들어, 강원도의 경우에는 인권의 대상을 학교 공동체 구성원 전체로 인식한다는 점에서 학생인권조례라는 표현 대신, '학교인권조례(안)'을 채택하고, 조례제정을 추진하고 있다. 비록 도의회의결에서 실패하기는 했지만, 전남교육청의 경우에도 '교육공동체인권조례'로 추진하고 있다.

인권조례의 내용에 있어서는 시도별로 차이가 있는데, 이는 쟁점이 되는 학생인권조례의 항목을 강조하여 세분화하거나, 혹은 해석의 여지로 남겨두기 위하여 간단하게 처리하는 경우가 있기 때문이다. 학생인권조례의 내용은 대체로 다음의 틀을 유지하고 있다.

표 5-4 시도별 학생인권조례 항목 및 내용

학생인권조례내용		경기도	서울	광주	전북
학생의 인권	차별받지 않을 권리	○	○	◑	○
	폭력 및 위험으로부터의 자유	○	○	◑	○
	교육에 관한 권리	○	○	◑	○
	사생활의 비밀과 자유 및 정보에 관한 권리	○	○	◑	○
	정보에 관한 권리	○	◑	◑	◑
	양심·종교의 자유 및 표현의 자유	○	○	◑	○
	자치 및 참여의 권리	○	○	◑	○
	복지에 관한 권리	○	○	◑	○
	징계 등 절차에서의 권리	○	○	◑	◑
	권리침해로부터 보호받을 권리	◑	○	◑	◑
	소수자 학생의 권리	◑	○	◑	○
	학원 및 대안학교 등에서의 인권보장				○
학생 인권 진흥 노력 및 인권 침해 구제 방안	인권교육 홍보	○	○	○	○
	학생인권위원회 구성/학생참여위원회		○	○	○
	학생의회 구성 운영			○	
	학생/민주인권교육센터		○	○	◑
	인권옹호관설치	○		◑	◑
	구제신청절차		○	○	○
	학생인권심의위원회				○
학생 인권 정책	학생인권영향평가		○		
	학생인권종합계획/인권실천계획	○	○	○	○

※ '○' 표시는 인권의 내용을 절로 구분하여 제시한 경우, '◑' 표시는 인권의 내용을 조항으로만 제시한 경우임.

위에서와 볼 수 있듯이, 학생인권을 규정하는 내용의 구조는 크게 다르지 않지만, 세부적으로 인권의 내용을 조항으로 제시하는 데에 있어서는 차이가 있다. 뿐만 아니라 동일한 기능을 하기 위한 인권관련 기구(위원회 등)의 명칭 및 교육청 차원의 학생인권 정책을 지칭하는 표현도 약간 다르게 표현되어 있다. 특히 경기, 서울, 전북도 교육청의 학생인권조례가 학생의 인권 내용을 절 수준에서 제시하고 있는 것과 비교하여 광주시 교육청의 경우 이를 제3장 '학생의 인권' 속에서 조항으로만 두고 있다는 점은 큰 차이로 여겨진다. 물론 조례 내부의 절 차원에서 강조하고 관련 사항을 세부 조항으로 세분화하고 있는가, 그렇지 않은가가 해당 교육지자체에서 학생인권조례의 특징을 결정짓고 있다고 보기는 어렵다. 단, 조례안을 마련하고, 관련 당사자들과의 공청회 및 의견을 수렴하는 과정에서 이러한 일련의 차이점들이 발생했으리라 볼 수 있다.

3. 서울시 학생인권조례: 추진과정

서울시 학생인권조례가 어떠한 과정을 거쳐서 추진되어 왔는가에 대해서는 이미 논의하고 있는 선행문헌들이 있다(홍성수, 2012; 서울시교육청, 2013; 김병록, 2014). 특히 서울시 학생인권조례 1주년을 기념하여 열렸던 토론회는 2010년 7월 학생인권조례제정운동 서울본부 발족을 시작으로 2012년 학생인권조례 공포 및 학생인권옹호관 관련 조례 제정, 그리고 학생인권위원회 활동 등 일련의 과정을 정리하여 보여주었다. 본 고에서 이에 대해 다시 자세하게 정리, 제시하는 것은 적절하지 않아 보인다. 따라서 서울시에서 추진, 공포, 시행한 학생인권조례의 의미를 돌아보면서 이후 논의할 쟁점과 관련된 내용을 중심으로 조례제정 과정을 검토해볼 수 있을 것이다.[6]

가. 학생인권조례제정 준비

범국민교육연대는 2010년 4월 23일, 청소년인권개선방안 모색을 위한

---

6) 조례제정과정과 관련하여서는 청소년활동기상청 활기에서 펴낸, 「파란만장: 청소년인권활동네트워크 백서(2006-2012), 제3권: 학생인권조례제정운동(경기도, 서울)」에서 제시한 일련의 사건(pp. 203-209)을 활용하여 재구성하였음을 밝힘.

교육인권단체공동워크숍을 제안하였고, 이후 후속모임(4월 27일)을 진행하였다. 2010년 5월 선거를 앞두고, '학생인권조례 및 학생인권 정책협약식'이 개최되었고, 동년 7월 '학생인권조례제정운동 서울본부'가 출범하였다. 지방선거로 진보적 성향의 곽노현이 교육감으로 당선되어 학생인권조례 제정을 위한 과정은 순조로와 보였다. 특히 2010년 9월 경기도 의회에서 학생인권조례를 통과하고, 10월 김상곤 교육감이 이를 공포하면서 서울시의 학생인권조례제정은 또한 탄력을 받을 수 있었다. 이는 경기도 학생인권조례제정을 위한 '학생인권조례제정자문위원회'의 위원장을 역임했던 당시 곽노현 교육감의 의지로 비추어졌기 때문이다. 더욱이 동년 10월 서울시 교육청은 참교육연구소와 공동으로 조례제정을 위한 '학생인권에 관한 학생, 교사, 학부모 의식 조사' 결과는 학생인권조례 제정의 필요성을 적극 지원하는 것이었다.[7]

이러한 일련의 조례제정을 위한 일련의 준비과정에서 가장 중요해 보이는 것은, 학생인권조례를 하나의 정책형성과정으로 보고 '위에서 아래로' 향하는 것이 아닌, '아래로부터 위로' 이루어지는 시민참여적 정책형성의 방식을 택하고 있다는 점이다. 동년 10월 27일 조례제정을 위한 주민발의를 위한 운동을 시작하였고, 2011년 5월 10일 주민발의 성사 기준인 8만 1,885명을 넘는 8만 5,281명의 서명을 취합하여 동월 20일 조례제정청구인 명부 제출 및 보고회를 개최하였다. 이후 추가 서명을 제출하였고, 동년 8월 4일 법제심의를 거쳐 유효 서명인 수 97,702명을 확정하고 서울학생인권조례 청구가 수리되었다.

그러나 2011년 9월 곽노현 교육감의 구속 수감, 그리고 직무정지가 이어지면서 학생인권조례제정과정은 어려움을 맞게 된다. 특히 교육감의 공석으로 인한 부교육감의 직무대행체제에서 교육부는 직, 간접적으로 학생인권조례제정 과정에 개입하고자 했고, 서울시 의회로 송부된 서울학생인

---

7) 발표 내용은 "수도권지역학생 1885명, 교사 1478명, 학부모 959명 대상으로 조사가 이루어졌으며, 학생인권조례제정 필요성에 대해 학생 88.6%, 교사 88.7%, 학부모 87.6%가 필요하다고 답"하였다는 것을 포함하고 있다.

권조례(안)의 표류, 동년 교육청에서 확정한 학생인권조례 최종안의 표류 등으로 이어졌다. 주민발의 형식으로 제출하기까지 쌍방 협조적이었던 서울시 교육청과 시민단체의 관계는 교육감 공석과 부교육감의 직무대행시기(임승빈, 이대영) 동안 소통채널의 부재로 긴장과 갈등이 이어졌다. 결국 동년 12월 19일 서울시 의회는 주민발의로 제출된 서울학생인권조례(안)를 심의, 통과하였다.

나. 학생인권조례의 재의와 공포

그러나 2012년 1월 9일 교육감 직무대행이었던 이대영 부교육감은 학생인권조례의 재의를 서울시 의회에 요구하였다. 지방 의회에서 통과시킨 조례에 대해서 재의를 요구하면 의회 의원의 2/3 찬성을 얻어야 조례가 확정되며, 이 경우 조례를 즉각 공포해야 한다. 부교육감은 교육감의 직무대행으로 재의를 요구할 수는 있으며, 이는 조례안을 이송 받은 후 20일 이내로 제한된다. 재의를 요구하기 위해서는 통과된 조례의 내용이 상위법을 위반하거나, 공익을 현저히 침해하거나 위반한다고 판단되는 경우로 제한된다.[8] 서울시에서는 조례안이 상위법을 위반했다고 적시하기보다는 '공익을 현저히 침해하거나 위반한다'는 것을 명분으로 재의를 요구하였으며, 재의를 요구할 수 있는 기한인 20일 이내로서 1월 9일 제출하였다.

주민이 발의하고 서울시 의회에서 통과시킨 서울학생인권조례가 정작 서울시 교육청에서 공포되지 않고, 재의가 요구된 상황은 관련 기관 간의 긴장을 높일 수밖에 없었다. 긴장과 갈등은 곽노현 교육감이 후보사후매수죄로 기소된 이후 1심 판결(2012.1.19) 후 석방되어 교육감 직무로 복귀하였다. 새로운 전기를 맞게 된 것이다.[9] 직무에 복귀한 곽노현 교육감은 첫 번째 업무로 2012년 1월 20일 서울시 의회에 요구한 재의를 철회하고,

---

8) 「지방교육자치에 관한 법률」 제28조 제1항, 「지방자치법」 제107조 제1항.
9) 벌금 3,000만원의 형으로 석방되어 직무에 복귀하였다. 이에 불응하여 검찰은 항소하였다.

동년 동월 26일 주민발의안으로 제정된 서울학생인권조례를 공포하였다 (조례 제5247호). 이어 동년 동월 27일 서울시 교육청은 각 학교에 조례제정 및 공포에 따른 학칙을 개정할 것을 지시하였다.

　교육부가 교육지자체의 학생인권조례에 대해 소극적인 태도를 넘어서서 부정적이라는 입장을 취하고 있다는 것은 이후 일련의 과정을 통해서 설명될 수 있다. 교육과학기술부(이후 '교과부')는 서울시 교육청의 교육감 공석 상황에서 부교육감이었던 임승빈과 이대영을 통하여 서울시 의회에서 통과시킨 학생인권조례의 재의를 요구하도록 했다. 그러나 곽노현 교육감의 석방과 직무복귀로 재의가 철회되고, 원안대로 학생인권조례가 공포되자, 공포된 당일인 2012년 1월 26일 대법원에는 서울시의회를 상대로 조례무효확인소송을 제기하였고,10) 헌법재판소에는 서울시 교육감을 상대로 권한쟁의심판을 청구하였다.11) 이와 더불어 서울시 교육청의 학생인권조례의 집행 정지를 신청하였다. 이후 서울시 교육청이 조례 공포에 따른 학칙개정을 단위학교에 지시한 것에 대해서 시정명령을 내리고, 학칙개정 지시 정지처분을 내렸다. 동시에 교과부는 초중등교육법 시행령 개정안 입법예고를 통하여 교육지자체에서 추진해온 학생인권조례의 내용과 서로 조화되기 어려운 내용을 추진하였다. 즉, 입법예고된 개정 시행령에 따르면, 두발, 복장 등의 규정을 포함한 학칙규정을 교육감의 의견을 들어 교과부 장관이 정할 수 있도록 하였다. 이러한 초중등교육법 시행령 개정안은 동년 2월 27일 국회 본회의를 통과한 이후, 4월 17일 국무회의를 통과하였고, 4월 20일 공포되었다. 교과부는 5월 3일 시도교육청에 각급 학교에 학칙을 제, 개정하라는 안내문을 발송하였으며, 특히 서울시의 단위학교를 대상으로 하여서는 서울시 교육청에서 제정, 공포한 학생인권조례가 '무효확인소송'이 진행 중이므로 학교의 학칙을 제, 개정하는 데 있어 서울학생인권조례에 기속되지 않아도 됨을 명시하였다. 이러한 단위학교에서의 제, 개정을 지원하기 위하여 교과부는 학칙개정 대

10) 대법원 소송번호 2012추15 (2012년 1월 26일).
11) 헌법재판소 심판번호 2012헌라1 (2012년 1월 26일).

응 매뉴얼을 제작, 배포하였다.

다. 문용린 교육감, 그리고 학생인권조례 개정(안) 발의

곽노현 교육감은 2012년 4월 항소심 판결에서 징역 1년을 선고 받게 되어 다시 수감되었다. 동년 9월 27일 상고심에서 대법원은 징역 1년의 항소심 판결을 유지하였다. 이에 서울시 교육감은 직위를 상실하게 되었다. 이에 동년 12월 19일 보궐선거가 치러지고, 문용린 교육감이 취임하였다. 이로써 2011-12년 서울학생인권조례를 둘러싸고 일어난 일련의 사건들이 정리되는 것처럼 보였다. 그러나 취임과 동시에 문용린 교육감은 곽노현 교육감의 주요 정책이었던 무상급식, 혁신학교와 학생인권조례의 전면 수정, 폐기를 시사하면서 학생인권조례의 구조와 내용에 변화가 있을 것을 예고하였다.

서울시 교육청이 2013년 12월 30일 서울학생인권조례 개정(안)을 입법 예고하면서 기존 학생인권조례의 내용에 변화가 있을 것이라는 생각이 현실화되어 갔다. 서울시 교육청은 서울학생인권조례가 (1) '상위법을 위반'하고 있고, (2) '교사의 생활지도권'을 침해하고 있으며, (3) 학생의 의무 및 보호자의 책무성을 지나치게 소극적으로 규정하고 있으며, (4) 소수자 학생 권리에 대해서 보다 적극적으로 제시할 필요를 위하여 개정을 추진한다고 밝혔다. 이를 위하여 서울시 교육청은 학생인권조례 개정을 위한 정책방안을 마련하기 위하여 학교현장의 실태 분석 및 정책연구수행(2013년 5월-8월), 실무추진위원회 구성 및 운영(2013년 8월-12월), 그리고 자문위원회 구성 및 운영(2013년 10월-12월) 등 의견 수렴과정 및 협의를 거쳤다고 제시하였다. 특히 학생인권조례를 통하여 약화되었다고 판단되는 '교사의 생활지도권' 강화를 위한 협의회도 구성, 운영(2013년 2월-8월)하였다.12)

---

12) 국가인권위원회는 2014년 1월 서울시 교육청으로부터 학생인권조례 개정(안)에 관한 의견조회와 정책검토를 요청받았다. 실무부서로부터 '학생인권조례 개

이는 동년 9월 26일 헌법재판소가 서울시 교육감의 '학생인권조례' 공포가 교육부장관의 권한을 침해하지 않는다고 결정한 것과 아울러, 동년 11월 28일 대법원에서 '학생인권조례 무효확인소송'을 각하 판결한 상황과 관련되어 있다. 즉, 김병록(2014)도 제기하고 있듯이, 교육부장관이 서울시 의회를 상대로 낸 소송은 '교육부 장관의 재의 요구 기간은 의회에서 인권조례를 의결하여 의결사항을 이송한 이후 20일 이내'여야 한다는 조건을 충족시키지 못하고 있다. 여기에서 대법원 각하 판결의 이유를 살펴볼 필요가 있다.[13]

교육·학예에 관한 시·도의회의 의결사항에 대한 교육감의 재의요구 권한과, 교육부장관의 재의요구 요청 권한은 별개의 독립된 권한[이며]… 교육부장관의 재의요구 요청기간은 교육감의 재의요구기간과 마찬가지로 시·도의회의 의결사항을 이송받은 날부터 20일 이내라고 봐야 한다… 자신의 독립된 권한인 재의요구 요청을 하지 못할 법률상 장애가 있었다고 볼 수 없는 이상 조례안의 이송일부터 재의요구 요청기간인 20일이 경과했음이 명백한 2012년 1월 20일에 비로소 서울시교육감에게 재의요구를 요청했으므로, 이 소송은 제소요건을 갖췄다고 볼 수 없다.

헌법재판소 결정과 대법원의 판결에 따라 서울학생인권조례는 적법한 절차에 따라 의회에서 의결되었고, 공포, 집행될 수 있는 것으로 인정되었다. 따라서 문용린 교육감은 기존의 학생인권조례를 폐기하거나 내용의 일부/전부를 수정함으로써 개정할 수밖에 없었다. 입법예고 되었던 '학생인권조례 개정(안)'이 등장하게 된 배경이다. 2014년 1월 10일 서울시 교육청 주최로 '서울 학생인권조례 개정안 토론회'가 개최되어, 개정안을 둘

정안의 일부 내용이 학생의 권리를 포괄적으로 제한할 수 있도록 해 헌법상 기본권 보장 원칙에 어긋날 수 있다'는 취지의 의견표명(안)이 마련되었지만, 국가인권위원회는 상임위원들 간의 견해차이와 자료 부족을 이유로 즉각적인 의결을 유보하였다. 2014년 2월 6일 국가인권위원회는 몇몇 조항들이 인권을 침해할 우려가 있다는 내용을 담아 '서울 학생인권조례 일부 개정안에 대한 의견 표명' 의결하여 서울시 교육청에 전달하였다.

13) 소송번호 2012추15 '제정조례안의결 무효확인 청구의 소'에 관한 대법원 2부 판결문 (2013년 11월 28일).

러싼 이해관계자들의 열띤 공방이 있었다. 이 토론회에서는 교육청의 '학생인권조례 개정 방향 및 주요 내용에 대한 발제' 이후 개정을 넘어 폐지해야 한다는 주장(이경자)과 조례 개정의 정치적 의도를 제기하는 주장(이명남), 개정방향에 대한 제언(오승걸)과 원래의 조례취지를 지켜야 한다는 주장(배경내)이 제시되었다. 결국 학생인권조례 개정(안)은 동년 2월 10일 서울시 의회에 제출되었다. 2014년 6월 4일 교육감을 선출하는 지방선거가 치러지기 전에 서울시 의회 교육위원회에서는 서울시 교육청이 제출한 학생인권조례 개정(안)을 상정할 계획을 갖지 않았다.

4. 학생인권조례 정착을 위한 주요 도전 과제

가. 학생인권조례 논쟁, 쟁점보다 시각차이의 갈등

조례안에 포함된 인권조항을 두고 문제를 제기하는 경우가 많았다. 아래의 표에서 제기하는 조항별 쟁점을 살펴볼 필요가 있다.

표 5-5 서울시학생인권조례 조항의 내용과 쟁점

	서울학생인권조례 조항	쟁점
차별받지 않을 권리	① 학생은 성별, 종교, 나이, 사회적 신분, 출신 지역, 출신국가, 출신민족, 언어, 장애, 용모 등 신체조건, 임신 또는 출산, 가족형태 또는 가족상황, 인종, 경제적 지위, 피부색, 사상 또는 정치적 의견, 성적 지향, 성별 정체성, 병력, 징계, 성적 등을 이유로 차별받지 않을 권리를 가진다. (제2장 제1절 제5조)	"임신 또는 출산, 성적 지향, 성별 정체성"을 이유로 차별받지 않아야 한다는 것을 명시적으로 하는 것에 대해서 특정 종교인들이 반대의견을 표시함.
	① 학생은 체벌, 따돌림, 집단 괴롭힘, 성폭력 등 모든 물리적 및 언어적 폭력으로부터 자유로울 권리를 가진다.(제2장 제1절 제5조)	서울시 교육청은 조례가 제정되기 이전에 모든 학교급에서의 체벌을 금지하도록 지시하였음. 이에 대한 찬반 의견이 팽팽하게 맞서고 있는 상황에서 체벌전면 금지를 명시하고, 체벌이 갖는 교육

	적 의미를 전달하지 않고 오로지 '폭력'으로 규정하는 것은 잘못되었다고 주장함.
① 학생은 복장, 두발 등 용모에 있어서 자신의 개성을 실현할 권리를 갖는다. ② 학교의 장 및 교직원은 학생의 의사에 반하여 복장, 두발 등 용모에 대해 규제하여서는 아니 된다. 다만, 복장에 대해서는 학교규칙으로 제한할 수 있다.(제2장 제1절 제12조)	학생이 학교에서 개성을 실현하는 것이 우선되기 보다는 학교의 교수-학습환경을 조성할 수 있도록 질서가 마련되는 것이 우선이라는 의견이 있음. 이에 따르면, 학교의 장은 학생들의 불편을 감수하더라도, 학교 본연의 목적인 교수-학습 풍토를 훼손하는 지나친 개성발현은 규칙으로 제한되어야 한다고 주장함.
① 학생은 소지품과 사적 기록물, 사적 공간, 사적 관계 등 사생활의 자유와 비밀이 침해되거나 감시받지 않을 권리를 가진다. ② 교직원은 학생과 교직원의 안전을 위하여 긴급한 필요가 있는 경우가 아니면 학생의 동의 없이 소지품을 검사하거나 압수하여서는 아니 된다. 불가피하게 학생의 소지품 검사를 하는 경우에는 최소한의 범위로 한정되어야 하며, 불특정 다수의 학생을 대상으로 하는 일괄 검사 또는 검사의 목적물을 소지하고 있을 것이라는 합리적인 의심이 없는 학생을 대상으로 하는 검사를 하여서는 아니 된다.(제2장 제5절 제13조)	학생의 소지품을 검사하거나 학생의 사생활의 자유와 비밀을 침해하지 않는 것이 정당화될 수 있지만, 학교에서 발생하는 학생간, 학생-교사간, 학생-학교간 폭력상황에 제대로 대처하지 못하게 될 것임을 우려함. 안전을 위하여 긴급하다고 판단되는 필요상황에 대해서는 사후 해석할 수밖에 없는 것이며, 즉, 폭력적인 사건이나 상황이 종료되고서야 학생에 대한 지도, 감독, 소지품 검사의 필요성을 인지할 수밖에 없음. 따라서 합리적으로 의심하는 것을 최소화하는 경우 학교의 폭력적 환경을 양성화하고, 폭력 사건의 수를 증가시키는 결과를 가져올 것이라 주장함.
① 학생은 세계관, 인생관 또는 가치적 · 윤리적 판단 등 양심의 자유와 종교의 자유를 가진다.(제2장 제5절 제16조)	"학생의 양심과 종교의 자유"뿐만 아니라, 학교운영에 책임 있는 학교장 및 설립자, 교직원의 선교의 자유도 인정해야 한다고 주장함.
① 학생은 집회의 자유를 가진다. 다만, 학교 내의 집회에 대해서는 학습권과 안전을 위해 필요한 최소한의 범위 내에서 학교규정으로 시간, 장소, 방법을 제한할 수 있다.(제2장 제5절 제17조)	"집회의 자유"를 학생이 가지는 것은 위험한 일이며, 이는 미성숙한 학생들이 학교를 정치적인 장으로 변모시키는 기제가 될 것이라 주장함.

출처: 이슈투데이(2012.1.26), 서울타임즈(2012.1.26), 오동석 (2011), 국회입법조사처(2012) 자료 참조 재구성.

학생인권의 개념을 가장 광범위하게 정한다면, 별도의 조례를 제정할 필요 없이, 국제규약을 국내법상에서 동일한 효력으로 인정하도록 법제화하면 된다. 조례라는 방식을 택한 것은 초중등교육법의 개정을 통하여 학생의 인권을 보호할 수 있는 노력이 성공하지 못하였기 때문이다. 더욱이 모든 교육지자체들이 학생인권조례를 제정하려 하지 않는다면, 이를 추진하고자 하는 교육자치기관의 추진 의지가 중요한 요인이 된다.

그러나 학생인권조례 제정과 조례의 내용에 있어 이보다 훨씬 앞서는 갈등 요소를 살펴보아야 한다. 학교교육에 대한 서로 다른 입장 차이가 그것이다. 교육사회학의 전통적인 이론은 학교를 바라보는 서로 다른 두 가지 시각이 존재함을 보여주고 있다. 하나는 학교교육의 기능적인 측면을 강조하여, 전통사회에서 합의된 지식을 전달-수용-재생산하는 기관으로 인식하는 경우이다. 다른 하나는 이러한 기능적인 요소가 강조되는 것을 비판하는 갈등론으로, 학교교육은 기존의 사회가 갖고 있는 구조적, 문화적 특성을 극복하고 새로운 공동체를 형성해 나갈 수 있다고 인식하는 경우이다(김영화, 2010). 정확하게 일치한다고 볼 수는 없지만, 기능론자들은 학교에서 학생인권을 보장하고 보호하기보다 제한하거나 유보하려는 입장에 서 있다. 반면, 갈등론자들은 학교에서 학생인권을 보다 강조하고 학생들이 스스로 생각하고 기존의 사고-행동의 틀을 깨기 위한 기회를 더 가져야 한다고 본다.

앞서 표에서 정리한 서울학생인권조례의 내용에 대해서 조항별로 반대의견을 내놓고, 조항의 문구를 수정, 삭제, 혹은 교체할 것이 토론되거나 주장되는 상황은 학생인권조례제정에 있어서 사실 핵심 쟁점이라고 하기는 어렵다. 즉, 해당 조항이나 쟁점을 일부 변경하거나 삭제 혹은 다른 용어로 교체한다고 해도, 결코 조례의 제정을 환영하거나 수긍하려 하지 않을 것이기 때문이다. 예를 들어, 초·중등학교에서의 동성애 논란을 피하기 위하여 서울학생인권조례의 제5조에 포함되어 있는 '성적 지향'이라는 표현을 삭제한다고 해 보자. 그렇다면 이 표현 때문에 학생인권조례의 제정을 반대하던 입장에서 선회하여 학생인권조례제정을 수용할 수 있을까? 그렇지 않을 것이다. 다른 조항들, 예를 들어 종교의 자유가 학생 위주로 표현되었으니 이를 수정해야 한다거나, 학생들의 의사를 표현하는 방법으로 시위가 포함되는 것은 위험하니 삭제할 것을 요구할 것이다. 물론 이러한 조항들에 대해서 수정 혹은 삭제된다고 하더라도 다른 방식의 요구가 지속될 것이라 본다. 즉, 보다 큰 의미에서 학교에서 학생의 인권을 보호하는 것이 필요한가, 그렇지 않은가에 관한 서로 다른 학교교육의 세계관 차이가 존재할 뿐, 조항에 대한 요구와 주장은 결코 그 자체로 만족되지 못할 것이다. 만약 학생인권이 학교에서 필요하고, 어떤 방식으로든 제정되어야 한다고 판단한다면, 쟁점 자체를 수도 없이 만들어내고 논의하기보다는 이를 어떻게 실행하고, 추진할 것인가에 보다 많은 강조와 관심이 두어질 것이다.

나. 학생인권, 정치적인, 너무 정치적인…

교육의 정치적 중립성을 내세운 교육정책이 아이러니하게도 다른 무엇보다 더 정치적이라는 것을 강조할 수밖에 없다. 앞서 서울시의 학생인권조례제정과정을 기술하면서, 학생인권조례제정은 교육적인 논리보다는 정치적인 권력 다툼으로 비춰질 수밖에 없다는 점을 다시 한 번 강조하였다. 학생인권조례제정이 시민차원의 운동으로 시작하게 된 것은 정치적이라기보다는 교육적인 문제의식에 토대하고 있다. 두발 및 복장 자유화를 포함한 자기 표현의 자유를 위한 문제제기, 끊임없이 등장하는 학교 내 체벌−폭력의 문제, 다양한 방식의 차별이 일상적으로 허용되는 학교의 구조적 문제, 지나치게 경쟁에 내몰리면서 휴식과 심적 안정을 누리지 못하는 교육정책에 대한 비판 등이 학생인권이라는 개념으로 구체화되어 온 것이다. 2003년 유엔아동권리위원회가 두 차례에 걸쳐 우리나라의 학교교육에서 행해지는 인권침해 내용에 대해서 구체적으로 던진 권고사항, 미션 스쿨 내 종교자유의 문제를 제기했던 '강의석군 사례', 청소년들이 중심이 된 학생인권옹호단체인 '아수나로'의 등장 등은 학교라는 공간이 보다 학생중심적이고 교육적인 공간이 되도록 하기 위한 압력이자 노력으로 작동하였다.

따라서 2008년 7월 30일, 처음 치러진 시·도 교육감 선거에서 경기도에 진보적인 교육감이 들어서게 된 것은 국회에서 성공하지 못한 학생인권의 제도적 장치를 마련할 수 있는 중요한 교두보가 된 것이다. 경기도의 학생인권조례가 제정되는 과정에 2010년 서울시 교육감으로 당선된 곽노현 학생인권조례자문위원회 위원장이 있었다는 점은 강조되어야 한다. 즉, 곽노현의 서울시 교육감 당선 이후 가장 큰 변화 중 하나가 곧 학생인권조례의 제정으로 기대되었고, 이에 대한 정책적 판단 또한 서울시민들의 몫이었다고 보여지기 때문이다. 함께 출범한 서울시 의회에서 야당의원이 다수를 점하고 있었다는 점도 이러한 정책적 변화가 가능하리라는 것을 기대하게 한 요인이기도 했다. 경기도 교육청과는 달리 학생인권조례제정을 위한 주민발의 형식을 취한 것도 이러한 정치적 환경과 무관하지 않다고 본다.

　그러나 서울시 교육감이 구속, 수감되고, 부교육감이 직무대행을 맡게 된 것은 정치적 환경의 큰 변화였다. 서울시 교육청을 실질적으로 지휘할 수 있고 교육정책에 있어 책임을 지는 자리에 있음에도 불구하고, 시도교육청의 부교육감은 교육부 소속 파견 중앙정부 공무원이다. 교육기본법에 따라 교육자치제가 명목상 실행되고 있었지만, 선거 이전에는 실질적인 교육자치제가 이루어졌다고 보기 어려웠다. 따라서 중앙 교육부처와 교육자치체로서의 시도교육청은 협력의 관계이면서도 교육정책의 형성과 시행을 사이에 놓고 긴장과 갈등, 혹은 경쟁 관계에 있을 수밖에 없다. 서울시의 학생인권조례제정에서 등장한 긴장은 정치력의 싸움으로 비춰지게 된 것이다. 즉, 서울시 교육청에서 의지를 갖고 추진해 온 학생인권조례제정을 실패로 귀결하기 위하여 부교육감은 교육부의 입장과 동일한 태도를 취한 것이다.

　학생인권조례제정을 둘러싸고 벌어진 서울시 교육청과 교육부와의 정치적 싸움은 고스란히 주변의 관련 기구, 단체, 개인들의 소모적 논쟁으로 이어질 수밖에 없었다. 부교육감은 구속 수감된 교육감이 추진해 온 핵심 정책에 대해서 반대 의견을 의회에 제출하였고, 직무에 복귀한 교육감은 가장 먼저 부교육감이 했던 일을 원래대로 되돌리는 것이었다. 이에 대하여 '요건을 갖추지 못했'음에도 불구하고 교육부장관은 서울시의회와 서울시 교육감을 상대로 대법원과 헌법재판소에 소송을 제기하였다.[14) 서울시 교육청은 공포된 조례에 따라 각 단위학교에 교칙을 제, 개정할 것을 명령하였고, 교육부는 소송중임을 감안하여 대법원에 학생인권조례 집행 정지를 요청하였다. 또한 교육부는 서울시를 비롯하여 각 시도에서 개별적으로 추진하고 있는 학생인권조례의 효력을 약화하기 위한 초중등 교육법 개정을 이루어냈고, 법 개정 내용의 확대해석으로 단위학교에서 학생인권조례 집행의 혼란을 가중시키도록 했다. 또한 곽노현 교육감이 상고심에서 직위 상실에 해당하는 판결이 확정되면서 교육감이 보수적인 성향의 문용린으로 바뀌게 되었고, 이후 학생인권조례는 개정(안) 협의, 개정(안) 토론, 개정(안)의 시의회 제출이라는 과정을 거쳤다.

이렇다 보니, 2012년 1월 26일 공포된 서울학생인권조례는 대법원에서 2013년 11월 28일 제기된 소송을 각하 판결함으로써 적법한 과정의 조례로 인정되기까지 꽤 오랜 시간 동안 제정 이후 아무런 집행이 이루어지지 못했다. 따라서 학생인권조례가 현장에 안착할 수 있는 시간적 여유, 쟁점으로 논의되었던 각 조항별 문제들이 단위학교와 학교참여 주체들, 특히 학생들에게 어떤 제도적 장치였는지 파악하기 어려웠다. 교육적 공간으로서의 학교환경과 교육적 주체로서의 학생 및 교육참여자들 간의 관계를 형성하는 것이라는 학생인권조례 제정의 본래 취지가 정치적 다툼을 넘어 복원될 수 있어야 할 것이다.

---

14) 서울시 교육감을 상대로 검찰이 기소했고, 구속 수감이 이어지는 상황에서 적어도 교육부 장관은 헌재와 대법원에 제출한 소송에 결국 패할 것임을 알지 않았을까 추정해 본다. 판결이 비록 부정적인 결과로 귀인되더라도, 교육감이 다시 수감될 때까지 학생인권조례 집행을 유예하도록 하는 것이 더 큰 목적이었다고 판단된다.

다. 학생인권조례제정의 효과, 아직 알 수 없다

학생인권조례를 통하여 기대하고 있는 학교 현장의 변화는 무엇일까? 이 점과 관련하여 '인권친화적 학교문화'15)가 강조되고 있다는 점을 상기해야 할 것이다. 그렇다면 학생인권조례가 시행되고 학교 현장에서는 어떠한 변화가 있을까? 이를 실증적으로 뒷받침할만한 조사연구는 많지 않다. 2010년 학생인권조례를 제정, 공포한 경기도 교육청의 경우 2011년도와 2012년도 두 차례에 걸쳐 학생인권실태를 조사하여 발표하였다(경기도 교육청, 2012; 2012). 2-3년의 시행기간을 두고 평가된 것에 대해서 여전히 '학생인권조례의 효과'를 운운하기 어렵다 하더라도, 최소한 인권인식의 변화와 인권교육의 효과는 크리라 기대할 수 있는 조사라는 의미를 가질 수 있다. 흥미롭게도 인권실태의 조사결과에 따르면, 학교 현장에서의 학생인권 존중의지는 상당히 높아졌고, 인권침해 사례 빈도가 감소하였음을 확인할 수 있다(경기도 교육청, 2013: 189).

경기도학생인권조례 자체가 학생 인권 보장에 어느 정도 기여하였는가에 대해서 긍정적인 응답이 전반적으로 높게 나와 학생, 교사는 물론 학부모도 경기도 학생인권조례가 학생인권을 위해 상당 부분 기여해 왔다고 평가하고 있음을 알 수 있다. 학생인권조례에 대한 부정적인 시각이 있음에도 불구하고 정작 학생인권조례 시행을 통해 단기간에 학생들의 인권 보장이 매우 크게 신장되었다고 볼 수 있다.

서울지역이 포함된 학생인권조례 관련 조사는 민간단체에서 실시한 '전국 학생인권·생활 실태조사'(인권친화적 학교+너머 운동본부 & 전국교직원노동조합 참교육연구소, 2013)가 있다. 이를 통해서 그나마 학생인권조례가 제정된 이후 어떤 변화가 있었는지를 보여주는 첫 조사결과 보고라고 할 수 있다. 조사의 목적은 다음과 같다(p. 1).

---

15) 국가인권위원회는 인권친화적 학교문화조성을 위한 종합정책을 권고하였다 (국가인권위원회, 2012). 국무총리, 교과부장관, 17개 시·도교육청을 피권고기관으로 하는 종합정책은 5개 영역, 20개 분야, 52개 권고사항을 담고 있다.

학생인권조례나 혁신학교 등 교육청과 학교 차원에서 인권정책을 추진할 경우 학생들의 인권 수준이 실질적으로 향상되는 효과를 낳고 있는지를 살폈다.

서울을 포함한 전국의 초등학교와 중등학교(중학교, 일반계 고교, 특성화고, 특목고로 구분)에서의 학생인권에 대한 인식이 어떻게 달라졌는지, 학교현장에서의 학생인권침해실태는 어떠한지를 살펴보았다. 조사 결과에 따르면 다음 두 가지 정도로 정리할 수 있다. 첫째, 경기도, 광주시, 서울시, 전북도에서 학생인권조례가 제정되었지만, 학교현장에서는 "체벌, 두발·복장단속, 강제 야자, 보충수업, 학생자치권 묵살" 등의 인권침해가 여전하다(p. 3). 둘째, 비록 미미하기는 하지만, "학생인권조례가 시행중인 지역과 학생인권조례가 제정되지 않은 지역 사이에는 학생의 인권과 학교생활 수준, 교사와 학생 사이의 관계에서 유의미한 차이가 존재"한다(p. 3). 특히 두 번째 조사결과는 학생인권조례가 제정된 이후 학교 현장에서 학생들의 만족도와 환경개선이 (미미하지만) 이루어지고 있다고 판단할 수 있다고 판단하게 한다.

서울시의 경우 다른 지역과 달리 각급학교에서의 체벌을 전면금지함으로써 학생인권을 둘러싼 논란이 일찌감치 시작되었다. 서울시 교육청은 조례제정이 이루어지기 전인 2010년 7월 19일 서울 시내 모든 유치원과 각급학교에서 체벌을 전면 금지한다고 발표하고, 이를 2010년도 2학기부터 적용한다고 밝혔다. 체벌을 전면 금지함으로써 학생인권조례를 통해서나 가능했을 학교 환경에서의 교사의 체벌은 현저하게 줄어들었다. 학생인권조례에서 체벌금지 조항은 이를 다시 확인시켜주고 있을 뿐이다.

그러나 서울시의 경우 체벌 금지에 따른 학생인권실태에 변화가 있다고 하더라도, 이러한 조사결과의 분석 대상이 될 수 있다고 판단하기는 어렵다. 앞서도 지적한 바와 같이 2012년 1월 26일 공포된 서울학생인권조례는 당일 대법원에 제기된 교과부장관의 '무효확인소송'과 함께 조례 집행정지 신청이 이루어진 후 2013년 11월 28일 기각 판결이 있기까지 집행이 정지되어 있었다. 더욱이 교과부에서 초·중등교육법 개정안을 발의하여 학생인권조례의 인권내용과 상충되는 법개정을 실시하였다. 결국 서울을 포함한 4개 교육지자체에서 제정한 학생인권조례를 무력화하고자 하면서 학교 현장은 해당 시·도교육청의 정책기조와 교과부의 개정된 법규 사이에서 어떤 대응을 보이기 어려웠다. 따라서 이번 교육청 정책에 대해서는 학생인권조례 제정 자체에 의미를 둔 것 정도로 평가를 마무리 할 수밖에 없다. 물론 학생인권조례제정 하나만으로 학교현장의 변화를 가져온 동인이자 요인으로 직접 연결지을 수 있을지 모르겠다. 오히려 곽노현 교육감이 동시에 추진했던 '혁신학교' 정책이나, '학교공동체' 정책, '교육복지확대' 정책 등이 서로 연관성을 갖고 평가되거나 논의되어야 할 것이다.

5. 학생인권조례 제정을 위한 서울시 의회의 역할은?

본 고는 서울시의 학생인권조례가 제정되는 과정을 검토해 보고, 서울시 학생인권조례제정의 의미와 쟁점, 그리고 도전과제를 제시하였다. 서울시의 학생인권조례는 서울시 교육감의 강한 의지와 학생인권조례제정을 위한 시민참여가 결합된 것으로, '인권친화적 학교환경조성'을 위한 중요한 계기가 되리라 기대되었다. 그러나 교육감의 구속, 수감, 교육감직 상실이라는 과정 속에서, 학생인권조례는 정치적 이념 투쟁의 수단으로 전락하였고, 학생인권조례의 본래 제정 취지와 학교현장의 교육적 적용, 환경변화에 어떠한 영향을 미쳤는지조차 파악하기 어려운 상황이 되었다. 더욱이 교육지자체의 학생인권조례에 대해서 소극적이다 못해 부정적인 입장을 취하던 교육소관부처의 개입과 방해는 결국 학생인권조례의 현장 시행의 시기를 늦춰, 결국 새로이 시작하는 서울시 교육감의 선거에 영향을 미쳤다. 지방자치단체장과 지방의회를 구성하는 선거전에서의 이념적 논쟁을 넘어서서 교육감 선거가 사뭇 다른 양상을 나타낸 것은 지나치게 정치적으로 해석되고, 교육정책이 정치적 이해관계로 수단화되어 온 과정에서의 불안정에 대한 심판적 성격이 강하다고 본다.

서울시의 학생인권조례에 관한 이러한 이해를 바탕으로, 2014년 7월부터 임기가 시작되는 제8대 서울시의회의 과제(역할)을 다음과 같이 간략하게 제안하고자 한다.

첫째, 서울시 의회는 시민발의에 의한 학생인권조례의 정착과정에 대해서 서울시 교육청에 강한 책무성을 요구하여야 할 것이다. 시민참여에 의하여 서명, 발의된 학생인권조례를 둘러싸고 교육관련 중앙 부처와의 논쟁의 성격에 대해서 단호히 비판할 수 있어야 할 것이다. 이를 위하여서, 새로 들어서는 의회와 교육위원들은 학교현장에서의 학생인권조례 정착 및 시행에 관한 서울시 교육청의 입장과 정책집행 의지를 새삼 확인하고, 요구할 수 있어야 한다.

둘째, 서울시 의회는 학생인권조례의 집행 결과 나타난 현장의 변화에 대해서 모니터링하고, 보다 바람직한 학교공동체의 '인권친화적 환경'으로의 조성과정을 지원해야 한다. 국가인권위원회 또한 교육부장관을 비롯하여 각 시도 교육청을 대상으로 제안한 권고문이 실제 학교현장에서 학생인권조례와 어떻게 협력적으로 조화롭게 작동하는지 확인할 수 있어야 한다. 문용린 교육감이 제출했던 학생인권조례 개정(안)에 대해서 상정하지 않기로 결정한 상황에서, 새로 취임하는 조희연 교육감이 학생인권조례의 개정을 지원하지 않을 것이라 기대한다. 따라서 서울시는 제정된 조례의 내용대로 현장에서 이행, 단위학교별 규정을 제, 개정하는 과정이 빠르게 일어날 것이고, 이에 대한 후속 평가 및 모니터링이 필요하다. 의회의 지원이 필요한 부분이라고 생각한다.

셋째, 학생인권조례가 정치적으로 수단화되지 못하도록 학생인권조례의 쟁점과 혹 등장할 수 있는 학생인권침해 사례들에 대해서 즉각적인 대화의 장을 만들고, 조치할 수 있도록 비상설 기구를 마련할 수 있을 것이다. 경기도 교육청에서 학생인권조례를 처음 제정, 공포, 시행, 평가해 왔던 터라, 학생인권조례 제정을 계획하고 있거나 추진하고 있는 교육지자체들은 경기학생인권조례의 내용과 추진방법을 모델로 삼고 있는 경향을 보인다. 서울시의 경우에도 교육정책의 내용, 교육정책 추진방법, 다양한 이슈를 진단하고 해결하는 과정이 타 지방자치단체의 중요한 교육정책의 모델이 될 수 있을 것이다. 이를 위하여 서울시 교육감, 서울시청, 서울시 의회가 보다 협력적인 모습을 보일 수 있어야 할 것이다. 연구자는 어느 때보다도 이러한 협력과 조화로운 정책적 협의, 소통이 잘 이루어질 수 있지 않을까 기대하게 된다.

경기도학생조례에 관한
10가지 질문, 10가지 대답[16]

✓ 질문 1

학생인권이 존중되어야 한다는 데는 동의합니다. 그렇지만 학생인권만 생각
하다 보면 면학분위기가 훼손되지 않을까요?

학교가 즐거운 공부의 장이 되도록 하려는 것이야말로 학생인권조례를
만드는 이유입니다. 학교생활이 즐거워야 공부도 즐겁고, 공부가 즐거워
야 몰입도 가능하겠지요. 학생인권조례는 학교를 가고 싶은 공간으로, 폭
력이나 차별의 위험이 없는 안전한 공간으로, 자유로운 공기를 흡입할 수
있는 공간으로 만드는 데 기여합니다. 학생들의 아우성에 귀를 기울임으
로써 학생들의 신뢰를 받을 수 있는 공간으로 만드는 데 기여합니다. 그
렇게 되면 학생들의 정서적 안정도 높아질 것이고 그에 따라 교사와 학교
에 대한 신뢰도, 면학분위기도 한껏 높아질 수 있습니다.

규제 일변도로 학생을 통제한다고 해서 공부에 대한 몰입이 따라오는
것은 아닙니다. 학생들이 공부에 대한 동기를 갖고 몰입하기를 원한다면
통제가 아니라 다른 교육적 접근이 이루어져야 합니다. 많은 분들이 두발
규제를 없애면 공부는 안 하고 머리에만 신경 쓰게 될 거라고 우려하시지
만, 이미 많은 대안학교들과 몇몇 일반학교의 선도적인 실험으로 이러한
우려가 현실적이지 않은 우려임이 확인된 바 있습니다. 외려 규제 일변도
로만 가다보면 학생들이 더 머리에만 신경 쓰게 되는 결과를 초래하기도

---

16) 본 자료는 2009년 10월 23일 경기도교육청 주최로 실시된 경기도학생인권조
례제정을 위한 공청회에서 저자가 참여한 토론회의 원고(부분)임을 밝힙니다.

합니다. 사람들은 억눌리는 지점에서 더 자극을 받는 법이니까요.

공부라고 하면 교과 공부만 떠올리는 경향이 있는데, 인권을 배우는 것도 중요한 공부입니다. 사람살이의 기본을 가르치는 것도 학교의 존재 이유니까요. 그리고 인권은 생활 속에서 경험하고 익힐 때 가장 잘 학습될 수 있습니다. 게다가 우리 교육은 민주시민 양성을 최우선 과제로 삼고 있습니다. 사회과나 도덕과 등의 교과에서 인권의 가치와 내용이 비중있게 다루어지는 것도 이 때문입니다. 민주시민이란 권리를 행사할 줄 아는 자유로운 사람이자 주변 사람들에 대해서도 책임질 줄 아는 사람입니다. 이처럼 학생인권조례는 우리 교육의 목표를 실현하는 데 기여합니다.

인권에 대한 공부는 시끌시끌한 공부입니다. 조용한 시장을 상상할 수 없는 것처럼, 인권에 대한 공부도 시장처럼 시끄러워야 제대로 면학분위기가 조성되었다고 볼 수 있습니다. 시끄럽다는 것은 학생들에게 지적, 정서적 호기심을 불러일으키고 있다는 증거이고, 차이를 조정하고 갈등을 해결하는 과정을 밟아나가는 연습이 이루어지고 있다는 증거입니다. 인권교육을 열심히 시행한 학교에서 학생들이 다른 친구들을 배려하는 마음을 갖게 됨으로써 수업 방해 행동을 개선하는 효과를 거두었다는 연구보고도 있습니다.

✓ 질문 2

우리 학생들은 권리를 제대로 행사하기에는 아직 준비가 되어 있지 않습니다. 자기 행동에 책임지도록 의무에 대한 교육이 먼저이지, 권리가 먼저 주어져서는 안 되지 않을까요?

학생들이 인권을 서툴게 행사하는 과정에서 당혹스러운 일이 벌어질까 봐 염려가 되시나 봅니다. 학생인권조례는 학생을 방임하거나 무책임한 존재로 기르려는 것이 아닙니다. 통제와 방임, 의무와 무책임 사이에 나 있는 좁은 그 길, 아직까지 많은 이들이 걸어가지 않아 좁지만 무한한 가능성을 품고 있는 그 길을 확장하려는 노력입니다.

물론 인권을 배우고 행사하는 과정에서 의견차나 갈등이 빚어질지도 모릅니다. 학생들만큼이나 교사들에게도 인권은 아직까지 충분히 경험되지 못한 가치이기 때문에 서투름이 부르는 갈등이 일어날 수도 있습니다. 그렇지만 어린아이가 넘어지지 않고 걸음마를 배울 수 없듯이, 학생도 교사도 실수를 통해 배움을 얻고 갈등을 조정해나가는 과정을 통해서만 성숙할 수 있습니다. 그 과정을 거치지 않고서는, 학생도 교사도 인권에 대해 성숙할 수 없습니다. 폭력 가정에서 자란 사람이 자기 가정을 꾸린 이후 고스란히 폭력을 대물림하듯이, 인권을 존중받는 분위기 속에서 교육받을 때 자기와 다른 사람을 동시에 존중하는 사람이 될 수 있습니다. 이와 같은 '기다림이 없는 교육'은 질서정연해보일지 몰라도 학생들의 영혼에 대한 보살핌은 없는 교육이 아닐까요? 스스로 책임감을 기를 수 있는 기회를 빼앗는 교육이 아닐까요?

학생인권조례는 학생인권의 기준을 제시하는 일도 하겠지만, 인권에 대한 감수성과 의식을 키울 수 있는 인권교육을 강화하는 방안도 찾아볼 것입니다. 인권교육은 권리 주체들의 인식과 힘을 키우고 타인의 고통에 공감하는 능력을 동시에 길러줍니다. 인권교육과 권리를 행사하는 과정이 함께 간다면, 우려되는 혼란과 갈등은 줄어들 수 있을 것입니다.

무엇보다 인권은 일정한 책임과 의무를 다한 경우에만 주어지는 대가가 아닙니다. 잘못된 행위가 있을 때 그 행위에 대한 책임은 물을 수 있겠지만, 그 사람의 인권이 부인되어서는 안 됩니다. 인권은 사람이면 누구나 자기 존엄을 지키기 위해 포기할 수 없는 권리들로 구성되어 있으니까요. 또한 권리가 주어질 때 책임 또한 명확히 요구할 수 있습니다. 더구나 학교 안에서 상대적 약자의 지위에 있는 학생에게는 인권이 더욱 필요합니다.

학생들 사이에 장난으로 인한 사고도 많고 폭력도 갈수록 심해지고 있습니다. 학생들의 안전을 책임지고 보호하기 위해서라도 일정한 통제가 불가피한 것이 아닌가요?

학생들의 안전을 책임져야 할 학교로서는 당연히 제기하실 수 있는 질문입니다. 그런데 학교에서 일어나는 여러 사고 가운데 학생들에게 가장 치명적인 영향을 미치는 사고는 무엇입니까? 학생들 사이의 집단괴롭힘, 성적이나 생활을 비관한 학생 자살, 권력관계에서 비롯된 폭력 등일 겁니다. 학생인권조례는 바로 이런 문제들을 예방하고자 하는 것이기에 학생들의 안전을 확보하기 위한 근본적 조치를 포함하고 있다고 볼 수 있습니다.

교사의 경우 종종 학생의 안전사고에 대해 과도한 책임을 져야 하는 상황에 내몰리기 때문에 불만을 터뜨리십니다. 보호자의 경우에는 학교가 사고에 대한 책임을 회피한다고 불만을 터뜨리십니다. 이런 경험들 때문에 안전에 대한 우려가 크시지 않을까 싶습니다. 그런데 학생들에게 인권을 보장하자는 것이 방임 내지 방치를 의미하는 것은 아닙니다. 통제를 강화한다고 해서 크고 작은 안전사고가 반드시 예방되는 것도 아닙니다. 그동안 학생들을 일일이 규제하고 훈계해도 안전사고가 끊이지 않았던 이유는 무엇일까요? 학생들이 웃고 떠들고 돌아다니고 장난치는 일은 너무나 자연스러운 몸의 반응이기 때문입니다. 고삐를 죄고 꽁꽁 묶어두고 울타리를 친다고 자연스러운 몸의 반응을 억누를 수는 없습니다. 외려 학교는 학생들이 자유롭게 뛰어놀 수 있는 널찍한 목장이 되어주어야 합니다. 다만 안전사고에 대비하고 사후 처리를 적절하게 할 수 있는 시스템을 갖추어야 하며, 안전사고 예방교육을 통해 학생들 스스로 자기와 타인의 몸을 돌볼 줄 아는 힘을 길러주어야 합니다. 일일이 지시와 통제에 따라 움직이는 학생은 자기 몸은 물론 타인의 몸을 제대로 살피고 돌볼 줄 모릅니다. 교사가 아무리 일일이 살핀다 하더라도 매순간 모든 학생을 살필 수는 없습니다. 시스템과 예방교육은 학생의 안전뿐 아니라 교사의 업무 피로도와 부당한 책임에 대한 부담을 경감할 수 있는 방안입니다.

✓ **질문 4**

학생인권조례를 만드는 건 교사들을 문제집단으로 보기 때문 아닌가요? 요즘 과잉체벌 교사처럼 간 큰 교사는 거의 없습니다. 대부분 교사들은 학생들 인격을 존중합니다. 그런데도 학생인권조례를 만들면 교사들 사기가 떨어지지 않겠습니까?

학생인권조례는 일부 교사의 과잉 생활지도로 발생하는 문제 때문에 제정되는 것이 아닙니다. 학생에게 교육권이 보장되어야 한다는 데 반대하실 분은 없을 겁니다. 국제인권기준에서는 교육권의 본질적 요소로 '학생의 인간으로서의 존엄이 존중되는 학교규율'을 지적하고 있습니다. 우리 교육기본법과 초중등교육법에서도 학생 인권의 보장을 의무화하고 있지요. 학생인권조례는 학생들에게 이미 보장되어 있어야 할 인권을 좀더 실효성 있게 보장하기 위해 만들어지는 것입니다.

학생인권조례가 제정된다고 해서 모든 교사들이 문제집단으로 간주되지는 않습니다. 학생인권조례는 교사들을 학생인권의 지지자이자 옹호자로서 초대하고 있습니다. 교사 전체가 문제이기 때문이 아니라, 인권과 같은 중요한 문제를 교사 개개인의 인식과 판단에만 맡겨둘 수 없기 때문에 법과 조례를 통해 학생인권을 보호하는 것입니다. 모든 부모가 문제가 있기 때문이 아니라, 만에 하나 있을 수 있는 아동학대를 예방하기 위해 법으로 아동학대를 금지하고 있는 이치와 같습니다.

심각한 학생인권침해 사례가 언론에 알려지고 나면, 종종 교사 집단 전체가 비난을 받곤 합니다. 학생인권이 무시된 사례를 보면 해당 교사에게도 문제가 있지만 학교구조나 '군사부일체'로 대표되는 사회의식의 문제가 버티고 있는 경우가 많습니다. 학생인권조례는 학교구조와 사회의식을 인권적으로 재구성함으로써 학생인권이 무시되는 일들을 미연에 방지하고 교사들의 자긍심이 훼손되는 일이 없도록 하는 데 기여할 것입니다.

또한 교사들이 조례 제정에 적극 지지를 표하고 나서주신다면, 오히려 교사 전체를 문제집단으로 간주하는 시각을 교정할 수 있는 계기가 마련될 수 있을 것입니다.

학생인권조례는 더 이상 구시대적인 학생 지도 방식으로는 새로운 시대가 요구하는 민주시민, 세계시민의 자질을 키울 수 없다는 반성에서 비롯된 것이기도 합니다. 자기 권리를 당당하고도 책임있게 행사할 수 있는 사람, 다른 사람의 고통에 공감할 줄 아는 사람을 길러내는 일은 학생과 교사가 서로를 존중하는 학교를 만들어내는 데도 기여할 것입니다. 이런 학교는 당연히 교사들에게도 즐거운 학교일 것이고, 교사들의 자긍심이 지켜질 수 있는 학교일 것입니다.

✓ 질문 5

학생인권이 중요하다는 것은 인정합니다. 하지만 왜 학생인권만 얘기하고 교권은 얘기하지 않습니까? 요즘 학생들에게 당하는 교사들도 점점 늘고 있지 않습니까?

학생들의 말이나 행동으로 교사들도 상처받는 일들이 간혹 있습니다. 자괴감을 느끼는 교사들도 계십니다. 이렇게 교사들이 상처받는 일을 줄이기 위해서라도 학생인권을 먼저 이야기할 필요가 있습니다. 학생인권조례는 학생인권뿐 아니라 교사의 인권과 권한 또한 존중하기 위해 만들어지는 것입니다. 그동안 우리 학생들에게는 인권보다는 의무가 먼저 요구되어 왔습니다. 그러다 보니 권리를 행사하면서 배우고, 참여하면서 책임질 기회를 얻지 못했습니다. 당장은 당혹스런 상황이 간혹 일어날지도 모릅니다. 하지만, 학생이 인격체로서 존중받는 구조가 만들어지고 나면, 학생들도 두려움 때문에 교사에게 굽히고 들어가는 게 아니라, 자발적으로 교사의 인권을 존중하겠다는 마음을 갖게 될 것입니다.

교사에게 상처주는 일을 대수롭지 않게 여기는 학생이 있다면, 그건 아마도 교사가 한 사람의 '인간'이라기보다는 '권력자'로 보이기 때문일지 모릅니다. 강자는 상처받지 않을 거라 생각하는 것이지요. 또한 교사를 괴롭히고 당혹스럽게 만드는 일을 즐기는 학생의 경우는 '강자'에게 도전함으로써 주위 학생들에게 힘을 과시하고픈 마음에서 그런 행동을 할 수도 있습니다. 그래서 신규 여교사 등 약해보이는 교사들이 주로 그런 학생들의 표적이 되곤 하는 것입니다. 이 두 가지 경우 모두에서 알 수 있는 것은 '교사와 학생의 동등하지 않은 관계'가 문제의 저변에 깔려있다는 점입니다. 학생의 인권이 존중될 때 교사와 학생의 관계도 변화하고, 교사의 인권에 대한 존중도 요구할 수 있지 않을까요?

교사와의 관계 때문이 아니라, 다른 문제로 공격적 행동을 보이는 학생도 있을 수 있습니다. 이 경우의 학생은 몸이 아픈 환자에 비유해볼 수 있습니다. 환자가 아파서 몸을 뒤트는 과정에서 의사의 얼굴을 할퀴었다고 해서 환자에게 책임을 물을 수는 없을 것입니다. 의사를 부러 괴롭히려 했던 것이 아니니까요. 지금 몇몇 학생들이 보이는 공격적인 행동도 어쩌면 아픈 환자의 뒤틀림 같은 것일 수 있습니다. 학교나 가정, 사회에서 받는 스트레스와 분노를 어떻게 풀어야 할지 몰라서 '나쁜 행동'을 보이는 경우에는 뿌리를 건드려야지 교권을 내세워 학생을 제압한다고 문제가 해결되지는 않습니다. 그 경우, '나쁜 행동'은 더 약한 사람에게 옮겨갈 뿐 사라지지는 않으니까요.

'교사가 학생들에게 당하고 있다'는 것이 어떤 행동을 두고 말하는 것인지도 따져보아야 합니다. 교사의 뜻에 따르지 않는 학생들의 행동을 죄다 잘못이라고 불러서는 안 됩니다. 교사의 뜻이 언제나 절대적으로 옳은 것은 아니기 때문이지요. 교사의 뜻이나 인권기준에 어긋나는 규정을 일방적으로 관철시키는 데 실패했다고 해서 학생들에게 당했다고 판단해서는 안 될 것입니다.

✓ 질문 6

학생인권을 신경 쓰다 보면 요즘처럼 거친 학생들을 지도하기가 힘듭니다. 교사에게는 학생을 지도할 책임도, 지도할 권리도 있습니다. 학생인권조례까지 만든다고 하니 학생지도를 포기하라는 소리로 들리는데요?

학생인권조례는 학생을 '지도'하지 말라는 것이 아닙니다. 인권을 존중하는 '학생지도'를 가능케 하기 위한 것입니다. 교사가 학생을 가르칠 권리는 헌법과 국제인권기준에 보장된 학생의 학습권을 실현하기 위해 요구되는 직무상의 권리입니다. 우리가 언제 어디에 있든 사람이라는 사실에는 변화가 없으므로 인권은 몸에서 떼어낼 수 없지만, 교사의 가르칠 권리는 그 직무를 수행하는 동안에만 인정되는 권리인 것입니다. 따라서 교사의 교육권은 학생의 학습권 보장을 위해 조정, 제한될 수 있습니다. '학생 지도' 역시 마찬가지입니다. 학생의 인권을 존중한다는 전제 하에서 '학생 지도'가 이루어져야 하는 것은 당연한 것이겠지요. '학생 지도'와 학생인권은 대치되는 것이 아니라, 함께 가야 하는 것입니다.

'지도'라는 말에 대해서도 되짚어볼 필요가 있습니다. 어떤 경우에도 교칙은 준수되어야 하고 교사는 늘 옳다는 전제 하에서 학생을 '지도'하려 하다 보면 지금 학교현장에서 일어나고 있는 갈등과 불신은 계속될 수밖에 없습니다. 학생 '지도'의 기준을 제시하고 있는 교칙(학교생활규정 등) 역시 헌법과 국제인권기준이 제시한 학생인권기준에 부합하는 것이어야 합니다. 자유로운 분위기에서 책임있는 삶을 영위할 수 있도록 준비시키는 것이 교육이라고 할 때, 학생인권 존중은 필수적으로 요청됩니다. 교칙이 정당성을 확보하고 학교와 교사가 학생인권을 존중한다면, '지도'하지 않아도 자발적인 준수와 책임의식이 형성될 수 있을 것입니다.

만약 폭력적인 행동으로 다른 학생이나 교사가 위험에 처할 염려가 있을 때, 또는 큰 사고로 이어질 위험이 있을 때 그 행동을 제지하는 것은 인권침해가 아닙니다. 이때 행사되는 힘은 '공격'이 아니라 '보호'를 목적으로 하는 힘이니까요. 다만 학생의 위험 행동을 판단하는 기준이 교사마다 다를 수 있고, 행동을 제지하는 과정에서 최소한의 범위를 넘어 제압이 가해지거나 인격을 모독하는 일이 일어날 수도 있습니다. 이와 같은 상황을 방지할 수 있게끔 하는 것이 학생인권조례의 역할입니다.

✓ 질문 7

학교현실에서는 수업시간 중 학생 지도의 책임이 교사에게만 내맡겨져 있습니다. 안 그래도 수업시간 중 문제행동을 보이는 학생이 늘어나고 있는데 학생인권까지 이야기하면 어떻게 학생들을 통제하란 말입니까? 그럼 수업시간에 자거나 돌아다니는 아이들을 가만히 내버려두라는 말입니까?

수업시간에 교사 혼자서는 대처하기 힘든 난감한 상황들이 종종 일어나곤 하지요. 그래서 대다수 교사들이 차이도 크고 갖가지 사연을 가진 다수 학생을 동시에 수업에 집중시켜야 하는 부담을 안고 계실 겁니다. 다른 지원책 없이 교사 개인의 역량이나 통제방식에만 내맡겨두고 있는 학교현실에 답답함을 토로하는 분들도 자주 만나 뵈었습니다. 학생인권을 존중하는 것이 수업시간에 자거나 돌아다니는 행동을 그냥 내버려두어야 한다는 의미는 아닙니다. 학생인권조례는 교사 개개인의 책임만 늘어가는 방향을 지향하지 않을 겁니다. 학생이 즐겁게 수업에 참여하고 학생 역시 수업에 공동으로 책임질 수 있는 환경을 조성하려는 데 방향을 두고 있습니다.

교사 혼자서 대응하기 힘든 학생의 문제 상황이 발견되었을 때는 학교 차원에서 교사를 지원할 수 있는 시스템이 마련되어야 합니다. 학생인권조례는 학생인권을 보장하는 시스템이 어떤 모습이 되어야 하는지를 모색할 수 있는 방안도 함께 담을 것입니다.

✓ 질문 8

학교는 하나의 공동체인데, 인권을 이야기하는 소수 학생의 의견만 들어줄 수는 없습니다. 학교는 교사, 학부모, 학생 의견을 종합적으로 고려해야 합니다. 학교단위에서 교육3주체의 의견을 수렴해 학생생활규정을 정해나가면 되지, 조례를 굳이 제정할 필요가 있을까요?

교사, 학생, 보호자 등 교육주체들의 의견을 민주적으로 수렴하고 반영하여 학교를 운영하겠다는 말씀은 너무나 반갑고 소중한 말씀입니다. 그 일환으로 단위학교에서 자발적으로 학생생활규정을 민주적으로 개정하려는 노력도 적극 독려되고 지원되어야 합니다. 학생인권조례를 통해 우리가 만들어가고자 하는 학교의 모습도 바로 그러합니다. 그러나 학교마다 사정이 다르기도 하고, 구성원들의 의견을 모아나가는 데 상당한 시일이 걸릴 수 있습니다. 반면 학생인권이 제대로 보장되지 못하는 안타까운 현실은 계속 이어지고 있습니다. 모든 학교에서 학생인권이 제대로 보장될 수 있는 환경이 마련되도록 적극 독려하려면, 학생인권조례 제정이 시급하다고 할 것입니다.

교육3주체의 의견을 모아나가는 일은 아주 중요하지만, 교육3주체의 의견을 수렴하여 다수의 의견을 따른다고 해서 모든 인권문제가 해결된다고 보기는 어렵습니다. 학생인권조례는 기본선으로 지켜져야 할 학생인권기준을 분명하게 제시함과 동시에 단위 학교에서의 자발적 노력을 독려할 수 있는 방안도 제시할 것입니다. 단위 학교에서는 그 기준에 따라 구체적 계획을 입안하고, 학생인권의 향상을 지속적으로 도모할 수 있는 방안을 민주적으로 협의해 나가야 합니다. 수사기관의 자율적 운영을 보장하더라도 고문수사, 불공정수사를 해서는 안된다는 기준은 기본으로 준수되어야 한다는 것과 같은 이치입니다.

또한 인권보장을 요구하는 학생이 소수라고 단정할 수는 없습니다. 대개의 학생이 침묵하고 있고 소수 학생만 인권 주장을 펼친다고 해서 다수의 학생이 인권에 관심이 없거나 원하지 않는다고 보아서는 안 됩니다. 학생들은 안타깝게도 활발한 의견 개진을 해본 경험이 없거나 해도 소용 없다는 생각을 갖고 있는 경우가 많습니다. 학생들의 침묵은 학생인권이 충분히 보장되지 못한 현재의 학교 상황이 낳은 결과이지, 학생인권 보장을 미뤄두는 근거로 활용되어서는 안 될 것입니다. 게다가 학생들이 아직 인권에 대한 이해나 욕구가 깊지 않다고 해서 우리 교육이 학생의 인권을 보장하고 인권의 공기를 흡입할 수 있도록 해야 할 책임을 내던져서도 안 됩니다. 학생인권조례의 제정은 소수 학생이 아니라 모든 학생이 인권이 돈독히 보장되는 환경 속에서 행복한 학교생활을 영위할 수 있도록 하는 데 기여할 수 있습니다.

✓ **질문 9**

우리 교육의 방향은 학교 단위의 자율성을 강화하는 쪽으로 가고 있습니다. 그런데 학생인권조례로 획일적 기준을 제시하는 것은 학교 단위의 자율성을 침해하는 일이 아닐까요?

우리 헌법에는 모든 국민이 누려야 할 권리의 목록이 구체적으로 보장되어 있습니다. 이를 두고 국민의 생활을 획일적으로 규제한다고 이야기하는 사람은 없습니다. 학생인권조례도 마찬가지입니다. 학생인권조례는 모든 학생이 누려야 할 권리를 구체화함으로써 학교가 고려해야 할 '공통의 기준'을 세우고자 합니다.

학생인권조례와 학교 단위의 자율성은 대립하는 개념이 아닙니다. 학교 단위의 자율성은 분명 보장되어야 합니다. 학생인권조례가 학교 단위의 자율성을 침해하는 내용까지 포함되지 않도록 숙고에 숙고를 거듭해야 할 이유입니다. 마찬가지로 학교 단위의 자율성이 무제한적으로 보장되어야 하는 것은 아닙니다. 교칙 제정 등 학교 단위의 자율권은 자치법규인 학생인권조례가 제시하는 규범 범위 내에서 행사되어야 합니다. 결국 학생인권조례는 각 단위 학교의 자율성을 침해하지 않는 범위 내에서 제정되어야 하고, 단위 학교의 자율성 역시 학생인권조례의 규범을 침해하지 않는 범위 내에서 행사되어야 할 것입니다.

학생인권조례의 내용 중에는 구제기구 설치도 포함될 것으로 예상됩니다. 학교 바깥에 구제기구를 만들어 놓으면 학교 안에서 조용히 대화로 해결될 수 있는 문제들까지 밖으로 알려져 학교가 시끄러워지지 않을까요?

인권이 실질적으로 보장되려면 인권을 침해당했을 때 호소할 수 있는 의지처가 있어야 합니다. 적절한 구제장치가 없는 인권은 종이호랑이에 불과합니다. 법원이나 국가인권위원회 등 각종 권리구제기구들이 설립된 이유도 이러합니다. 학생인권도 마찬가지입니다. 학생이나 학생을 지지하는 교사, 보호자 등이 안심하고 신속하게 이용할 수 있는 방안이 학생인권조례에는 꼭 포함되어야 할 것입니다. 다만, 구제장치의 구체적 형태나 절차, 학교 바깥에만 설치할지 학교 안에도 설치할지 등에 대해서는 좀더 고민이 필요합니다. 경기도학생인권조례제정위원회는 남은 기간 동안 이 문제에 대해 깊이 고민하고 학교 현실에 맞는 실효성 있는 방안을 찾아볼 것을 약속드립니다.

학생인권 문제가 발생했을 때 학교 안에서 자체적으로 문제가 신속히 해결되고 재발 방지 조치가 취해진다면 두말할 나위 없이 칭찬 받을 일입니다. 학생인권조례가 제정된다고 해서 학교 안에서의 자발적인 해결 노력이 제한되는 것은 아닙니다. 다만, 학교 안에서 문제 해결 방안을 찾기 어려운 조건이거나 사건이 숨겨지거나 축소될 경우를 대비하고, 학교 안에서의 문제 해결을 지원할 수 있는 공적(公的) 기구는 요구됩니다.

학생인권이 존중되는 바람직한 학교를 만들어가는 과정은 새로운 질서를 형성해가는 과정인 만큼 일부 혼란이 불거질 수 있습니다. 그러나 그러한 혼란은 변화에 따른 과도기적 현상에 그칠 것입니다. 또한 그 혼란을 좀더 빠른 시일 내에 정리하기 위해서도 학교 밖 권리구제기구의 지원이 필요합니다. 학생인권 구제기구의 존재를 혼란을 야기하는 훼방꾼이라고 보지 마시고 학생인권 보장을 지원하는 협력자라고 보시면 어떨까요?

제3부

인성교육을 넘어 인권교육으로

제6장
인권교육의 개념과 인권교육의 실태[1]

1. 인권교육의 개념

학생인권을 신장시키고 보장하기 위한 일련의 교육적 행위를 인권교육이라 할 수 있다. 인권교육은, '인간이 가진 기초적이고 보편적인 권리로서 자신이 가진 권리를 알고, 인권을 존중하고 보호하기 위한 행동양식과 기술, 그리고 인권을 존중하는 태도의 형성을 동시에 추구하도록 하기 위한 일체의 교육적 노력'으로 정의된다(구정화 외, 2004: 17). UNDHRE(UN Decade for Human Rights Education, 1994. 12. 23)은 '아래의 목표에 도달하기 위해 필요한 지식과 기술의 전달 및 태도의 형성을 통하여 보편적인 인권 문화를 건설하는데 목적을 둔 훈련, 보급 및 전달의 노력'이라고 인권교육을 정의하면서, 다음과 같은 목표를 설정하고 있다(구정화 외, 2004: 18-9; 한홍구, 2003: 1-3).

---

1) 본 장은 대국민인권의식조사(2011, 2016)에서 인권교육에 해당하는 부분을 발췌, 재구성한 것임을 밝힙니다.

- 인권과 기본적인 자유에 대한 존중의 강화
- 인격과 인간 존엄성의 완전한 발전 추구
- 모든 국가, 선주민, 인종 지역, 민족, 종교 및 언어 집단 간의 이해, 관용, 성의 평등 및 우호관계의 증진
- 모든 사람의 효과적인 참여, 평화 유지를 위한 UN 활동의 증진

이러한 인식 위에, 인권교육은 인권에 대한 교육, 인권을 통한 교육, 인권을 위한 교육을 포괄하는 개념이라 할 수 있다(안경환, 2005: 204−5). 사실 학교 현장에서 인권교육은 인성 교육 혹은 윤리 교육 등 지식의 교수와 학습의 범주를 넘어서지 못하고 있는 것이 사실인데(이종태, 2005), 인권교육에 대한 이해와 수용성, 그리고 인권의 사회적 실천과 실질적 보장에 의해 이러한 교육의 의미와 효과가 검정될 수 있을 것이다(한홍구, 2003: 2).

인권교육은 '형식적, 비형식적 교육 범주를 모두 포괄하는 열린 교육 활동으로 간주되어야 하며, 관련 지식, 기능뿐만 아니라 태도와 가치, 인권침해에 관한 비판적 안목과 민감성을 함양하는 데 역점을 두어야' 한다(최윤진 외 2004: 276−7). 또한 인권이 인간의 최소한의 보편적 표준으로 작용하면서 사회의 다양한 변화를 합리화하고 조정하는 기준이 될 수 있다는 데에 인권교육의 의의를 두고 있다(한홍구, 2003: 5−8).

2. 인권교육은 어느 정도로 실시되고 있는가?

가. 2006년 중등학생실태조사 결과

중등학생을 대상으로 한 인권실태조사(한국교육개발원, 2006)에서 인권교육은 중요한 조사 항목이었다. 학교 내 인권교육의 실태는 크게 두 가지 항목으로 나누어 조사되었다. 첫째, 인권교육에 대한 학생과 교사의 인식을 알아보기 위하여 인권 수업에 대한 필요성, 현재 교육 과정에 인권교

육이 반영되어 있는지의 여부, 학교에서 인권에 관한 수업을 실시할 경우의 참여 의사를 물어보았다. 둘째, 개별 학교의 인권교육 실태를 알아보기 위하여, 학생, 학부모, 교사에게 학교 내외에서 인권에 대한 수업을 듣거나 학습에 참여한 경험이 있는지, 그리고 만약 참여 경험이 있다면 인권 학습의 내용은 무엇이었는지 알아보았다.

아래 그림은 인권교육에 대한 의식을 하위 3개 문항을 통해 물어본 결과이다. 세 문항 모두에서 학생과 교사는 서로 다른 반응을 보이는 것으로 나타났다. 첫째, 학교에서의 인권 수업을 진행하는 것에 대한 필요성에 대해서는 학생보다는 교사가 더 필요하다고 생각하고 있다.

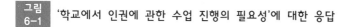

그림 6-1 '학교에서 인권에 관한 수업 진행의 필요성'에 대한 응답

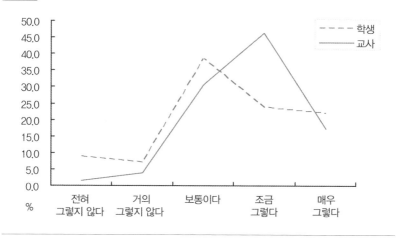

둘째, 현재 교육 과정에 인권에 대한 교육 내용이 반영되어 있는지를 묻는 문항에는 교사가 학생 집단보다 더 높은 반응을 보였다. 즉, 현재 교육 과정에 인권 관련 교육 내용이 반영되어 있다고 생각하는 교사들이 학생보다 더 많았다. 셋째, 학교에서 인권에 관한 수업을 실시할 경우, 학생보다는 교사가 더 높은 참여 의사를 보였다. 흥미로운 것은 일반계 고등

학교, 실업계 고등학교, 중학교의 순으로 인권교육의 필요성을 많이 느끼는 것으로 나타났다. 즉, 고등학생들이 중학생보다 인권교육의 필요성을 많이 느끼고 있다.

그림 6-2 '현재 교육과정의 인권 반영 정도'에 대한 응답

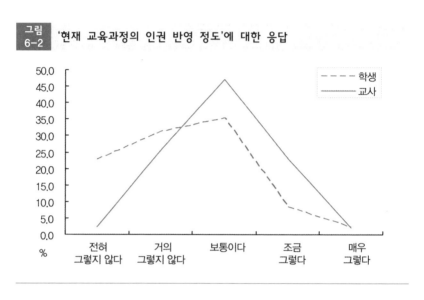

그림 6-3 '학교의 인권 수업에 참여 의사'에 대한 응답

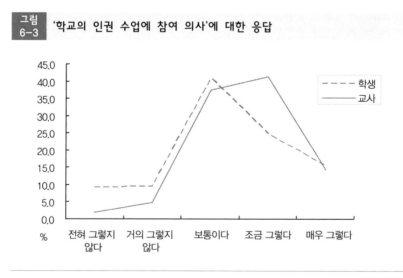

중등학교의 교사들은2) 과반수가 넘는 교사들이, 이미 교육 과정을 통해서 혹은 특정 학습시간을 통해서 인권교육을 실시한다고 보고하고 있다(이명준 외, 2000: 110). 이 연구에 의하면, 6차 교육 과정과 현행 7차 교육 과정에 과목별로 인권 관련 내용이 포함되어 있음을 알 수 있다. 물론 명시적인 과정으로 인권교육 과정이 설치되어 있는 것은 아니지만, 인권 관련 내용은 학교 교실에서 다양한 내용과 방식을 통해 가르칠 수 있도록 되어 있다. 그러나 중등학교 교사들은 명시적 교육 과정에 인권 관련 내용이 포함되어 있는지에 대해서는 전반적으로 잘 인지하지 못하고 있었다.

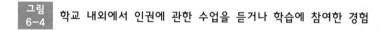

그림 6-4 학교 내외에서 인권에 관한 수업을 듣거나 학습에 참여한 경험

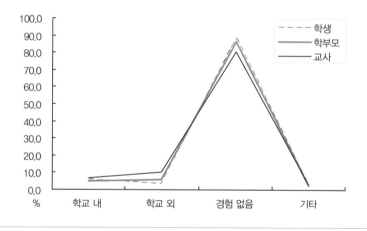

학생, 학부모, 교사에게 인권에 관한 수업을 듣거나 학습에 참여한 경험이 있는지에 대해 질문한 결과, 세 집단 간에 유의미한 차이를 보였다. 이 차이는 학생·교사, 학부모·교사 간 차이로써, 교사들이 다른 두 집단에 비해 인권에 대한 교육에 참여한 경험이 조금 더 많은 것으로 나타났

---

2) 중학교 경우는 54.8%, 고등학교 경우는 61.2%의 교사들이 인권 관련 내용을 가르친 적이 있다고 보고하고 있다.

다. 하지만 세 집단 모두 참여 경험이 없다는 응답이 80% 이상(학생: 6,668명, 88.2%, 학부모: 906명, 86.5%, 교사: 860명, 80.4%)으로 나타나 향후 학교에서 학생인권에 대한 교육을 보다 적극적으로 실시해야 할 것으로 보인다.

나. 대국민인권의식조사(2011, 2016)

2016년도에 조사한 대국민인권의식조사 중 학생인권실태조사 결과를 바탕으로 인권교육의 현재 모습을 확인해 볼 수 있다. 학생들을 대상으로 한 인권교육의 경험 여부를 물어본 결과, 인권교육을 받은 적이 있다고 응답한 비율이 76%에 이르는 반면, 받은 적이 없다고 응답한 비율은 9.2%를 보이고 있어, 학생들 사이에서 인권교육이 비교적 널리 확산되어 있다고 볼 수 있다. 성별과 학교급에 따라서도 약간의 차이는 있지만 남학생과 여학생, 초등학생과 중학생의 모든 집단에서 70% 이상이 인권교육을 받은 적이 있다고 응답하고 있어, 성별과 학교급에 따른 인권교육 경험의 차이가 현격하게 나타나지는 않는 것으로 보인다.

표 6-1 인권교육 경험 유무

(단위: %)

구분	받은 적 있다	받은 적 없다	잘 모름
전체	76.0	9.2	14.8
성별			
남자	74.7	11.1	14.2
여자	77.6	7.1	15.4
학교급			
초등	79.5	7.6	12.9
중등	72.3	11.0	16.7

표 6-2 인권교육 경로(인권교육 받은 학생만 응답)

(단위: %)

구분	선택 비율
1) 정규수업시간(학교)	81.1
2) 창의활동(재량, 특별활동)	7.5
3) 조회, 종례시간(학교)	2.9
4) 학교 이외의 단체, 기관	6.1
5) 기타	1.9
무응답	0.5
계	100

표 6-3 인권교육 경로(인권교육 받은 학생만 응답, 집단별)

(단위: %)

구분	전체	성별		학교급	
		남	여	초등	중등
1) 정규수업시간(학교)	81.1	80.9	81.2	84.2	77.5
2) 창의활동(재량, 특별활동)	7.5	6.5	8.6	6.8	8.4
3) 조회, 종례시간(학교)	2.9	4.2	1.5	2.7	3.1
4) 학교 이외의 단체, 기관	6.1	6.0	6.1	3.6	8.9
5) 기타	1.9	1.4	2.5	2.3	1.6
무응답	0.5	0.9	0.0	0.5	0.5
계	100	100	100	100	100

인권교육을 받은 학생들만을 대상으로 인권교육을 받은 경로에 대해 물어본 결과, 학교에서의 정규수업시간에 인권교육을 받았다고 응답한 비율이 81.1%에 이른 데 비해, 나머지 항목들에 대해서는 모두 10% 미만의 응답률을 보였다. 학교 내 인권교육은 재량 활동 시간에 7.5%, 학교 이외의 단체 및 기관에서의 인권교육은 6.1%에 머무르고 있음이 발견되었다. 이는 학생들을 대상으로 한 인권교육이 학교 안에서 이루어지는 정규 교과과정에 크게 의존하고 있다는 것을 보여준다.

인권교육을 받은 활동이나 장소의 유형은 성별과 학교급에 있어서도 두드러지는 차이가 발견되고 있지는 않다. 다만 초등학생이 중학생에 비해 학교 수업에서 인권교육을 받았다고 응답한 비율이 조금 더 높고(초등학생 84.2%, 중학생 77.5%, 6.7%P 차이), 중학생들의 경우 초등학생에 비해 학교 이외의 단체 및 기관에서 인권교육을 받았다고 응답한 비율이 조금 더 높았다(초등학생 3.6%, 중학생 8.9%, 5.3%P 차이).

인권교육을 받은 학생들을 대상으로 하여, 인권교육이 실질적으로 도움이 되었는지의 여부를 물어본 결과, 73.5%가 도움이 되었다고 응답하였다. 성별에 따른 차이를 보면 남학생은 77.2%가, 여학생은 69.5%가 도움이 되었다고 응답하고 있어, 남학생이 7.7%P 더 높았다. 이는 인권교육에 대한 만족도에서 남학생과 여학생 간의 차이가 있음을 보여주는 것이라 풀이할 수 있다. 학교급에 따라서 보면 초등학생의 75.6%, 중학생의 71.2%가 도움이 되었다고 응답하고 있어 4.4%P 차이를 보여준다.

표 6-4 인권교육의 효과에 대한 평가(인권교육 받은 학생만 응답)

(단위: %)

구분	도움이 되었다			보통이다	도움이 되지 않았다			잘 모름
	전체	매우	다소		전체	별로	전혀	
전체	73.5	36.2	37.4	14.8	3.6	2.7	1.0	8.0
성별								
남자	77.2	41.9	35.3	13.5	3.7	2.3	1.4	5.6
여자	69.5	29.9	39.6	16.2	3.6	3.0	0.5	10.7
학교급								
초등	75.6	41.2	34.4	14.5	1.4	0.9	0.5	8.6
중등	71.2	30.4	40.8	15.2	6.3	4.7	1.6	7.3

인권교육의 필요성에 대한 인식의 정도는 79.9%에 해당하는 학생들이 필요하다고 응답한 점이 두드러진다. 이러한 입장은 성별과 학교급에 있어서도 큰 차이가 나타나지 않음을 확인할 수 있다.

표 6-5 **인권교육의 필요성에 대한 인식 정도**

(단위: %)

구분	필요하다			보통이다	필요하지 않다			잘 모름
	전체	매우	다소		전체	별로	전혀	
전체	79.9	46.5	33.4	12.2	2.4	1.7	0.7	5.5
성별								
남자	78.1	47.6	30.6	12.5	2.4	1.7	0.7	6.9
여자	81.9	45.3	36.6	11.8	2.4	1.6	0.8	3.9
학교급								
초등	79.1	49.3	29.9	12.2	2.9	1.4	1.4	5.8
중등	80.7	43.6	37.1	12.1	1.9	1.9	0.0	5.3

표 6-6 **교과서 내 인권 관련 내용에 대한 교사의 지도 태도**

(단위: %)

구분	매우 열심히 알려주셨다	열심히 알려주셨다	간단히 알려주고 넘어가셨다	그냥 넘어갔다	잘 모름
전체	31.2	47.2	12.5	1.1	7.9
성별					
남자	31.3	46.5	13.2	0.7	8.3
여자	31.1	48.0	11.8	1.6	7.5
학교급					
초등	36.3	48.6	8.6	1.1	5.4
중등	25.8	45.8	16.7	1.1	10.6

학교 내에서 이루어지는 인권교육의 주체로서 교사들이 교과서에 수록된 인권 관련 내용을 지도하는 것에 대한 평가를 물어본 결과, 열심히 알려주었다는 평가가 전체 응답자의 78.4%(31.2+47.2)에 달했다. 이러한 평가는 남학생과 여학생 사이에서도 큰 차이를 보이지 않고 있으나, 초등학생과 중학생 사이에서는 평가의 차이가 나타난다. 초등학생들은 84.9%(36.3+48.6)가 열심히 알려주었다고 평가한 반면, 중학생들은 71.6%(25.8+

45.8)가 열심히 알려주었다고 평가하여 학교급에 따라 13.3%P의 차이를 보였다.

학생들을 대상으로 시행되는 학내 인권교육이 실질적으로 인권에 대한 학생들의 태도 변화를 가져왔는지 여부를 평가하기 위해, 3개의 항목을 제시하며 인권교육을 받기 전과 후의 학생들의 태도 변화를 파악하였다. 항목들은 각각 '우리 반 친구들은 서로의 인권을 보호해주려는 태도를 갖게 되었다.', '나는 다른 사람들의 인권을 보호해주려는 태도를 갖게 되었다.', '내가 소중한 존재라는 것을 알게 되었다.'로 구성되었다. 인권에 대한 교육이 학생들의 태도 변화에 미치는 영향을 파악한 결과, 학급 친구들이 서로의 인권을 보호하려는 태도를 갖게 되었다는 항목에 대해 그렇다고 응답한 비율은 44.5%였으며, 응답자 본인이 타인의 인권을 보호하려는 태도를 갖게 되었다는 문항에 대해 그렇다고 응답한 비율은 58.7%였다. 마지막으로 내가 소중한 존재라는 것을 알게 되었다는 주장에 대해 그렇다고 응답한 비율은 73.1%로 3개 항목 가운데 가장 높은 비율을 보였다. 이는 학생들을 대상으로 이루어지는 학내 인권교육이 학생들의 자아 존중감을 향상시키는 데 큰 효과가 있다는 점을 시사한다.

표 6-7 **인권교육 후 인권에 대한 태도 변화**

(단위: %)

구분	그렇다			보통이다	그렇지 않다			잘 모름	평균 (5점)
	전체	매우	다소		전체	다소	전혀		
1) 우리 반 친구들은 서로의 인권을 보호해주려는 태도를 갖게 되었다	44.5	19.0	25.5	33.6	12.4	9.6	2.8	9.6	3.5
2) 나는 다른 사람들의 인권을 보호해주려는 태도를 갖게 되었다	58.7	28.4	30.3	29.9	4.6	3.5	1.1	6.8	3.9
3) 내가 소중한 존재라는 것을 알게 되었다	73.1	51.5	21.6	18.6	3.7	2.8	0.9	4.6	4.3

인권교육이 인권에 대한 학생들의 태도 변화에 미치는 영향을 성별과 학교급에 따라 살펴본 결과에서 주목할 만한 부분은 여학생들이 남학생들에 비해 인권교육의 효과를 낮게 평가하는 경향이 있다는 점이다. 인권교육이 학급 친구들의 인권의식 개선(남학생 48.6%, 여학생 39.8%, 8.8%P 차이), 학생 본인의 인권의식 개선(남학생 60.8%, 여학생 56.3%, 4.5%P 차이), 자아 존중감 고취(남학생 76.7%, 여학생 68.9%, 7.8%P 차이)라는 세 가지 측면에 있어서 여학생들이 남학생들보다 인권교육의 효과를 체감하는 비율이 더 낮게 조사되었다. 학교급에 따른 차이에서 주목할 부분은 인권교육이 자아 존중감을 고취한다는 측면에 있어서, 8.1%P의 차이를 보이며 초등학생들이 중학생들에 비해 그 효과를 크게 체감하였다고 응답했다(초등학생 77%, 중학생 68.9%)는 점이다.

표 6-8 인권교육 후 인권에 대한 태도 변화(집단별 평균)

(단위: %)

구분	전체 (그렇다)	성별		학교급	
		남	여	초등	중등
1) 우리 반 친구들은 서로의 인권을 보호해주려는 태도를 갖게 되었다	44.5	48.6	39.8	43.5	45.5
2) 나는 다른 사람들의 인권을 보호해주려는 태도를 갖게 되었다	58.7	60.8	56.3	57.9	59.5
3) 내가 소중한 존재라는 것을 알게 되었다	73.1	76.7	68.9	77.0	68.9

　2016년도의 조사에 따르면 일반적으로 학교에서의 인권교육은 이전에 비해 많이 증가한 것이 분명해 보인다. 이는 2011년 대국민인권의식조사 결과와의 비교에서도 분명하게 드러난다. 인권교육을 받았는지 여부를 물어본 설문의 결과 2011년에는 46.%에 해당하는 초등학생들과 53.0%의 중학생들이 '받은 적 있다'고 응답한 반면, 2016년에는 초등학생들 사이에서 33.5%P 증가한 79.5%가, 중학생의 경우에는 19.3%P 증가한 72.3%의 학생들이 인권교육을 받았다고 응답하였다. 인권교육을 받은 학생의 수가 대폭 증가한 것이다.

그림
6-5 인권교육 경험을 받은 적이 있는 학생

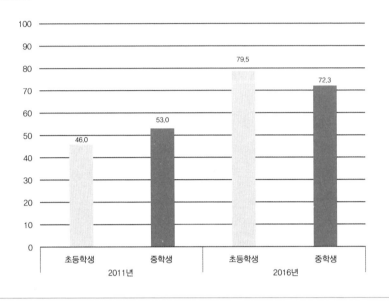

즉, 인권에 대한 전반적인 인식의 개선은 인권교육의 증가와 깊은 관련이 있다고 볼 수 있다. 앞서 살펴보았던 인권에 대한 전반적인 인식의 개선은 인권교육의 증가와 깊은 관련이 있다.

3. 인권교육, 현실 속 이상을 향한 대화적 몸부림

중등학교의 학생인권에 대해서, 교사는 높은 인식과 달리 실제 모순된 인권침해 행위가 많았고, 학부모의 경우에는 공부와 성적 때문에 자녀들의 인권을 침해하는 이중적 행동을 보여주었다. 중등학생의 경우 첫째, 자신들의 일상적 학교생활에서 인권을 인식하는 정도가 교사와 학부모에 비해 낮았고, 둘째, 자신의 인권이 침해되었음에도 불구하고 소극적으로 대응하고 있으며, 셋째, '공부 때문에' 인권을 제한하는 것은 어쩔 수 없다는 태도를 견지하고 있다. 따라서 넷째, 자신들의 인권을 지키고 신장시킬 수 있는 방안들을 찾는 데 소극적이다.

이상에서 살펴본 것처럼, 중등학교에서 학생인권은 교사와 학부모에 의해서, 그리고 학생 스스로에 의해서 심각하게 침해되고 있음을 알 수 있다. 설문조사의 대상이었던 학생, 교사, 학부모들의 낮은 학생인권 의식과 다양한 인권침해 실태의 내용은 고스란히 인권교육의 부족에 기인해 있음도 확인할 수 있다.

아이들이 인권에 대한 개념을 잘 알고 있지 못하는 것이 사실이다. 그동안 학교교육에서 인권교육이 제대로 이루어지지 않았기 때문이다. 아이들은 자기들이 억압되어 있다고 생각했고 그걸 인권의 개념을 통해서, 인권의 시각을 통해서가 아니라, 다른 형태의 행위로 자기들이 억압되어 있다는 것을 느끼고 표출시켜 왔다. 학교 안에서는 잦은 교사−학생 간의 충돌, 그리고 학생들끼리의 폭력적인 양상으로 억압이 표출되었다. 아이들이 인권에 대해서 교육되었더라면 그러한 억압에 대한 표출이 민주적으로 서로 토론하고 합리적인 해결책을 찾을 수 있었을 텐데 인권교육이 없는 학생현실이 그런 결과를 낳았다라고 보고 있다.

우리는 앞에서 검토한 중등학교의 학생이 마주하고 있는 인권 실태를 통해, 학교에서의 일상적 인권침해는 자율적 주체로 인정받지 못하는 중등학생의 특수한 입장 때문이라는 점을 지적한 바 있다. '좋은 학교'로의 진학이라는 중등학생의 현실적 목표는, 인권적 시각에 기초한 상호 존중의 관계가 형성되는데 큰 장애로 작용하고 있음을 확인할 수 있었다.

1994년 유엔은 '인권교육 10개년 계획'을 선언하고[3], 이를 바탕으로 각

---

3) UN 인권교육 10개년 계획의 내용은 인권교육의 기본적인 목적, 원칙, 교육활동을 담고 있다. 이에 따르면, 인권교육은 "인권과 기본적 자유를 존중하는 가치와 태도를 습득하여 개개인의 인성과 존엄성이 충분히 습득되도록 하는 교육활동이며, 동시에 이러한 변화를 통하여 인종이나 성별, 국적, 종교나 문화 및 기타 구분에 의한 사람들 간에 차별과 편견이 종식되고 평등한 관계와 관용, 이해와 우호 및 평화가 증진되는 사회 형성에 기여하는 활동"으로 정의된다. 그리고 이를 위해 구체적인 인권교육의 하위 목적을 '인권과 기본적인 자유에 대한 존중의 강화, 인격과 인간 존엄성의 완전한 발전 추구, 모든 국가, 선주민,

국 정부는 인권교육을 교육 정책의 중요한 의제로 선택하여 실천해 왔다. 한국의 경우, 1998년 '학생인권선언'을 제정하고, 같은 해 '청소년인권선 언'을 선포함으로써 '인권교육 10개년 계획' 이행의 토대를 마련했지만, 각 인권단체의 정책 제안과 국회의원의 인권 법안의 발의에도 불구하고 여전히 인권교육의 법제화는 논의 단계에 머물러 있다.[4] 법제화를 포함한 일련의 인권교육에 대한 관심과 노력은 중등학교에서 실제 프로그램을 기획하는 단계에 이르렀다(이인규 외, 2005).

그러나 중등학교에서 인권교육은 세계 보편적 가치인 인권을 단계적으로 구현하기 위해, 단위 학교와 개별 학급이 대면하고 있는 한국 중등교육제도의 현실을 무시할 수 없다. 중등학생의 인권실태와 관련하여 긴밀히 관련된 요소들을 살펴보면, 첫째, 입시와 진학 위주의 학교 운영, 둘째, 자율성을 신장시키지 못하고 있는 교실 수업, 셋째, 학생과 교사와의 관계, 넷째, 교사의 권위와 전문성의 문제이다.

첫째, 중등학교는 입시와 진학을 현실적 목표로 삼고 있다. 심지어 직업 교육을 충실히 하도록 설립된 실업계 고등학교의 경우도 특기적성교육을 위한 보충 수업을 편성하고 야간 자율 학습을 강요하는 등 진학을 위한 교과 수업에 보다 많은 관심을 기울이고 있다.[5] 중학교와 인문계 고

인종, 지역, 민족, 종교 및 언어집단 간의 이해, 관용, 성의 평등 및 우호관계의 증진, 모든 사람의 효과적인 참여, 평화유지를 위한 유엔 활동의 증진에 도달하기 위해 필요한 지식과 기술의 전달 및 태도의 형성을 통하여 보편적인 인권문화를 건설하는 데 목적을 둔 훈련, 보급 및 전달의 노력에 두고 있다(김칠준, 2006: 22-3에서 재인용).

4) 국가인권위원회, "인권교육법제화의 필요성과 주요쟁점" 국가인권위원회 인권 단체전문가 간담회, 2006.9.13.

5) 면담에 참여한 J 농업고등학교의 경우, 3학년 학생들은 취업과 진학을 고민하되, 대부분 진학을 위해 준비하는 것으로 조사되었다. 비록 4년제 대학에 진학하는 비율은 낮지만, 높은 비율의 실업계 학생들은 2년제 기술·전문대학을 목표로 공부한다. 진학을 준비하는 학생들은 학교에서 국어, 영어, 수학 등 주요한 입시과목에 대한 수업에 초점을 두지 않기 때문에, 자율학습시간을 최대한 이용하거나 학원에 다닌다. 따라서 학교 차원에서 진학을 위한 교육과정 편성에 신경을 쓰고 지원하고자 노력한다. 또한 비록 수준은 낮을지 모르지만, 실업계 고등학교 학생을 둔 학부모의 경우 인문계 고등학교의 학생을 둔 학부모와

등학교의 경우는 실업계 고등학교의 경우보다 훨씬 강하게 학생들의 성적에 관심을 갖고 입시준비를 위한 수업을 편성한다. 학급활동, 동아리 활동, 특별활동, 학교 외 활동 등 학생의 다양한 능력과 특성을 계발할 수 있는 기회는 중등학교 고학년이 될수록 줄어든다. 주 5일제 수업은 오히려 월요일부터 금요일까지의 보충 수업 시간을 확대함으로써 학생의 자율적 학습 시간을 빼앗는 부작용을 낳고 있다. 0교시 수업을 포함한 특기적성교육인 '보충[보충 수업]'과 '야자[야간 자율 학습]'는 중등학교의 현실에서 피할 수 없는 선택인 셈이다. 더욱이 인문계 고등학교 수업의 경우, 입시와 진학을 위한 교육과정 운영은 학부모의 '간절한 바람'이며 학생 또한 반드시 겪어야 할 경험으로 받아들이고 있다.

둘째, 이러한 중등학교 체제는 교실 수업을 통해 학생의 자율성을 신장시키지 못하고 있다. 서로의 생각을 자유롭게 표현하고, 이를 실천에 옮기는 자치 활동을 통하여 학생의 자율성은 신장될 수 있다. 정해진 교과의 진도를 따라야 하고, 보다 많은 예상 문제들을 제시하고 풀어내야 하는 교사―학생의 공통적 이해관계에 따라, 교실 수업은 개개인의 의견과 이해에 맞춰 진행되지 못한다. 문해의 과정을 '의식화'의 과정으로 주장하는 프레이리의 실천교육학은[6], 여전히 대학수학능력을 키워야 하는 학생들에게는 꿈과 같은 이야기이다. '왜 한국의 학생들은 아는 것도 제대로 발표하지 못하는가', '왜 학생의 창의적 사고 수준은 낮은가' 혹은 '남의 의견을 마치 내 의견으로 여기게 되었는가?'와 같은 질문은 중등학교의 교실 수업에서 대답을 얻을 수 있을 것이다.

셋째, 여전히 중등학교에서 교사는 학생들에게 권위적인 존재이다. 일부 학생들은 일탈 행동을 통해 저항하고, 반항하면서 권위적인 존재로서의 교사를 거부한다. 신체적인 체벌을 포함한 징계권 및 학업 성적을 평가할 권한을 가진 교사는 통제할 수 있는 좋은 도구를 쥐고 있는 셈이다. 그러나 권위적인 태도를 견지한 교사들에게, 학생들은 그 권위에 순응하

마찬가지의 진학에 대한 열정을 갖고 있다.
6) 파울로 프레이리 (2002), p. 123 참조.

기는 하겠지만, 결코 교사의 권위에 굴복하지는 않는다는 점을 유의하여
야 한다. 교실에서 만나는 교사와 학생 간에 교과를 매개로 신뢰가 형성
되어야 함에도 불구하고, 오히려 권력관계만이 존재할 수 있다.

> 학생 가: 고등학교 자체가 대학가기 위한 목적지잖아요. … 근데 공감 못하
> 는 애들이 많아요.
>
> 학생 나: '너 원서 쓸 때 보자' 이 한마디면 다 쫄아요. 시키는 대로 할 수밖
> 에 없어요.

어쩔 수 없이 순응하는 교사·학생의 관계는 신뢰에 기초해 있다기보다
는 제한된 권력 관계에 바탕 해 있다.[7]

넷째, 그렇다고 교사의 권위 자체에 문제가 있는 것은 아니다. 다만 교
사의 권위는 교과 교육의 전문성에 있어야 함에도 불구하고, 현실적으로
중등학교에서 교사의 권위는 입시라는 큰 교육 체제와 이를 위한 단위 학
교의 수동적 운영에 기인하고 있다. 교사의 권위가 교과 교육의 전문성에
있어야 한다는 것은, 학생의 학습권을 최대한 보장하기 위함이고, 학생의
창의적인 사고 계발과 능력에 맞는 교수 방법을 개발하도록 하는 주요한
동인이 된다. 그러나 교사의 권위가 신체적 체벌을 포함한 징계권과 학업
평가권에 있고, 따라서 수직적 교사·학생의 권력 관계에서 학생에게 정
해진 학교 체제에의 순응만을 강요한다면 교실 수업에서 교사의 전문성
은 교과에 대한 전문적 지식과 이에 기초한 교수 방법은 교사의 역할에서
위축될 수밖에 없다.

앞으로 인권교육은 어떤 방향으로 나아가야 하는가? 인권교육은 인류
보편의 가치인 인권을 실현시켜야 한다는 이상과 현실적 문제와 고민을
나누는 대화의 통로 기능을 해야 한다. 프레이리는 대화 과정에 대해 다
음과 같이 그 특성을 정리하고 있다(프레이리 2002: 183−4).

---

7) 파울로 프레이리 (2002), 희망의 교육학, 아침이슬.

대화는 대화의 주체, 즉 대화의 당사자가 자신의 정체성을 유지할 뿐만 아니라, 정체성을 적극적으로 방어하고, 따라서 함께 성장하는 경우에만 의미를 갖는다. 바로 이런 이유 때문에 대화는 대화하는 주체들 사이의 우열을 가리지 않으며, 심지어 쫓아내지도 않고 서로 깎아 내리지도 않는다. 대화는 일방적이지도 않고 서로 우아하게 조화되는 것이다. 대화는 대화에 참여하고 있는 주체의 입장에서 볼때, 진지하고 근본적인 존중을 의미한다. 대화는 권위주의도, 순종주의도, 수동적 반응도, 방임주의도 배격한다.

결론적으로, 인권이 갖는 보편적이고 이상적인 가치는 현실 세계에서 구체적인 교육의 주체들에 의해 실천되고, 결국은 인권적 관계를 형성하도록 해야 한다.

4. 정규 교육과정으로서 인권교육이 중요하다

학생들이 지난 5년간 전반적인 인권의식에 있어 뚜렷한 향상을 보여준 결과는 학교에서 이루어졌던 인권교육의 효과라 할 수 있다. 이는 인권과 관련한 여러 개념들에 대한 인지경로에 대해 물어보는 질문에서, 수업시간 내 교과서라는 응답이 93.4%로 압도적으로 많았던 것과 상관이 있기 때문이다. 이러한 효과는 중학생보다도 초등학생에게서 두드러지게 나타난다. 이러한 분석과 함께 인권교육을 받은 학생들의 수가 2011년에 비해 2016년에 현저히 증가한 결과와 관련하여 교육과정에 인권교육을 명시적으로 제시하고, 인권교육의 방향성과 내용 체계에 대해서도 학교급에 따라 교사들에게 제시될 필요성이 제기된다. 교육과정을 가지고 실제 수업을 하는 것은 교사이고, 실제 현장에서 교사들이 인권교육을 하는 방식은 학생들의 인권 의식에 중요한 영향을 미친다. 그럼에도 불구하고 지금까지의 연구 결과에 따르면 인권교육을 어떻게 해야 할 것인지에 관련된 자료가 교사들에게 제시된 바는 미미하다고 본다. 따라서 이러한 논의와 이를 지원하기 위한 방법 등에 대한 연구와 정책이 마련되어야 할 것이다.

뿐만 아니라 수업 시간과 교과서가 학생들의 인권의식에 절대적인 영향을 미치고 있다는 결과는 그 내용에 있어서도 변화에 대한 필요성을 환기시킨다. 인권과 관련한 교육과정을 분석한 지금까지의 연구 결과에 따르면, 인권교육이 대부분 헌법과 관련하여 가르치도록 내용이 구성되어 왔다고 한다. 그러나 인권교육이 법적인 권리보다는 일상생활에서의 당연한 권리로서 접근할 수 있도록 구성된다면 학생들의 인권 의식이 일상의 생활에서 인권을 실천할 수 있는 인권적 민감성을 더욱 효과적으로 기를 수 있을 것이라 기대된다. 인권교육은 인권을 실천할 수 있도록 하고 인권의 가치와 태도를 내면화 하여 자기 삶의 방식 속에 통합되도록 하기 위한 것이기 때문이다.

이와 같이 정규 교육과정으로서 체계적인 인권교육을 위한 관련 제도의 정비가 시급하다. 유엔에서는 인권에 대해 배우는 인권교육 자체가 하나의 권리임을 강조한 바 있다. 모든 사람이 인간의 존엄성을 존중하여 폭력과 차별 등 인권침해 행위가 발생하지 않도록 하기 위해서 인권의식 함양이 필요하며 이를 목적으로 한 것이 인권교육이라는 것이다. 따라서 유엔에서는 '인권교육훈련선언'을 선포하고 2005년과 2010년에 '세계 인권교육 프로그램'을 통해 초·중등 교육기관, 고등교육기관, 공무원 및 군대 등에서 인권교육을 의무적으로 실시할 것을 권고하였으나, 2015년 인출된 인권교육지원 법안을 살펴보면 현재 우리나라는 인권교육에 대한 근거법률이 미비하여 그 권고를 따르지 못하고 있다고 한다. 본 연구 결과가 밝힌 인권교육에 대한 중요성에 대한 환기가 실제적인 제도 마련으로 이어질 수 있기를 기대한다.

제7장
인권교육, 어떻게 할 것인가?1)

1. 들어가면서

한국에서 중등학생은 대학 입시라는 목표를 향해 쉼 없는 '학업'을 강요받고 있다. 두발 규제도, 용의 복장 규정도, 0교시 수업 및 특기적성교육도, 야간 자율 학습도 '공부'와 '학업 성적'을 위해 정당화된다. 이런 규율 속에 순응하는 학생 모델을 통해 '학생다움'을 규정하고, 모든 학생들이 '학생다운' 모습과 태도를 갖출 것을 요구받는다. 또한 '학생다움'은 학생을 미성숙한 존재로 인식하고 있다는 중요한 이데올로기이기도 하다. 중등학교 학생들의 일탈적 행동은 그 일탈적인 행위의 경중을 떠나 '교육의 과정에 있는 학생'이기에 더욱 세인의 시선을 이끈다. 따라서 가혹한 신체적 체벌도, 성적에 따른 학생 간의 비교와 차별도, 사물함 및 가방 수색도 '교육적'이라는 명분으로 정당화된다.

---

1) 본 장은 경기도교육청 학생인권조례(시안) 공청회(2010)에서의 토론문을 활용하여 재구성한 것임을 밝힙니다.

경기도 교육청에서 주관하여 추진하고 있는 '학생인권조례(시안)'는 학생인권의 실태를 조사하고, 보다 실제적인 학생인권 증진을 위한 제도적 접근을 꾀하는 중요한 발걸음이라 평가된다. 본 시안을 통해서 밝혀진 바와 같이, 학생인권에 대한 인식이 낮고, 학교 내에 인권침해 사례가 일상적으로 발생하고 있고, 이를 방지하기 위한 적극적인 노력이 부족함을 발견하였다. 학교 교육의 급속한 팽창과 이를 통한 경제 및 사회 발전은 우리 교육 제도의 자랑거리일 수 있지만, 이제 '우리'를 구성하고 있는 개별 학생들의 인격과 권익을 존중하면서 능력을 계발할 수 있는 '질 높은' 교수 학습을 발전시켜야 할 것이다.

토론자는 이를 위해서 세 가지 인권증진방안을 제시하는 것으로 발표문을 작성하였다. 먼저 학생의 자율성을 신장시켜야 한다는 점, 둘째는 학생, 학부모, 교사, 지역민이 참여하는 인권교육 프로그램이 필요하다는 점, 마지막으로 중등학교 교사의 교육 전문성을 평가하고 제고할 수 있는 제도가 필요하다는 점이다.

2. 학생의 자율성을 키워야 한다

학생이 학교 및 학교 바깥의 생활을 영위하는 데 있어 자율적으로 판단하고 결정하고 행동할 수 있는 정도를 일컬어 학생의 자율성이라고 한다. 이것은 학생이 학교라고 하는 특수한 제도적 공간에서 특정한 제한을 당하기 이전에 한 인격체이기에 존중받아야 할 기본적인 특성이다. 따라서 학생의 자율성은 학생이라는 특수한 사회적 신분 이전에 인권 차원에서 보호되고 보장되어야 한다.

이에 대해 1998년에 학생인권선언제정위원회가 만든[2] '학생인권선언'

---

2) "청소년 인권운동, 길을 묻다 6 - 청소년인권운동 첫 발을 내 딛다"
http://sarangbang.or.kr/bbs/print.php?board=hrweekly&id=239(인권운동사랑방)

의 시안은 다음과 같은 내용을 포함하고 있다.

학생은 자유민주사회의 일원으로서 자신의 생각과 감정을 자유롭게 표현하고 자치적인 모임을 결성할 자유를 가진다. 학생의 자유와 권리에 관련된 학교의 정책을 결정하는 과정에 있어 학생들의 합리적인 의견은 존중되어야 한다. 학생의 자유와 권리는 법령 또는 교육적으로 반드시 필요한 경우에 제한할 수 있으나, 제한하는 경우에도 자유와 권리의 본질적인 내용을 침해해서는 아니 되며, 학생의 자유와 권리는 인권선언에 열거되지 아니한 이유로 침해되거나 경시되지 아니 한다.

그러나 학생들은 아직 미성년이라는 이유로 학교에서 자율적인 존재이기를 거부당하고 있다. 미성년이라는 단어를 통해 학생들을 '배움의 과정 중에 있는 존재'로 규정함으로써, 학교뿐만 아니라 가정이나 사회생활 모든 영역에서 학생 스스로 주체로 서지 못하도록 한다. '법률적인 권리의 주체로서는 물론이고 스스로 생각할 권리와 생각을 표현할 기회조차 가지고 있지 못하다. 이런 현실은 학생들이 어떤 상황에서 가치 판단이나 도덕적인 결정을 할 수 있는 능력을 가지지 못하게 하고 있다(한만중 2005: 7).'

초등학교 수준 이하의 교육기관에서 학생을 미성숙한 '아동'으로 규정하고 통제와 관리의 대상으로 보고 있듯이, 중등학교에서도 학생들은 여전히 통제와 관리의 대상으로 인식되고 있다(최윤진 & 이우경, 2000; 신현직 2004). 초등학교와 대학 등의 고등교육기관에 있는 학생들과 교육적 관계를 비교해 볼 때, 중등학교의 학생들은 초등학생에 보다 가까운 수준으로 인식되고 있다. 물론, 중등학교 기간 동안 급속한 신체적·정서적 발달의 과정을 겪기 때문에, 초등학교 수준의 교육적 관계를 넘어서는 통제와 관리 방법을 도입해야 한다는 필요성과 인식에는 모두 공감하고 있다. 그러나 중등학교에서 교사들의 이러한 인식만큼 태도의 변화와, 행동의 변화 및 적극적 지원은 이루어지고 있지 않은 상황이다.

학생을 미성숙한 존재로 인식하는 사회적 통념과 함께 학생을 보는 또 다른 시각은 '학생다움'의 기준이다. 앞서 논의한 바와 같이 '학생다움'은 어떤 명시적인 기준에 의해서 정해진다기보다는, 사회 통념에 기댄 일방적 가치로 볼 수 있다. 즉, '학생다움'은 기성세대의 입장에서의 이데올로기를 대변하는 가치라고 할 수 있다. 미성숙한 존재로 학생의 사회적 지위를 규정하고 있는 사회 통념과 함께, 학생의 기대와 생각이 배제된 '학생다움' 이데올로기는 학생의 자율성을 인정하지 않으려는 '성인' 사회의 권위주의적 고집을 형성하고 있다.

앞서 학생의 자율성에 대한 개념을 간단히 소개했는데, 중등학교에서 학생의 자율성은 다양한 방식으로 표출될 수 있다. 먼저 학생 자치 활동을 통해서 자율성을 표현하고 신장시킬 수 있다. 학생회 및 동아리 활동 등을 통한 학생 자치 활동은 학교 교육이 궁극적으로 성취하고자 하는 목표와 일치한다. (사실 폐기되기는 했지만,) 민주노동당 최순영 전 의원의 발의로 제안되었던 '학생인권법(안)'은 학생회 조직 및 활동의 법제화를 주요한 골자로 포함하고 있다. '미성숙'한 학생은 학교와 교사와는 차원이 다른 '학생'이므로 그들의 의견은 그다지 존중될 만한 가치로 받아들여지지 않고 있다. 그러나 학생들은 자신들의 자율적인 자치 활동을 통해서 학교의 문제들을 합리적인 방식으로 해결할 수 있다는 것을 증명하고 있다. 학생들에 의한 문제해결방식은 권위적이지도, 일방적이지도 않다. 만약 그러한 부분이 있다면 성인들의 문제해결방식을 보고 따라하는 것이라고 보여진다. 이 과정에서 교사들은 합리적인 방향으로 회의가 진행될 수 있도록 자문하는 역할을 담당한다. 학생의 자율성은 지속적인 자치 경험을 통해서 신장될 수 있다.

둘째, 학습 환경, 학습 내용 및 교수의 질에 대한 평가를 통해서 학생의 자율성을 표현할 수 있다. 현재 중등학교의 학생들은 자신의 학습 내용 및 학습 환경, 그리고 교수의 질에 대해서 평가할 수 없다. 따라서 학생은 학교의 실질적인 주체라고 지칭되고 있지만, 학습과 관련된 실질적인 의사 결정 과정에 참여할 기회가 전혀 주어지지 않고 있다. 시범적으로 이루어지고 있는 교원 평가와 함께, 단위 학교별로 학습 환경에 대한 평가 지표가 개발됨으로써 학생들의 평가를 통하여 학생들의 주체적 자율성은 신장될 수 있을 것이다.

셋째, 0교시 수업을 포함한 보충 수업, 방과 후 학교 프로그램, 그리고 '자율 학습'에 실질적인 학생의 판단을 존중해야 한다. 소위 '자율 학습'은 학생의 자율적인 판단에 의해서 참여하도록 해야 하며, '보충 수업'은 '보충 학습'을 필요로 하는 학생들의 요구에 의해서 진행되어야 한다. '자율 학습'이 학생의 자율이 아니라 학교 측의 규율에 따른 학생 통제 수단으로 남아있다면, '자율 학습'은 여전히 '타율'과 '강제'에 의한 수업의 연장일 수밖에 없다. '자율 학습'이 말 그대로의 학생의 자율적인 학습이 된다면 결국 학생의 자율적인 판단력과 책임 있는 행동을 이끌 것이다. 학생들은 '자율적 판단'에 의한 행동과 '타율에 따른 강제적 이행' 간의 차이를 충분히 인식할 수 있는 능력을 가지고 있다. 자신의 자율적 판단이 무시되고, 자신의 개별적 취향에 따른 학습이 불가능한 체제에서 학생의 능동적이고 적극적인 태도는 소극적이고 수동적이며, 더 나아가 반항적인 방향으로 바뀌어 갈 것이다.

넷째, 합의된 규정을 어긴 경우에, 혹은 일탈 행동을 한 경우에 이에 대한 합당한 책임을 감당하는 과정을 통해 학생의 자율성이 신장될 수 있을 것이다. 중등학교의 경우 학생의 인권이 심각하게 침해되는 것과 마찬가지로 교사의 인권도 지켜지고 있지 않은 실정이다. 이를 두고 학생인권만을 주장할 것이 아니라, 교사의 인권도 보호되고 신장될 수 있는 균형적인 방안을 찾아야 한다는 연구도 있다(조상희, 1986). 민주적인 과정을 통해서 공동으로 만들어진 학교생활규정을 지키지 않거나 일탈적인 행동을 통해서 학교 공동체를 위협하는 학생의 행동은 합리적인 과정을 통해서 합당한 책임을 지워야 한다. 자신의 인격적 지위는 타인의 인격을 존중하는 가운데 존중될 수 있기 때문이다.

다섯째, 부당한 대우를 받거나 불합리한 상황에 처했을 때, 합리적인 절차를 거쳐 자신의 의견을 제시할 수 있는 과정을 통해 학생의 자율성은 고양될 수 있다. 정해진 규정을 어김으로써 일탈적인 행동을 한 경우는 이에 합당한 책임을 지워야 한다. 그러나 몇몇 사례를 통해서 볼 때, 학생에 대한 처벌은 학교 측의 일방적인 입장을 반영하고 있거나, 합리적인 과정을 통해서 결정된다기보다는 교사의 감정적인 반응의 결과인 경우가 많다. 학생에 대한 처벌은 그 행위의 과중을 따져 민주적이고 합리적인 과정을 통해서 결정되어야 한다. 이는 학생의 과오와 이에 대한 처벌이 학생의 미래에 어떤 방식으로든 큰 영향을 주기 때문이다. 따라서 학생은 자신의 행동에 대해 충분히 변호할 수 있는 기회가 주어져야 하며, 이는 모든 학교의 주체들이 공감할 수 있는 수준의 합의에 이르게 할 것이다. 한 인격체의 자율성은 자신의 자율성과 이에 기초한 인권이 존중되는 경험을 통해서 신장될 수 있을 것이다.

3. 학생, 학부모, 교사, 지역민이 참여하는 인권교육 프로그램이 필요하다

중등학교의 인권교육은 학생의 인권을 신장시킬 뿐만 아니라, 학교의 모든 주체들의 인권이 보호되고 신장될 수 있는 것이어야 한다. 학생의 인권을 세상의 이야기로 꺼내놓는 것만으로도 우리나라의 중등학교가 '긴장'하는 현 실태는 변화되어야 한다. 사실 학교 제도 속에서 체계적인 인권교육을 실시해야 함을 주장한 많은 연구 보고에도 불구하고, 경기도 교육청에서 주관한 실태 조사 및 학생인권조례(시안)에서 밝히고 있는 것처럼, 제대로 인권교육이 실시되고 있는 중등학교가 드문 상황이다. 학교의 제 주체들(학생, 교사, 학부모 등)이 학생인권에 대한 인식 면에서 현저히 낮은 것을 보고하고 있다. 또한, 현재와 같은 입시 문화가 팽배한 한국 사회에서 중등학교 6년 동안은 어쩔 수 없이 학생의 인권은 제한될 수밖에 없음을 고백하고 있다.

이런 상황에서 현재 추진 중인 인권을 중심으로 한 교과서 개발이나 정규 교과목으로 인권교육을 한다는 것은 획기적인 사건으로 여겨지면서도 그 실효성에 의문을 제기하지 않을 수 없다. 마치 입시와는 상관관계가 적은 교과목이 중등학교에서, 주요한 입시 교과목으로 대체되어 진행되듯, 인권교육도 비슷한 경우에 처해지지 않을까 하는 우려 때문이다. 따라서 인권교육과 관련하여 다음과 같은 방향을 원칙으로 제시할 수 있을 것이다.

첫째, 인권교육은 학생뿐만 아니라 교사, 학부모, 지역 사회가 참여하는 학습 활동이어야 한다. 문해 학습이 단지 글자를 읽고 쓰는 것에 그치는 것이 아니라, 세계를 읽고 이해하는 의식의 전환, 발전으로 이어져야 하는 것처럼, 인권교육은 개개인의 중등학교 일상생활을 꿰뚫는 시각의 전환을 가져올 수 있는 학습 활동이어야 한다. '교육적'이라는 말을 통하여 학교 규정의, 교사의 일방적이고 권위적인 모든 행동들이 정당화될 수 없다. 생활공간으로서의 중등학교는 이제 '인권적' 시각을 통해 새롭게 조명되고 성찰되어야 한다. 무엇보다 '학생인권'은 인권적 행동을 통한 실천에 의해서 경험되고 신장될 수 있을 것이다.

둘째, 학생은 책임을 감당할 수 있는 자율적 존재로서, 교사와 학교의 다른 주체들의 인권도 존중해야 한다. 중등학교의 인권교육은, 학생들에게 자신의 자율성을 신장할 수 있는 도구이자 타인의 인권을 존중할 수 있는 기회가 되어야 한다. 중등학교 교사에게 인권교육은 교과 내용과 학업 성적에 앞서는 절대적 가치여야 한다.[3] 사실 이 문제에 관하여 교사들에게는 외현적으로 평가되는 학생의 학업 성취를 포기하라는 말처럼 여겨질 수도 있다. 그렇기에 중등학교에서 학교 측과 교사는, 학생의 인권 신장을 교권에 대한 대립으로, 인권교육을 '교권 약화'로 인식하기도 한다. 그러나 교사의 입장에서도 '인간의 기본적 권리로 상정할 수 있는 것 중의 하나인 교육권은 교사의 교육권과 학생의 학습권을 모두 포함하는

---

3) 1969년에 'Tinker v. Des Moines Independent Community School District' 사건을 통해서는 학생들에게도 표현의 자유가 보장되어야 한다는 법리가 확립되었다. '학생이라고 해서 헌법적 권리로 보장받고 있는 언론 및 표현의 자유를 교문 앞에서 포기하도록 강요되어서는 안 되며 … 학생의 표현의 자유에 관한 권리가 학교 운영에 실질적이고 구체적인 방해를 하지 않고 다른 사람의 권리를 침해하지 않는 한 보장되어야 한다(배경내, 2004, "학교와 학생인권, 그리고 교사의 역할")'

포괄적인 것이고 이런 교육권이 균형적으로 행사되기 위해서 양자의 인권이 모두 보장되어야(조상희 1986; 이명준 외 2000: 90에서 재인용)' 하기 때문에 중등학교에서의 인권교육이 필요한 것이다.

셋째, 인권교육이 타인의 이해를 전제로 한 학습 활동이라면, 중등학교의 인권교육은 넓은 의미의 '타문화 이해 교육', '다문화 교육', 그리고 '평화 교육'과 접목하여 실천되어야 한다. 중등학교에서 가장 빈번한, 그리고 가장 심각한 인권침해 사례는 '학업 성적 공개에 따른 인격침해'와 '타인과의 학업 성적 비교를 통한 차별적 대우'이다. 타인에 대한 이해의 틀을 온전히 학업 성적에 의지할 때, 타인의 인권을 침해하는 것은 자연스러워 보이기까지 하다. APCEIU[4]는 인권교육을 위해 타인에 대한 이해에 기초한 다른 학습 활동과 긴밀히 연관 짓는 프로그램을 개발하고 이를 교육하고 있다. 단일한 민족으로 단일한 언어를 사용해 온 한국 사회에서 인권교육은 세계에 대한 이해를 포함할 때, 그 효과를 증진할 수 있을 것이다.

4. 교사의 교육 전문성을 평가하고 제고할 수 있는 제도가 필요하다

한국 사회의 중등학교 교실에서 교사와 학생의 관계는 여전히 수직적이다. '은행저금식 교육'의 전형이 여전히 수업 상황에서 진행되고 있으며, 학생들은 교실 수업에서 수동적이길 요구받고 있다. 수업에 대한 불만이나 개선 요구와 관련한 학생들의 의사 표현이 허용되지 않음으로 인해서, 학생들의 기본적인 학습권은 심각하게 침해되고 있다. 교실 수업 상황을 벗어나도 교사와 학생 간의 이러한 수직적인 관계는 그대로 적용된다. 학교생활과 관련하여 제안되는 학생들의 의견은, '아, 이건 네가 상관할 바가 아니야'라는 대답을 통해 무시된다.

그렇다면 인권적 학교 환경을 만드는 과정에서 교사의 역할은 어떻게

---

4) 아시아태평양 국제이해교육원(The Asia—Pacific Center of Education for International Understandings)을 의미한다.

규정되어야 하는가? 중등학교에서 학생의 자율성을 신장시키고 인권적 환경을 만드는 데 있어, 교사는 '촉진자'로서의 역할을 수행해야 한다. 한편으로, 학생은 교육의 대상으로 정해진 과목을 정해진 시간에 이수해야 하는 '미성숙'한 존재이지만, 다른 한편으로, 학생들의 개별적 관심, 주체적 판단, 자율적인 행동, 그에 따르는 책임 등 일련의 인격적 존재로 존중받아야 한다. 전자의 시각이 전제된 상황에서 후자의 시각을 선택할 수 있다기보다는, 후자의 시각을 기본적 토대로 삼아 전자의 관심을 성취하기 위해 노력해야 할 것이다. 학생들의 일탈적 행동은 이러한 맥락에서 이해될 수 있다. '미성숙'한 존재로서의 학생은 교육의 대상으로 여러 가지 잘못을 저지를 수 있다. 그러나 '교사나 부모는 아이가 어른이 되면 그 부분을 자기 스스로 잘 해결해 나갈 수 있도록 옆에서 도와주어야' 한다. 따라서 교사가 '교육'이라는 이름으로 학생을 통제와 감시의 대상으로 삼는 것은 공정하지 못하다.

교사의 체벌에 대한 논쟁은 학생의 '교육적' 성취와 '인권적' 존중 사이의 균형이 어디에 있는가에 대한 중요한 단서들을 제공한다. '교육'을 명분으로 중등학교에서 학생들은 교사의 체벌을 감내해야만 하는 존재로 살아간다. 사실 '교육적'이라는 말은 '학업 성적에 도움이 되는', 혹은 '입시에 도움이 되는'의 의미로 사용되고 있는 것이 현실이다. 한국 사회에서 과도한 입시 경쟁은, 중등단계의 단위 학교마다 학업 성적에 도움이 되는 요소들을 최대한 효율적으로 끌어 모아 교사들을 관리하고, 학생들을 통제하고, 학교 자원을 소비하도록 한다. '얼마나 잘 가르치는가'라는 교사의 질에 대한 기준은 한 번도 제대로 연구된 바 없이, '얼마나 많은 학생을 상급 학교로 (특히 이른바 명문 학교들에) 진학시켰는가'에 따라 교육의 성과가 결정되고 있다. 따라서 교사는, 학생과의 보다 인격적인 관계, 교실 수업에서 보다 효과적인 교수 방법, 지적·감성적·도덕적 성장에 필요한 교육 내용의 개발보다는, 학업 성적 향상을 통해 상급 학교로 진학시키는 것을 자신들의 역할이라고 여기고 있다. 중등학교의 학생 또한 자신들의 지적·감성적·도덕적 성장에 필요한 인권의 문제는, 입시와 현재의 학교 시스템에 의해서 제한받고 있다는 것을 인식하고 있다. 그럼에도 불구하고, 학업 성적이 향상된다면 인권이 제한되어도 좋다는 의견에 동조한다는 연구결과(박효정·유성상, 2006)에서처럼 인권침해와 학업성취도는 상관관계가 크다 하겠다.

이렇듯 중등학교 학생들은, 입시 문화에 처한 자신의 인권이 제한될 수밖에 없다는 것을 받아들이고 있다. 그러나 학생들은 이러한 수용적 태도를 이해하고 있기 때문에 받아들이는 것이 아니라, 어쩔 수 없는 상황이기 때문에 정해진 시기까지만 인내하고 있을 뿐이다. 체벌이 '필요악'이라고 이야기하지만, 이것은 현재의 경쟁적인 평가 시스템 때문에 어쩔 수 없이 학생들의 인권을 제한할 수밖에 없다는 논리 이상은 아니다. 실제적으로 학교 현장에서 체벌 없이도 얼마든지 잘 가르칠 수 있는데, 교사들은 그러한 방법을 연구해보기는 했는지 질문을 던지지 않을 수 없다.

입시 문화가 팽배한 한국의 중등학교 교사들에게 교육 전문성이 절실히 요청되는 이유가 여기에 있다. 교사들의 전문성은 학생을 얼마나 잘 통제하는가에 달려있는 것이 아니다. '자신의 교과 내용을 얼마나 잘 알고 있는가'와 '학생의 개별적 능력에 따라 얼마나 잘 가르칠 수 있는가' 하는 점이 가장 중요한 요소라 할 수 있다. 이에 교사의 교육 전문성을 제고할 수 있는 방안이 마련되어야 한다.

첫째, 교사는 학생보다 우월한 입장에서 지식을 전수하는 일방적 관계를 탈피하기 위해서라도, 현재 시범 운영 중인 '교원평가제'의 전면적 실시가 필요하다. 중등학교에서 학생들은 자신이 어떠한 교과 내용을 어떻게 학습하고 있는지 평가할 수 있어야 한다. 둘째, 교과 내용과 관련하여 교사들의 연수 및 재교육이 절실히 요구된다. 현재 교육대학원 및 교원연수기관을 통하여 현직교사들의 연수 및 재교육이 실시되고 있지만, 그 내용을 살펴보면 교과 내용을 심화하는 것이라고 보기 어려운 부분들이 많다. 셋째, ICT의 발전과 e-learning 환경의 구축으로 중등학교는, e-learning을 넘어, 소위 'u-learning' 사회를 향하고 있다. 학교 환경의 발전과 더불어 학생 개개인의 능력을 계발할 수 있는 교육 방법을 개발하는 데 교사들의 노력이 절실히 요구된다. 교과 내용을 전달하기 위하여 교과서나 부교재에 의존하기보다는, 창의적인 교수 방법을 적극 도입하되, 교수 방법 개발을 지원할 수 있는 방안을 마련해야 할 것이다.

5. 나가면서

이번에 경기도에서 추진하고 있는 학생인권조례제정 추진은 이미 이루어졌어야 하는 사안이었다. 학생인권조례를 제정하는 것은, 여전히 가야 할 길이 돌아온 길보다 많이 남아 있는 상황에서 그래도 긍정적인 측면을 찾을 수 있는 정책이라 하지 않을 수 없다. 누군가의 인권은 보호받아야 할 인권의 주체만이 의식한다고 해서 해결될 수 있는 것이 아니다. 인권 신장의 주제는 늘 소외되고 약한 자들을 대상으로 한 '운동'의 성격이 강하다. 그 이유는 스스로의 인권을 지켜내고 보호하기 위해서는 적어도 제삼자, 혹은 인권을 침해하는 주체의 반대적 행동이 있지 않으면 성사되지 않기 때문이다. 오늘 공청회에서 인권의 문제가 학생들에게서 제한되는 것이 맞는지, 혹 제한된다면 어떤 사유로 제한되어야 하는지, 그러한 사유가 정당한 근거를 갖고 있는 것인지 따져보고 논의할 수 있는 자리가 되리라 기대한다.

토론자의 시각에서 학생인권조례는, 학생이 인권문제에 있어서 소외되어 왔었다는 솔직한 고백의 표현이어야 하며, 보다 실질적인 인권을 보호하고 인권의식을 신장시킬 수 있는 장치들로 구성되어야 한다. 이 점에서 조례(안)는 이러한 장치들로 적절하게 구성되어 있다고 토론자는 평가한다. 문제는 이를 이행하고 실천할 수 있는 인권교육의 전문가와 인권을 우선시할 수 있는 운용인력이 조례(안)의 특징과 의도를 제대로 살려내야 한다는 점이다. 교육개혁과 혁신을 일구어내야 하는 큰 짐이 교실교육, 특히 교사의 역량에 달려 있듯이, 학생인권의 문제 또한 이를 제도적 실천으로 연결지어내야 하는 현장의 전문가들에게 달려있기 때문이다.

1. 인성교육진흥법의 도입배경과 내용

인성교육진흥법은 「대한민국헌법에 따른 인간으로서의 존엄과 가치를 보장하고 「교육기본법」에 따른 교육이념을 바탕으로 건전하고 올바른 인성(人性)을 갖춘 국민을 육성하여 국가사회의 발전에 이바지함을 목적으로 2015년 7월 21일 제정되었다. 인성교육은 2015년부터 발표된 인성교육진흥법에 의해 학교교육에서 보다 강조되는 모양새를 띠게 되었다. 인성교육진흥법의 내용을 들여다보면 인성교육에 대한 정의 및 인성교육의 내용으로서 핵심 가치, 덕목 등을 제시하고 있다. 이에 따른 개념을 다음 표로 정리하여 제시할 수 있다.

---

1) 본고는 1차 한국인권교육포럼에서 발표한 "패러다임의 전환: 인성교육을 넘어 인권교육으로"(국가인권위원회, 2017)의 내용을 활용하여 재구성한 것임을 밝힙니다.

| 표 8-1 | 인성교육진흥법에 따른 인성교육의 개념 및 주요 내용 |

구분	내용
개념	"인성교육이란 자신의 내면을 바르고 건전하게 가꾸고 타인·공동체·자연과 더불어 살아가는 데 필요한 인간다운 성품과 역량을 기르는 것을 목적으로 하는 교육"
핵심 가치 및 덕목	"예(禮), 효(孝), 정직, 책임, 존중, 배려, 소통, 협동 등의 마음가짐 사람됨과 관련되는 핵심적인 가치 또는 덕목"
핵심 역량	"핵심 가치·덕목을 적극적이고 능동적으로 실천 또는 실행하는 데 필요한 지식과 공감·소통하는 의사소통능력이나 갈등해결능력 등이 통합된 능력"

본 장에서는 동법의 내용으로 제시된 인성교육과 핵심 가치 및 덕목에 대한 상세한 사항을 주제로 삼아 다루지는 않을 것이다. 이미 이에 대해서는 다양한 연구들(박혜경, 2015; 김길순, 유병열, 2016; 장승희, 2016; 김영래 외, 2015)을 참고하여 볼 수 있을 것이다.

인성교육진흥법의 등장은 법적인 강제력을 동원해서라도 사회적으로 합의된 덕목을 내용으로 하는 인성교육의 목표를 달성하겠다는 한국 사회의 강한 의지 표현이라 볼 수 있다. 하지만 인성교육진흥법이 아니어도 학교교육에서 인성을 교육의 목표로 제시하여 사회적으로 합의된 덕목을 중심으로 학생들의 인성을 함양하겠다는 학교교육의 활동은 분명했다. 실제 인성교육진흥법이 발효되기 이전 시기인 2000년대 중반 이후에는 '창의–인성교육'을 정책의 화두로 삼아 학교교육과정이 변화를 모색하려 했었다. 창의–인성교육을 개념화하는 데 주요한 아이디어를 제시했던 문용린(2010)에 따르면, 창의–인성교육이란 다음과 같이 정의된다.

'21세기 글로벌 인재 양성에게 필요한 창의성과 인성을 길러주기 위하여 창의성교육과 인성교육의 독자적인 기능과 역할을 강조하면서, 동시에 두 교육의 유기적 결합을 통해서 창의성의 배양과 발휘를 촉진하는 인성과 사회문화적 가치와 풍토를 조성하고, 올바른 인성과 도덕적 판단력을 구비한 창의적 인재를 육성하기 위한 교육철학 및 교육전략이다.'

이 정의에 따르면 창의성교육과 인성교육은 서로 밀접한 상관성을 보이며 미래 인재를 양성하기 위해 전략적으로 수행되어야 할 영역으로 인식되었다. 이러한 창의인성교육이 학교현장에서 구체적으로 어떻게 이해되고, 교과 및 교과외 활동에서 적용될 수 있는지에 관한 연구가 이어졌다(박영주, 2010; 이인재·정수연, 2010; 최석민, 2013; 김형숙, 2011; 박춘성, 2010). 이들의 연구는 창의성교육과 인성교육의 개념적 모호성을 정리하려는 문제의식에서부터, 정책적으로 제시된 목표로서의 창의성과 인성을 결합, 연계하려는 방법을 개발하고, 이를 구체적으로 적용, 평가하고자 하는 것에 이르기까지 다양하다.

인성교육진흥법의 등장 바로 전에 제안되어 수행되었던 정책으로서 창의인성교육만이, 정책 수행 대상으로서 학교에서의 인성교육을 강조한 경우가 아니다. 1990년대 후반, '학교붕괴담론'(윤정일, 1999; 김성렬·고창규, 2000; 나병현, 2001; 윤정, 2003)과 2000년대 초중반을 거쳐오면서 파장이 컸던 '학교폭력담론'(예를 들어, 김준호(1997), 박효정 외(2006) 참조)은 학교에서의 교육에 기대했던 조화로운 인간의 양성이 이루어지지 못하고 있고, 이를 해결하기 위한 학생들의 '인성'에 정책적 관심을 돌리도록 했다(김주훈 외, 2003; 송연주·이상수, 2015; 정희태, 2011; 최종진 외, 2013).

2. 목적 및 내용

본 장은 '학교에서 인성교육을 발달시키려는 정책적 노력으로 인성교육진흥법이 효과적일까'라는 질문에 대해 교육사회학적으로 답변하려는 시도이다. 앞서 던진 질문과 함께 본고는 교육과 교육사회학의 학문적 영역과 문제를 정리하고, 인성교육진흥법에서 추구하는 덕목과 역량이 인성교육이라는 개념이 아닌 인권교육의 개념으로 보다 더 효과적으로 실현될 수 있다고 주장하는 데 목적을 둔다. 즉, 학교를 포함한 교육적 상황에서 제시된 (진흥법상) 인성교육의 목적은 특정한 법적 장치나 구호에 의해 달성할 수 있는 것이 아니라, 보다 구체적인 삶의 긴장과 갈등을 해결하는 경험을 통해서 달성할 수 있는 것임을 주장하려 한다.

이를 위해 교육의 개념과 교육이 사회적 가치에 대해 보이는 모호한 입장을 기술할 것이다. 인성교육은 학교교육에서 중요한 교육목표로 자리 잡고 있었으며, 비록 인성이라는 부가적인 표현이 없이도 학교의 교육은 곧 인성을 포함한 목표를 명시적으로 추구해 왔다. 그러나 아이러니하게도 명시적인 인성 함양의 장으로서 학교는 달성하려는 목표를 제대로 달성하지 못했는데, 이는 인성을 포함한 교육에 대한 기본적인 이해와 접근이 보다 기계적인 방식이었기 때문이었다. 학교에서의 교육적 활동에서 특정 가치를 다루는 인성교육이 갖는 비판 지점에 대해 논의가 이루어질 것이다.

이에 더하여 인성교육진흥법 도입과 실시를 둘러싼 학교의 인성교육은 사회학적으로 서로 상충하는 세계관의 충돌로 결코 사회적 합의가 이루어지기 어려운 부분이며, 빨리 변화하는 시대에서의 인성교육은 법의 강제에도 불구하고 늘 쟁론의 영역으로 남아있을 수밖에 없다. 이를 위하여 학교교육에서 '인성' 혹은 '가치' 개념이 교과 및 교수학습방법, 좀 더 확대하여 학교-사회의 연계 및 교육의 목적에 대한 서로 다른 관점이 충돌하는 양상을 기술할 것이다.

인성교육의 문제를 교육의 개념 및 학교교육의 사회학적 논쟁으로 기술한 후, 본고는 인성에 관한 관심과 인성함양을 추구하려는 교육 목표를 보다 적극적인 의미의 인권교육을 통해서 달성할 수 있다고 주장할 것이다. "인성에는 인간다움에 대한 가치판단이 내재되어 있다"는(장사형 2011: 197) 점을 고려한다면, 인성교육에서 제시하는 목표는 단지 인성교육의 개념에 국한된 제한적인 목표일 리가 없다. 즉, 인성교육은 인성이라는 말을 빼고도 충분히 성립할 수 있는 교육 그 자체의 목표를 지닌 활동이라 간주할 수 있다. 따라서 논의부분에서, 교육을 통한 인간형성이라는 목표를 두 가지 패러다임의 비교, 전환을 통하여 설명할 것이다. 교육을 통하여 인성을 제고한다는 인성교육의 접근을 '인성교육 패러다임'이라고 한다면, 교육의 보다 포괄적인 목적으로 인간성을 형성하기 위한 접근을 '인권교육 패러다임'으로 제시할 것이다.

발표자는 본 한국인권교육포럼의 발제자가 아닌 토론자라 생각하고 포럼 참여에 응했다. 물론 전달과정에서 분명하게 의사를 파악하지 못한 발표자의 문제가 크다. 추후 부득이 발표자로 포럼에 참여할 수밖에 없다는 점을 인지하고 본고를 준비하게 되었다. 따라서 큰 틀에서의 의미 전달을 위한 텍스트를 준비하는데 시간적으로 많은 부담이 있었고, 결과적으로 충분한 내용을 담아내지 못했음을 고백한다. 더욱이 발표자는 교육사회학을 연구하는 입장에서 인권교육에 대한 분명한 관점을 갖고 있지만, 인성교육이 교육사회학이라는 학문적 관점 이외에서 논의되는 방식에 대해서 무지하리만치 부족하다는 점을 인정하지 않을 수 없다. 인권교육은 보다 사회학적 비판과 접근으로, 인성교육은 보다 철학적이고 심리학적 접근으로 논의되고 있다. 즉, 인권교육이 인성교육과 서로 다른 영역과 관점에서 논의되고 있다는 점을 고려해 볼 때, 인성교육 패러다임에서 인권교육으로의 패러다임 전환의 필요성을 주장하는 것은 과도한 해석과 주장으로 읽힐 수 있다. 그러나 인성교육 또한 학교교육의 중요한 목표로 상존했던 점을 염두에 둔다면, 지식을 전달하려는 교과교육만큼이나 인간의 심성을 개발하려는 인성교육 또한 사회학적 연구대상으로 탐색될 수 있을 것이다. 본 발표에서 이를 서로 다른 패러다임으로 규정하고, 패러다임 전환을 이야기하는 것은 부족한 심리−철학적 논의가 추후 추가, 보강될 수 있는 논의의 계기로 삼게 되길 기대하는 연구자의 기대로 이해해주길 바란다.

3. 교육과 가치의 문제

우리는 도대체 교육을 어떤 방식으로 인식하고, 이해하고, 또 사용하고 있는가? 교육은 뭔가 대단히 근엄하고 엄중한 행위로 구별된 장소와 시간에 오롯이 종속되어 있는 것인가? 교육에 종사하고, 교육에 관여한다는 말은 그 자체로 신성한 것으로 여겨져야 하는가? 이에 간단히 답하기 어렵다. 우리 주변에서 보고 경험하는 교육은 너무도 일상적인 행위이면서도 그에 대해 접근하는 것은 너무도 일상적이지 않기 때문이다. 한마디로 교육은 파악하기 어려운 대상이다. 한 개인에게 있어서도, 그리고 사회 전체적으로도 말이다.

안타깝지만 사람들이 생각하는 교육은 한 가지가 아니다. 오천만명이 어깨를 맞대고 살고 있는 이 땅에 적어도 교육이 무엇인지에 관한 오천만 가지의 생각과 정의가 존재한다고 볼 수 있다. 물론 비슷한 생각을 가진 사람들이 비슷한 개념과 단어를 이용하여 교육을 이야기한다고 볼 수 있기에 실제 말로 표현된 교육의 종류는 훨씬 적을 것이다. 그러나 각자는 자신의 경험과 성찰의 과정에서 늘 새롭게 재구성된다는 점 때문에 개인의 맥락을 무시할 수 없다. 교육의 개념이 결코 합의되기 어려운 이유이다. "내가 경험해 봐서 아는데..." "내가 아이를 키워봐서 아는데..." "내가 가르쳐봐서 아는데..." 교육은 경험의 영역이고, 경험된 내용들이 구체적인 사례와 삶의 결과로 기술된다. 즉, 각 개인이 교육과 교육적인 상황, 교육적인 조건을 재구성해나간다는 점에서 교육은 하나의 고정된 개념이 아니다. 교육을 결코 하나의 세련된 관념적 문구로 만들어내기 어려운 이유이다.

교육학을 공부하고 연구하는 사람들에게 교육은 대체로 '인간 행동의 계획적 변화'로 정의된다. 1954년 서울대학교 교수로 부임한 정범모의 교육 개념으로 최근까지 큰 변화 없이 교육에 대한 정의로 받아들여지고 있다. 네 개의 단어로 이루어진 간단한 정의라고 볼 수 있을지 모르겠지만, 각 단어가 갖는 의미를 분석적으로 제시해보면 몇 권의 책으로도 이를 다 설명하기 어렵다. 간단하게 교육이 무엇이라 정의되고 있는지를 이 개념에 터해서 설명해보는 것이 좋을 듯하다.

교육은 우선 인간에 관한 일이다. 인간이 아닌 동물, 식물, 혹은 무생물에 관한 것은 교육의 주체도 교육의 대상도 될 수 없다. 여기서 인간과 인간 아닌 것을 구분하는 것이 간단하다고 생각하면 오산이다. 시간이 지나면 지날수록 과학연구는 인간과 인간 아닌 것을 구분하는 것이 어렵다는 것을 실증적으로 보여주고 있다. 특히 기계덩어리, 수많은 정보의 흐름, 혹은 전산장치로 불리는 컴퓨터는 '인공지능'이란 이름으로 인간과 인간 아닌 것의 구분을 복잡하게 만들고 있다. 고유한 인간의 특성이 점차 침범당하고 있고, 생명체로서 인간이 인간 아닌 동물들과의 차이가 어디서 어떻게 구분되어야 하는지 어려워지고 있다.

둘째, 교육은 인간의 행동을 대상으로 한다. 행동을 이야기하려면 행동과 행동이 아닌 것을 구분할 수 있어야 한다. 행동이 아닌 것과 구분되는 행동의 특성은 '보여지는 것'이다. 보여지지 않는 것은 교육의 대상이 될 수 없다. 그러면 감정, 이성, 지식, 느낌, 도덕, 윤리, 그리고 인성 등의 개념들은 교육의 대상이 될 수 없는 것들인가? 그렇지 않다. 보여지는 것을 특징으로 하지만, 보이지 않는 것들은 '보이도록 만들면' 된다. 즉, 감정은 얼굴이나 신체의 표현으로, 이성이나 지식 등은 특정한 생각의 경로를 통해 도출되는 답안으로 '보여지는' 행동이 된다. 도덕이나 윤리, 그리고 인성 등도 마찬가지이다. 따라서 보이지 않는다고 여겨지는 전통적인 영역의 문제들은 인위적으로(이를 조작적이라 부른다) 보여지는 단어나, 대체할 수 있는 개념으로 바꾸어 표시하게 된다. 그러나 어찌되었건 행동은 보여져야 하고, 교육은 보여지는 것을 위한 특정한 '과정'이 된다.

셋째, 교육은 계획을 전제한다. '계획한' 혹은 '계획된' 것으로서의 인간 행동만이 교육의 개념 안에 포함된다. 아무런 계획없이 '우발적으로' 혹은 '자연적으로' 혹은 '계획과 달리' 나타난 것들은 위에서 정의된 교육의 범주에 포함되지 않는다. 물론 누구의 계획인가에 따라 교육에 포함될 수 있는가 그렇지 않은가가 달라지게 된다. 흔히 가르치는 사람의 의도와 계획이 중요한 것인지, 혹은 배우는 사람의 의도는 고려될 수 있는 것인지, 혹은 가르치는 사람과 배우는 사람 이외의 제 3자가 갖는 의도와 계획은 어떻게 이해되고 판단되어야 하는지에 관해 복잡한 논쟁이 남아 있다. 어찌되었건 '이것은 분명히 교육'이라고 하려면, 그것이 전제하는 '계획' '의도'가 무엇인지 설명할 수 있어야 한다.

넷째, 변화가 수반되어야 한다. 인간의 행동, 즉 보여지는 것으로서의 행동은 계획에 따라 결과를 내놓아야 한다. 그리고 이 결과는 계획 이전의 행동과 계획에 따른 활동 이후의 행동이 서로 다르다는 것을 전제한다. 결국 교육은 인간 행동을 계획적으로 바꾸어내는 것이다. 변화가 없으면 교육도 아니다. 계획에 따라 무엇인가를 알게 하고, 익히게 하고, 특정한 행동양태를 바꾸어 원하는 '인간 행동'을 만드는 것이 교육이라 할 수 있다. 그러나 이 변화라는 개념은 모호하기 이를 데 없다. 중간고사 80점을 맞은 학생이 기말고사에서 80점을 맞아 같은 성적을 내면, 이 학생은 아무런 성적의 변화를 만들어내지 못했다고 할 수 있다. 그렇다면 이 학생의 공부는 그동안 '교육'이라 볼 수 없는 것일까? 이렇게 따지고 들자면 한도 끝도 없다.

결국 교육이란 '인간 행동의 계획적 변화'란 개념으로는 충분히 설명되기 어려운 보다 다차원적이고 복잡한 것이다. 이상에서 이야기한 네 가지 범주의 설명과 비판 이외에도 가장 중요하게 다루어져야 할 한 가지가 더 있다. 다음의 이야기를 예로 들어보자. 아버지가 아들에게 자신이 지닌 놀라운 기술을 가르쳐주고 싶어 한다. 자신이 하는 일이 좀 위험하기는 하지만, 위험을 감수한만큼 얻는 것이 많다. 그래서 다른 사람이 아닌 아들에게 이 기술을 전수하려 한다. 이 기술은 금고를 여는 것이다. 이 세상의 어떤 금고라도 이 사람에게는 그다지 어렵지 않다. 이 사람은 금고 따는 기술을 아들에게 가르치기 위한 내용, 방법, 일정을 정하였다. 그리고 이에 따라 완벽하게 자신의 기술을 전수하였다. 이제 아들도 그 어떤 금고라도 잘 열 수 있는 전문적 기술자가 된 것이다. 그런데 이 사람의 직업은 다름 아닌 '도둑'이었다. 이 상황에서 생기는 질문이 있다. 도둑이 자신이 가진 기술을 훌륭하게 성공적으로 잘 전달하면 이 또한 '교육'이라 부를 수 있고, 또 교육적인 과정이 되는 것일까? 교육의 개념 속에, 혹은 교육이라 불리는 행위 속에 있는 '옳고 그름'의 판단 기준, 즉 가치의 문제는 어떻게 이야기되어야 할까?

이러한 문제들을 자세하게 따져 묻자면 내가 알고 있는 교육은 다른 사람이 알고 있는 '교육'과 같기 어렵다는 점을 쉽게 발견하게 된다. 기독교도가 바라보는 교육과 이슬람교도가 떠올리는 교육, 그리고 교육적이라는 것은 같지 않다. 전쟁을 겪은 어르신들의 세대가 전쟁이 끝나고도 한참 이후에 태어나 자란 세대와 어떤 교육이 좋은지에 대해 공감하는 바가 서로 다를 수밖에 없다. 태어나면서부터 '디지털 기기'와 '디지털 프로그램'에 익숙한 사람들이 기대하는 교육의 성과는 도서관과 책만이 유일한 지식의 보고라 여기던 사람들이 기대하는 교육의 성과와는 판이하게 다르다. 적어도 교육이 무엇인가에 관한 논쟁은, 어떤 가치가 특정한 사회 속에서 실현되어야 하고 실천되어야 하는가에 관한 문제만큼 복잡하다. 어쩌면 교육이란 이름으로 우리는 공통의 무엇인가를 실현해간다고 생각할지 모르지만, 교육과 교육적이라는 말로 우리는 보다 다양한 사회를 발견하게 되고, 다종의 가치 속에서 서로 다르게 살아가고 있다는 점을 발견하게 되는 것은 아닌가 싶다. 교육을 하나의 명쾌한 개념으로 정의하기보다는 하나의 명쾌한 개념으로서 교육을 해체하고, 한 사람의 삶과 성찰에 기대 '그 개념'을 늘 새롭고 다르게 재구성해 내는 것은 아닌가 싶다. 따라서 우리 주변에는 교육과 '교육'과 "교육"이 서로 공존하고 경쟁하고 있다.

4. 교육사회학적 관점

교육사회학은 하나의 현상으로서 교육을 사회의 부분으로 이해하고, 사회라는 영역과의 관계 속에서 '교육'과 '교육적'인 특성, 그리고 '교육다운 교육'이 어떻게 자리잡아야 할 것인지를 연구하는 학문이다. 교육사회학이라고 해서 하나의 고유한 분야로 인식되는 것은 아니다. 교육현상을 사회학의 하위 학문으로 인식하여 시작된 '교육적 사회학(Educational Sociology)'과 교육학 혹은 사회학과 별개의 학문영역으로 독자적인 연구

대상과 방법론을 갖추었다고 보는 '교육사회학(Sociology of Education)', 두 개로 구분된다. 물론 이 둘의 차이에 대해서 오랫동안 논쟁이 이어지지만, 대체로 후자가 나름 의미있는 위치를 점해야 한다는 당위론적 주장을 넘어서 이 둘의 차이를 구체적으로 구분해 낼 기준은 명확하다고 보기 어렵다.

그렇다면 교육사회학의 고유한 관점이란 것은 여타의 교육학 연구에 비추어 별개로 존재한다고 볼 수 있는가? 여기에 답하려면 두 가지 측면에서 살펴볼 필요가 있다. 하나는 교육사회학 내에 고유한 이론이라는 것이 있고, 이것이 교육현상을 설명하는 교육학 이론이라고 볼 수 있는가이다. 이에 답하자면, 꼭 그렇다고 보기는 어렵다. 어떤 학문이든 그 대상을 바라보는 시각과 관점에 따라 다른 설명과 함께 문제점이 도출되듯, 교육학 내에서 다양한 관점이 존재하는 것과 마찬가지로 교육사회학 내에서도 서로 다른 관점들이 공존하고, 이들 간의 팽팽한 긴장관계가 나타난다고 봐야 한다. 결론적으로 교육사회학을 대표할 수 있는 고유한 학문적 관점이란 존재하지 않는다. 교육사회학 개론 속에 등장하는 다양한 이론들은 교육을 사회라는 또 하나의 영역과 어떻게 관련되고, 또 관련지어야 할 것인지에 관한 설명들이다. 이에 대한 해석은 교육을 어떻게 개념규정하고, 또 사회를 어떻게 개념규정해야 하는가라는 보다 복잡한 문제로 이어진다. 따라서 어떤 현상에 대해 교육사회학의 고유한 관점을 어떻게 정리해보라고 하면, 단 하나, 교육은 '사회 현상의 하나'라고 보는 것 밖에 없다. 복잡 다단한 교육과 사회의 관계 속에서 교육의 방향성이나 이를 통한 사회의 유지/변화의 내용은 또 다른 설명이 필요하다.

이러한 면에 있어 교육사회학은 사회학의 이론에 많은 빚을 지고 있다. 고유한 교육 현상이 교육의 논리에 따라 독자적인 방법론을 가지기에는 이미 교육학과, 특히 교육사회학의 설명틀에 사회학적 논리와 논쟁이 자리잡고 있다. 교육 사회학을 공부하는 데 있어 가장 먼저 등장하는 뒤르케임이 고전적 사회학 이론을 태동시킨 인물로 등장한다는 점을 굳이 상기시킬 필요도 없다. 교육사회학의 고전적 이론들은 교육이 사회에 어떤 기능을 담당하는가에 대한 질문에 대해 기능론과 갈등론으로 구분되는데, 이 또한 사회학의 주요 이론가들이 만들어온 영역에서 비롯되었다. 재생산이론으로부터 해석학적 접근, 비판이론, 문화연구론, 권력이론, 세계체제론, 근대－포스트모더니즘 논의에 이르기까지 교육사회학에서 사회학과 사회를 대상으로 한 다양한 철학적 사유들은 주요한 분석틀로 활용되고 있다. 비록 "교육학이론"이라는 고유성을 얻었다고 보기는 어렵지만, 교육사회학은 교육을 장으로 해서 교육현상을 설명하는 중요한 "교육이론"으로 자리잡고 있다.

두 번째로는 교육사회학연구가 교육현상을 두고 어떤 질문을 던지고 있는가가 교육사회학의 학문적 특징을 보여주는 또 다른 접근방법이다. 교육을 사회와 관련지어 학술연구를 진행하는 연구자들은 교육과 사회를 연계하는 특징적 질문들을 갖고 있다. 우선, 교육은 사회 속에서 어떤 기능을 담당하고 있는가라고 묻는다. 즉, 사회 속에서 교육은 어떤 역할(기능)을 담당하고 있으며, 당위적으로 어떤 역할(기능)을 해야 하는가를 묻는다. 교육사회학의 연구 주제가 격차/불평등, 정치, 시민교육, 학교효과, 사회화, 문화기술, 사회변화, 혁신, 비교/발전 등으로 다양하지만 정작 이들에 어떻게 답변해야 하는가를 따져보면, 결국 앞서 이야기한 교육이 사회 속에서 어떤 기능을 담당해야 하는가에 관한 답변으로 귀결된다고 볼수 있다. 지나치게 단순화한 일반화의 오류라고 할 수 있을지 모르겠지만, 학교교육을 포함한 교육이 주변 환경과 어떠한 관계로 영향을 주고받는지 개인적인 수준에서, 그리고 개인을 초월한 수준에서 어떠한 양상을 띠는지 물어보고 답하게 된다. 그래서인지 교육사회학 이론은 가장 먼저 이 질문에 어떻게 답변하는지를 두고 두 가지 상반된 방식으로 이론이 형성되어 왔음을 기술하고 있다.

그 하나는 기능론이다. 프랑스의 학교교육이 어떻게 시작되었는지를 따져 물었던 뒤르케임의 집합적 사회화이론을 시작으로 파슨즈가 거의 완성해 내놓은 사회 유기체론이 기능론의 핵심을 이룬다. 교육은 한 사회의 유지를 위해 구성원들에게 전통이라 불리는 문화를 전수하고 사회화하는 역할을 담당한다. 기능론 입장에서 사회의 변화는 바람직하지 않다. 겉모습이 변화하는 것은 어쩔 수 없다고 하더라도, 사회를 구성하는 핵심적 요소로서의 전통과 문화는 변화없이 유지, 존속되어야 한다. 따라서 교육은 한 세대가 다음 세대에게 짊어지워야 할 책무이자 짊어져야 할 의무라고 할 수 있다. 다른 하나는 갈등론이다. 사회가 유지 존속되도록 하기 위해 이해관계에 도전하는 모든 것을 교육으로 보고, 교육은 갈등과 긴장을 유발하게 한다고 본다. 따라서 갈등론에 따르면 교육은 사회가 고정된 형태로 머무르게 두지 않고, 끊임없이 변화하도록 추동한다. 기능론과 상반되게, 갈등론은 교육이 사회변화를 일으키는 동인으로 인식된다. 교육에 참여하는 사람들은 세대와 세대간이든 혹은 동시대의 구성원이든 서로 다른 가치와 지적 수준이 부딪히고 경합하도록 장을 제공한다. 그러나 갈등론에 따르면 기능론에서의 역할과 마찬가지로 교육은 기존 사회질서를 온전히 재생산하는 역할을 한다고 본다. 경제적 계층구조이든, 문화적 계층 구조이든 교육이 공적으로 인정되는 체제에서 기존 사회구조는 반복적으로 재생산 논리에 따라 움직인다고 본다. 교육이 사회변화를 추동할 수 있는 중요한 장으로 작동하지만, 현실 세계에서 교육은 정작 주어진 구조적 질서를 반복하도록 작동한다. 아이러니가 아닐 수 없다. 그럼에도 교육사회학 이론에서 갈등론이 가장 크게 기여한 바는 사회구조 속에서 교육이 각 구성원들의 이해관계를 온전히 반영하고 있고, 순기능을 통하여 모두가 만족할만한 사회를 구성하도록 작동한다는 전제를 비판한 것이었다, 즉, 교육의 사회구조를 반복하도록 하는 것은 명확한 계급질서 속에서 계급간 갈등의 결과이고, 계급간 이해관계는 교육 체제 속에 고스란히 반영되어 하층계급이 늘 억압받고 지배받게 된다는 사실을 알린 것이었다.

비록 교육사회학의 최근 이론은 구조적인 사회변화에 교육이 어떻게 작동하는가라는 거시적인 논의보다는 개인이 사회를 해석하는 방식, 개인이 사회에 저항하는 방식, 개인과 사회가 서로 주고 받는 복잡한 상호작용을 드러내고 의미부여하는 것들로 발전해 왔다. 특정 구조가 어떻게 스스로를 복제하는지, 혹 재생산되는지의 기계적인 설명을 넘어 사회 속에 구체적으로 자신의 삶을 살아가고 있는 개개인의 미시적인 인식, 해석, 대응, 저항, 그리고 가능성의 언어를 그려내는 방식으로 변화해 온 것이다. 더욱이 연구방법론의 발달로 행동과 행동, 구조와 구조 간 상관관계를 밝히거나 사건의 전후 인과성을 드러낼 수 있는 연구들이 이어졌고, 꽤 오랫동안 축적된 방대한 자료의 분석이 전산장치의 도움으로 빠르게 처리되면서 보다 정교하고 폭넓은 이론의 검증이 이루어져 왔다. 그래서 인지 사회학 연구와 마찬가지로 교육사회학은 방대한 자료들을 다루는 양적 연구가 주를 이루게 되어 왔고, 연구방법론에 대한 숙지, 연구수행을 위한 연구 디자인에 어떤 선도적 연구방법을 사용할 수 있는지에 따라 연구의 질적 수준이 결정되는 수준까지 이르렀다. 교육사회학 연구에서 어떤 연구방법이 적절하냐는 것은 지금의 교육사회학 연구를 소개하는 이 지면에서 적절하지 않다. (사실 발표자에게는 그러한 능력도 없다.)

그러나 흥미롭게 교육사회학에서 교육은 그 분석의 수준이 거시적이든 미시적이든, 연구방법이 양적 접근이든 질적 접근이든, 구조 전체를 다루든 아니면 아주 개인적인 수준에서 다루어지든, 역사적인 흐름 속에서 분석을 하든 혹은 동시대의 다양한 사회문화적 맥락을 두루 다루고 있든 두 가지 서로 다른 패러다임 속에서 다루어지고 있다. 여전히 교육은 기능론에 따라 특정한 가치를 현실로 재현해 낸 전통을 유지 존속하도록 할 것인지, 아니면 이를 적극적으로 극복해내도록 긴장과 갈등의 관계를 증폭하도록 할 것인지 서로 다른 지향을 내세우고 있다. 사실 어떤 학문이든 학술연구는 현상을 과학적으로 설명하는 것을 가장 중요한 과제로 내세운다. (그럼에도 불구하고 학술연구는 항상 무언가를 방안으로 내놓기 위한 처방의 방편으로 사용된다. 자신의 연구질문에 결론적으로 내놓은 설명에 굳이 토를 달 이유가 없음에도, 연구자 스스로 문제해결방안을 내놓기도 한다. '정책 제언' '시사점 도출' '문제해결방안' 등의 이름으로.) 과학적 설명에 어떤 패러다임이 존재할까 싶지만, 교육사회학 연구는 적어도 앞서 이야기 한 두 패러다임의 이론 중 하나를 본의 아니게 택해 교육적 처방을 내리려고 한다. '보다 나은 교육'을 위해서 말이다. 이러한 패러다임에 종속된 연구 경향은 교육사회학만의 문제가 아니라 교육학 일반의 문제이다. 중요한 것은 어떤 패러다임에 속해 있건, 이들의 연구는 구체적인 연구대상을 문제로 제기하고 이에 대해 얼마나 정교한 연구방법을 통하여 과학적으로 설명하는가에 달려있다. 비록 특정 패러다임에 속해있기는 하지만, 연구자들은 자신의 연구주제와 연구결론의 설명력에 따라 언제든 자기가 속해 있는 패러다임의 틀을 벗어나거나 혹은 그 틀 속에서 더욱 공고하게 또아리를 틀수도 있게 된다. '과학적 연구'란 이름으로 말이다.

5. 인성교육진흥법을 둘러싼 비판적 쟁점

그러나 창의인성교육의 학교정책을 넘어 인성교육진흥법으로 발전해온 학교의 '인성교육' 강화 방안을 둘러싸고 논쟁은 지속되고 있다. 이를 (1) 인성교육의 개념적 모호성, (2) 인성교육이 전제하는 가치의 상대성, (3) 인성교육에의 사회적 영향력, (4) 인성함양의 시기, (5) 인성교육이 정착되기 어려운 사회문화적 체계 등의 주제로 정리해 볼 수 있다.

우선 첫째, 인성교육은 성격교육(character education)과 가치교육(value education)으로 구분되어 있는데, 실제 인성교육을 진흥하겠다는 법령과 향후 추진 방향에서는 이에 대한 구분이 이루어져 있지 않다. 즉, 「인성교육진흥법」에는 성격교육과 가치교육이 혼재되어 있다. 물론 이에 더하여 인성교육이 정말 독립적으로 존재하는가에 대한 본질적인 질문을 던질 수 있다. 「인성교육진흥법」은 실상 핵심 가치·덕목을 핵심 역량의 목표로 위에 둠으로써 가치교육에 더 초점이 맞춰져 있다고 볼 수 있다. 「인성교육진흥법」이 성격교육이 될 수 없는 이유는 강조점의 차이뿐만 아니라 인성과 성격의 개념이 근본적으로 다르기 때문이다. 성격 또는 인격은 기본적으로 가치중립적인 데 반해, 인성은 도덕적 가치가 개입된, 도덕적 기준이나 행동규범에 기초해 평가된 인격이다(민경환, 2009). 그러므로 어떤 성격이 '좋다', '나쁘다'는 판단할 수 없지만 인성에는 '좋다'와 '나쁘다'가 구분지어지는 것이다. 성격은 많은 연구에서 일관적이라는 특징을 지닌다. 시간에 따른 일관성과 상황에 따른 일관성으로 구성되는 성격의 일관성에 의해, 물론 성격이 불변하는 속성으로 파악되지는 않지만, 거의 피상적으로만 변화가 일어날 뿐 피상적 변동의 배후에도 연속성이 내재된 것이다(민경환, 2009). 그렇기 때문에 「인성교육진흥법」이 추구하는 성격교육을 통한 인격의 변화는 극히 제한적일 수밖에 없다. 인성교육이 가치교육에 더 가깝다고 했을 경우에도, 인성교육이 기존의 도덕교육과 어떤 점이 다른지 불명확하다. 법에서 제시하고 있는 여덟 가지의 대표적인 핵심 가치·덕목인 예(禮), 효(孝), 정직, 책임, 존중, 배려, 소통, 협력은 실제로 한국교육과정평가원에서 2013년에 발표한 도덕 교과의 핵심 역량(성취기준)들도 다루고 있는 내용이다. 인성교육을 표방한 도덕교육이라면, 인성교육의 독자적 필요성은 성립하지 않게 된다. 결국 성격교육도 특수한 가치교육도 아니게 된 인성교육을 지지하기 이전에 근본을 이루는 인성과 인성교육에 대한 정의부터 합의되어야 하며, 이는 굉장히 어려울 뿐만 아니라 어쩌면 불가능에 가까운 과정이 아닐까 생각된다.

둘째, 가치교육은 절대적이지 않은 상대적인 가치를 전제하지 않을 수 없다. 설령 인성교육이 독자적이라 하더라도, 도덕교육을 비롯한 「인성교육진흥법」에서 추구하는 가치교육적인 측면이 학교에서 이루어져야 하는 교육인가에 대한 또 다른 질문을 던질 수 있다. 앞선 정의에서 인성은 개인의 특수성보다 인간의 보편적인 특성에 중점을 둔다 하였는데, 사람다운 보편적인 성격이라 할 때 과연 이가 얼마나 보편적이며 공통적인가에 대한 의문은 가치의 상대성 논란으로 이어진다. 미국의 "Character Education Institute"은 'desirable(바람직하다)'이라고 판단되는 성격 목록에 'Honesty(정직)', 'Kindness(친절)', 'Patriotism(충)', 'Perseverance(인내)', 'Respect for law(준법정신)', 'Discipline(규율)' 등을 포함시키고 있다. 「인성교육진흥법」에 가장 먼저 등장하는 '예(禮)'와 '효(孝)'에 관한 덕목들만 보아도 크게는 동양과 서양, 작게는 한 문화권 혹은 사회 안에서도 인성의 바탕이 되는 도덕적 가치들이 상이함을 알 수 있다. 보편성이라는 기준은 인위적으로 만들어진 개념이며, 궁극적으로 사회 환경에 가장 적응적인 성격을 '좋다'라고 규정하듯이 인성도 그 사회의 가치관이 반영되어 '보편적'이고, 그렇기 때문에 추구되어야 하는 특성으로 정해진 것이다. 근본적으로 이는 절대적인 가치란 존재하지 않으며, 그러므로 가치는 학교교육을 통해 전달되어서는 안 된다는 시각이 내포되어 있다. 가치의 상대성에 대한 강력한 증거는 위에서 각 국가에서 따르고자 제시한 인성교육의 가치와 덕목들에 대한 선택에 이론적(철학적) 근거가 없다는 점이다. 예를 들어, 인성교육을 바라보는 여러 가지 접근 중 배려 공동체 접근은 모든 가치를 통틀어 배려를 가장 중시하는데, 이에 대한 논리적 근거란 존재하기 어렵다. 상대편에서는 가치에 대한 사회의 수용이 기준이라고 하나, 설령 그렇다 하더라도 이가 실질적으로 도덕적인 우월성에 근거한 판단인지 사회의 효율적 운영과 영속을 위한 합의인지는 모호하다. 사회 통합은 도덕 및 가치의 절대성과 엄연히 구분되어야 한다. 이처럼 학교라는 공적기관이자 교육기관에서 사회적으로 합의된 것으로 보이는 가치관들을 최상위로 두고 교육할 때, 학생들에게 절대적으로 우월한 도덕적 가치관(가치의 절대성을 인정한다는 전제 하에)이 아닌 사회적으로 편향된 가치관을 기르게 할 수 있다. 가치의 절대성과 상대성에 대한 논란을 벗어난다 하더라도, 가치교육은 학교에서 아주 조심스럽게 다뤄져야 할 영역임은 분명하다. 한 사회의 도덕적 가치 혹은 규범을 따를지는 설득과 자발적인 동의의 과정을 거쳐야 하는 것으로, 사고가 덜 발달된 아이들이라고 교육을 통해 사회적 가치관에 일방적으로 합의하도록 해서는 안 된다. 국가차원에서도 가치판단에 정답을 매겨 가르치는 현대의 가치교육과 「인성교육진흥법」에서의 인성교육보다, 정해진 정답을 비판적으로 질문해보고 개인적인 도덕적 신념을 발전시킬 수 있도록 하는 교육이 더 건강한 시민과 인재양성의 지름길이 될 것이다.

셋째, 법적 강제성을 동원하여 학교교육에서 인성을 함양하겠다는 것에 일부 동의한다고 하더라도, 개별 학생들의 인성 함양에 미치는 다른 요소와의 관련성이 거의 제시되어 있지 않다. 인성의 정의만큼이나 인성 발달 과정에 대한 주장들도 다양하다. 인성을 정신분석학적인 관점에서 나무라고 비유했을 때[2], 나무의 뿌리는 무의식(감정, 정서, 본능)이, 나무의 몸통은 의식(자아, 초자아)이, 나무의 꽃과 열매는 「인성교육진흥법」에서 제시하는 핵심 가치·덕목과 같은 일반적 기준(동기, 태도, 근면, 책임, 협동, 자주, 준법, 지도성 등)들이다. 조금 더 구체적으로 설명하자면 나무의 유전 적 뿌리이자 근본을 이루는 무의식과 의식이 인성의 본질이고, 환경의 영 향을 크게 받는 꽃이 피고 잎이 달리는 등의 과정은 표면적으로 드러나는 인성의 측면들이라 할 수 있다(주건성, 2015). 이는 가정환경과 사회경제적 환경(SES)이 아동의 인성형성에 미치는 영향을 분석한 수많은 연구들에 중요한 해석을 제공한다. 무의식과 관련된 정신의 부분은 쉽게 정리할 수 없으므로, 인성교육을 논할 때는 실제적으로 영향을 미칠 수 있는 자아와 초자아적인 요소들을 다룬다. 초자아는 도덕과 규범, 양심이라 할 수 있 으며 도덕적인 부분을 판단하는 능력으로 사회를 위험에 빠뜨릴지도 모 르는 충동들을 통제하고 조절하는 역할을 수행한다. 자아는 원초아(본능 혹은 무의식)와 초자아를 연결하는 다리로써 원초아의 욕구를 외부세계의 제약을 고려하여 표현하고 충족시키는 마음 구조로(민경환, 2009: 84), 인성 의 집행자라고도 할 수 있다(주건성, 2015: 23). 이처럼 자아와 초자아는 인 성과 관련이 깊음을 알 수 있는데, 자세하게는 자아는 핵심덕목 중 협동 성과 배려성의 영역과 초자아는 존중과 소통의 영역과 연결된다. 이 때 자아와 초자아 모두 2차적으로는 교육에 의해 성숙이 되지만, 1차적으로 자아는 어머니로부터, 초자아는 규범과 질서를 행사하는 아버지로부터 성 숙된다. 정신분석학적 관점은 부모의 영향과 사회적 배경 등이 인성형성 에 가장 강력한 요소임을 뒷받침 해주는 논거라고 할 수 있다. 인성발달 을 어느 관점에서 접근하는가에 따라 학교에서의 인성교육의 중요성은

---

2) Adler는 인성을 '인간의 사회적 자극치'로 파악하였고, Sullivan은 '인간생활을 특징짓는 재현적, 인간상호적 장면의 지속적인 유형'으로 보았다(황정규, 1998: 407에서 재인용).

강조될 수도, 감소할 수도 있다. 하지만, 초창기에 형성되어 안정성을 띠는 성격형성과 비슷한 구조인 인성형성과정은 학교보다 가정·사회영역에서의 노력이 더 필요함을 시사한다.

넷째, 인성을 발달시키는 것은 특정 기간의 문제가 아니라 평생의 과제라는 점이다. 에릭슨의 사회심리발달모형 등 여러 발달심리학자들이 주장하는 대로 인성발달의 최적시기가 주로 가정에서 보내는 학령전기라는 주장에 반대하더라도, 인성은 법에 의해서 길러질 수 있는 속성이 아니라는 주장마저 반박하기는 어렵다. 심리학적 근거는 더 적을지 모르나 위의 주장은 많은 청소년들의 경험적 근거를 토대로 입증할 수 있다. 결론부터 이야기하자면 인성은 사람을 통해 '학습'된다. 이는 사람을 통해 '교육'된다는 관점과 또 다르다. 예를 들어, 교사와 학생 간의 상호작용 중 학생의 인성에 영향을 미치는 부분은 직접적인 가치의 가르침인가 혹은 교사의 바른 행동을 관찰하고 모방하는 데서 일어나는 학습인가의 시각 차이이다. 위와 같은 논의는 반두라의 관찰학습 연구와 같은 사회학습 이론들에 의해 뒷받침 된다. 더 구체적으로 아동행동의 대부분은 그들 생애에 중요한 역할을 하는 어른의 행동을 모방하면서 학습되는데, 이 과정은 그들이 갖는 권위로부터 강화된다(조은미, 2009). 최근의 인성교육 동향이 사회 전체를 아우르는 것이라고는 하나 실질적으로 학생들의 모범의 대상이 되는 어른 구성원들에 대한 인성교육은 부모교육 외의 형태로는 거의 제시되어 있지 않다. 부모교육 역시 필수적인 교육이 아닌 것으로 보아, 현재의 인성교육은 지나치게 학령기 아동들과 학교라는 현장에만 국한되어 있다. 하지만 세간에 회자되는 정치인, 법조인, 대기업 경영인 등의 비리는 학생들의 가치관과 이성에 치명적인 영향을 미치고, 기성세대의 비도덕적 행태로 인하여 학교나 가정에서 가르치는 정직, 공정성, 관용, 배려의 덕목은 우리 사회의 구조적 모순으로 남을 뿐이다. 인성교육에 대한 논의는 학교에서 학생들을 대상으로 한 수준의 논의에 그쳐서는 안 된다. 학교 외의 공간인 가정, 직장, 나아가 사회 전반에 걸쳐 이루어져야 하는 '인성학습'에 대한 논의로 발전되어야 한다. 결론적으로 인성은 실제적인 교수학습보다도 교육환경이 더 중요하며, 사람을 통해 학습된다. 이렇듯 진정한 인성교육은 「인성교육진흥법」에서 추구하는 학교에서의 '교육'보다 가정과 사회를 포괄하는 개인들의 '성숙'이 우선시 및 추구되어야 한다.

다섯째, 평가를 중시하는 체제가 문화적으로 고착되어 있는 상황에서 인성교육 함양을 추진하려는 법적 논의는 큰 효과를 보기 어렵다. 「인성교육진흥법」 제정시 참고한 미국의 가치교육 체계를 비롯해 처음 시행될 「인성교육진흥법」도 마찬가지로, 아직 따라할만한 성공적인 인성교육의 사례가 거의 없다. 설령, 선진국에서 성공한 사례가 있다 하더라도 인성교육을 우리나라 학교교육의 영역으로 가져오는 것은 굉장히 위험하다 할 수 있는데, 이는 기존의 도덕교과 운영의 실패를 낳고, 현재 학교의 낮은 인성수준의 바탕이 되는 '학력주의 교육관' 때문이다. 찬성 측에서는 인성발달에 있어서 가정의 중요성은 인정하나 인성교육의 역할을 담당해 오던 가정교육의 기능이 핵가족화와 자녀 수 감소 등의 원인으로 과거에 비해 현저히 약화되어 성격형성, 가치관 형성, 기본 생활습관지도에 대한 역할을 다하지 못하고 있기 때문에 학교는 새로운 역할을 담당하지 않을 수 없게 되었다고 주장한다. 그러나 인성 문제들을 학교와 같은 사회적 기관이 떠안게 되었다고 해서 학교교육의 비대화 기능 현상이 바람직한 것인가에 대해서는 '그렇다'고 쉽게 판단하기 어렵다. 인성 문제가 학교가 아닌 사회에서 다뤄져야 하는 이유는 인성 발달을 보는 관점의 차이뿐만 아니라, 학교교육의 기능이 비대화 되어 인성 문제에까지 나서는 것이 바람직하지 않은데, 가정과 사회가 제 기능을 하지 못하기 때문에 학교에서 인성교육을 실시해야 한다는 논리는 잘못되었기 때문이다(김종연, 2006). 학교의 기능이 인성 영역으로 확장 되었을 때 바람직하지 않다는 전제는 우리나라의 학력주의 교육관으로 인해 기존의 인성교육 시도가 계속해서 왜곡되어 왔기 때문에 성립된다고 할 수 있다. 이미 입시 위주의 교육으로 인해 도덕교육을 비롯한 인성교육은 뒷전으로 밀려난 바 있다. 실제로 학력주의 교육관의 영향으로, 국가 교육과정 상에서 인성교육과 관련된 내용들이 목표나 인간상 수준에서 제시되었음에도 불구하고 지식 중심으로 교과교육이 운영되어 학생들의 인성 발달에 영향을 미치지 못했다(김수진, 2014). 이렇듯 학교에서 인성교육이 제대로 이루어지려면 새로운 인성교과목의 도입이 아니라, 입시 위주의 교육관을 개선해 보려는 학교교육 관련 인사들의 의지와 학부모들의 요구가 합치되어야 한다. 학력주의 교육관이 완화된다면 교과 교육은 더 이상 입시에 맞춰 단편적인 지식을 암기하는 기존의 교육이 아닌, 지식에 관련된 가치관, 사고방식을 함께 학습하는 교육으로 나아갈 수 있다. 지식과 관련된 소양이나 태도 등을 기르면서 이에 따라 삶을 살아가도록 한다면 이 안에서 자연스럽게 인성이 함양되며, 교과 교육과 인성교육은 분리될 필요가 없게 된다. 애초에 인성교육이 도덕 교과에서만 이루어져야 한다거나 혹은 기존의 교과과정과 다른 속성을 가진 것으로 간주하여 새로운 교과목으로 출범해야 한다는 생각은 학력주의 교육관에 의한 잘못된 편견이며, 인성교육을 새롭게 실시하기 이전에 기존의 학교현장에서 인성 함양을 가로막고 있는 장벽을 허물어야 한다(김종연, 2006).

인성교육진흥법을 둘러싼 논쟁은 교육사회학에서 주요 질문으로 던지는 다음의 세 가지 문제를 중심으로 상반된 관점에서 다루어지고 있다. 첫째, 가치의 절대성의 개입에 관한 문제이다. 즉, 찬성측은 절대적으로 더 '옳은', 혹은 '높은 위계'의 가치가 있다고, 그리고 그 가치를 학교에서 가르쳐야 한다고 주장한다. 그 반면에 반대측에서는 가치를 상대적으로 인정 해주어야 하고, 절대적인 가치가 있더라도 학교교육에 개입되어서는 안 된다고 말한다. 둘째, 학교의 역할에 대한 문제이다. 공교육의 맥락에서 학교가 행해야 하는 역할이 무엇이고 전달해야 하는 지식이 무엇인지에 대한 논점이다. 찬성측의 경우 학교가 지식뿐만 아니라 가치 또한 가르치는 공간이고, 사회와 연결되어 있는 공간이기 때문에 사회에서 필요한 요소들—지식, 정서, 행동, 등—모두를 다루는 교육이 실시되어야 한다고 말한다. 그러나 반대측의 경우 학교가 지식을 전달하는 곳이고 그렇기 때문에 사회의 맥락과 분리되어야 한다고 주장한다. 마지막으로, 인성교육의 실효성에 관한 문제이다. 찬성측에서는 인성교육이 학교교육의 맥락에서도 충분히 가능하고, 가능해야 한다고 주장한다. 그러나 반대측에서는 학교에서 인성교육을 할 필요가 없을 뿐더러 여러 부작용과 함께 실효성이 없다고 주장하고 있다. 이렇듯 인성교육법제화에 대한 찬·반 양측은 연관되는 근본적인 입장 차이들을 보이고 있다. 그러나 인성교육 법제화에 대한 찬·반 논란은 훌륭한 인성의 필요성, 혹은 인성의 변화를 추구하는 행위의 당위성에 대한 것이 아니다. 올바르지 못한 인성으로 인해 발생하게 된 다양한 문제들, 예컨대 학교 폭력, 청소년 범죄, 등 다양한 문제행동들에 대한 관심이 극에 달하고 있고 이를 최소화하고 싶다는 인성교육의 취지에는 대부분의 사람들이 동의를 할 것이다. 그렇지만 '인성'이라는 한 사람을 둘러싼 민감하고도 중요한 문제를 표면적인 방식으로 접근하고 있는 것이 옳지 않아 보인다는 사실도 분명해 보인다. 여태까지 한국 교육이 그래왔던 것처럼 답을 찾아내는 형식의 '교화' 방법을 사용하거나, 교사들이 보여주는 행동이 인성교육에서 가르치는 바와 큰 괴리를 보인다거나, 인성 문제의 원인을 아동에게서만 찾으려고 할 경우 여태까지의 도덕이나 윤리 교육이 그래왔던 것처럼, 그리고 비슷한 시도를 했던 외국의 학교들이 실패했던 것처럼 「인성교육진흥법」도 효과적인 정책으로 연결되기 어려울 것이다.

6. 인성교육 패러다임 vs. 인권교육 패러다임3)

'인성', '인성교육', '인성교육진흥', '학교교육에서의 인성교육' 등의 개념을 나열하고, 이를 현실 교수-학습 과정에 적용하려는 시도를 다양한 교과, 다양한 활동으로 제안해 왔다. 그러나 앞서 인성교육진흥법을 두고

---

3) 이 부분은 본서의 pp. 83-92에서 다룬 학생인권의 교육사회학적 시각의 내용과 구조를 차용하여 일부 중복되는 부분이 있지만, 인성교육과 인권교육을 패러다임의 차이로 바라보고자 하는 저자의 관점에 따라 구성되었다는 점에서 다시 제시하고 있다.

벌어지는 논쟁의 주제들을 요약, 정리해보면 인성교육이 개념의 구체화나 구체적인 적용을 위한 교수학습방법의 개발로 완성되기 어렵다는 점을 보여준다. 따라서 인성교육이라는 개념을 그대로 두고 뭔가 효과적인 방법을 찾으려는 시도보다는, 인성교육이라는 개념 자체가 갖는 한계를 근본적인 한계로 인식하고 이를 넘어서는 시도를 해야 할 필요가 생긴다. 이를 위해 본장의 논의 겸 결론 부분을 '인성교육 패러다임에서 인권교육 패러다임으로'라고 제목 붙였다.

사실 '인성교육 패러다임'이라는 말이 있는지는 정확하게 모르겠다. 마찬가지로 '인권교육 패러다임'이라는 말도 쓰지 않는 용어이다. 그러나 '인성교육' 혹은 '인권교육'은 개념들조차도 각각 합의된 정의를 두고 있다고 보기 어려운 상황에서 '인성교육 개념군'과 '인권교육 개념군'을 묶어 이들의 특징들이 비교되고, 보다 '바람직한' 교육적 실천으로 이어질 수 있는 방법을 '패러다임'이라는 말로 제안하고자 한다. 따라서 본고에서는 인성교육진흥법으로 대변되고 있는 작금의 인성교육 개발을 위한 총체적 노력과 접근을 인성교육 패러다임으로 규정하고자 한다. 그리고 아직 채 논의되지 않았지만, 인권교육을 포함한 사회정의 지향 교육 개념과 실천을 '인권교육패러다임'이라고 규정하고자 한다. 이하에서는 이 두 패러다임을 교육의 주체, 학교와 사회와의 관련성, 교과지식에 대한 접근, 갈등을 대하는 입장, 시민을 바라보는 관점으로 구분하여 비교하고, 인성교육 패러다임보다는 인권교육 패러다임이 보다 타당한 학교교육의 지향이 되어야 함을 주장하고자 한다.

표 8-2 인성교육 패러다임

구분	내용
교육의 주체	- 교육의 주체는 정책결정자/학교/교사이다. - 사회적 위계에 따라 하향식 전달체계로 이루어져 있다. - 중간 위치 전달자들은 교육의 근본적 틀을 바꿀 수 없다.
학교-사회	- 학교는 사회와는 가능한 독립적인 시공간으로 존재하는 것이 바람직하

구분	내용
관계	다는 생각을 갖는다. – 사회의 세속화된 양상들과는 별도로 합의된 사회의 지식 체계와 덕목을 전달할 수 있는 장으로 기능해야 한다. – 지식과 덕목이 온전히 전달될 수 있는 정책적 지원이 요구되며, 학교라는 시공간에 사회의 충돌할만한 가치 및 활동의 유입은 가능한 배제되어야 한다.
교과지식에의 접근	– 지식과 마찬가지로 인성의 덕목과 역량은 고정된 사회적 가치를 반영한다. – 독립적인 교과로 분리, 교수되지는 않는다고 하더라도, 정해진 인성의 덕목과 역량은 교과 지식의 일부로 포함된다. – 사용되는 사례 및 전달방식은 통념적인 사회의 기능을 반복적으로 재생산하도록 하는 역할을 수행하게 된다.
갈등에의 입장	– 갈등은 탈선의 근본적인 바탕으로, 반드시 극복되어야 하는 것이라 인식된다. – 인성의 덕목과 역량의 내용에는, 세대간, 지역간, 문화간 존재하는 다양성과 차이를 드러내기보다는 이를 극복하고 넘어서기 위한 추상적이고 모호한 수사들이 동원될 수밖에 없다. – 특히 세대간 전달되어야 하는 전통적 문화의 요소들이 구체적인 실천지식으로 포장되며, 전달과정에서의 세대간 차이는 의도적으로 반영되기 어렵다.
시민에의 관점	– 인성교육을 통해 길러질 시민은 구조적으로 기능하는 사회의 성원으로 기존 체제의 유지 관리의 일부분을 담당하게 된다. – 순응하고, 혁신하는 존재로서의 시민은 사회가 갖는 구조적 변화에는 적극적으로 참여하지 않는다.

표 8-3 인권교육 패러다임

구분	내용
교육의 주체	– 교육의 주체는 교사-학생이다. – 사회적 위계가 존재하지만, 교수학습과정에 참여하는 교사-학생은 동등한 관계로 만난다. – 중간 위치의 교육주체들 또한 교육목표와 실천의 목표 및 방향, 방법에 대해 적극적으로 의견을 개진하도록 허용된다. – 인권교육의 주체로 학교를 둘러싼 사회의 다양성이 포괄적으로 포섭되며, 이것이 교수-학습의 주제이자 소재로 활용된다.
학교-사회 관계	– 학교는 사회와 유리되어 존재하지 않는다. – 학교는 사회의 일부분으로, 사회와 학교는 서로 영향을 주고 받는 관계

	에 있다.
	- 학교에서의 활동에 특수성이 존재하지만, 학교에서의 활동과 개별자들의 실천은 사회와 적극적으로 관계되어 있다는 것을 인정한다.
	- 학교 본연의 소명과 목적, 목표가 존재하는 것이 아니라, 학교를 포함한 사회의 목적과 목표가 더불어 고민되고 해결되어야 한다.
교과지식에의 접근	- 지식과 마찬가지로 인성의 덕목과 역량은 사회적 가치를 반영한다.
	- 그러나 이러한 인권의 내용과 방법은 고정된 것이 아니라, 다양하며, 유동적이고 잠정적이다.
	- 인권교육은 독립적인 교과로 분리, 교수되지는 않는다고 하더라도, 정해진 인성의 덕목과 역량은 교과 지식의 일부로 포함된다.
	- 인권교육에 사용되는 사례 및 전달방식은 통념적인 사회의 기능을 대변하고 있지만, 이것이 반복, 재생산되는 것이 아니라 논의되고 새롭게 해석되어야 할 소재로 활용된다.
갈등에의 입장	- 사회가 개인과 집단의 구성체라는 것을 전제할 경우의 갈등은 사회의 본질적인 구성요소라고 본다.
	- 인권교육의 덕목과 역량의 내용에는, 세대간, 지역간, 문화간 존재하는 다양성과 차이를 드러내며, 서로의 차이에 기반하여 공존할 수 있는 이해를 교육의 목표로 설정한다.
	- 세대간 갈등뿐만 아니라 크고 작은 규모의 다양한 사회문화적 집단 간의 긴장과 갈등도 중시하며, 이러한 긴장이 힘의 권력의 차이로, 그리고 그 차이에 기반한 차별로 이어지지 않도록 유의한다.
시민에의 관점	- 긴장과 갈등이 교육실천의 소재로 활용되는 상황에서, 인권교육은 스스로 성찰하는 시민을 길러낸다.
	- 인권교육이 추구하는 시민은 사회구조의 끊임없는 변화를 추동하며, 일상생활에서의 긴장과 갈등이 보다 구체적인 인권침해와 차별로 이어지지 않도록 사회참여에 임한다.
	- 성찰하고 행동하는 시민은 새로움을 추구하지만, 인간의 권리를 넘어선 구조적 모순에 비판적인 입장을 취하며, 보다 인간권리를 중심으로 한 사회 공동체를 지향한다.

이 두 패러다임은 학교를 전혀 다른 장소로 인식하고, 그 속에서의 주체, 매개, 행동, 관계하는 방식에 대해 전혀 다른 해석을 제시하고 있다. 또한 학교가 학생들에게 인권친화적인 공간이 될 수 있는지, 학교 내에서 학생들은 인권을 충분히 누릴 수 있는 존재로 인정하고 있는지에 대해 전혀 다른 입장을 취하고 있다.

우선 인성교육 패러다임은 학생인권이 학교에서 가능한 유보되어야 한다고 본다.

학교교육을 받고 있는 학생들의 인권을 가능한 유보하자는 입장은 학교를 기능주의적으로 접근하는 사람들에게서 주로 나타난다. 한 가지 분명하게 짚고 넘어갈 것은, 아무리 학교의 사회적 기능을 강조하는 입장을 취하는 사람이라고 하더라도, 학생들의 기본적 권리를 옹호해야 한다는 취지에 결코 반대하지 않는다. 그러나 학생들의 기본적 권리를 행사하는 것보다 중요한 것이 있기 때문에, 특정한 시공간적 상황에서 학생들의 인권은 제한되거나 유보되어도 된다고 본다. 학생들의 인권을 제한하거나 유보해도 되는 특정한 시공간적 상황이란 무엇인가?

첫째, 학교는 가치와 문화의 다양성을 존중하기보다는 전통문화의 핵심적 가치를 담지한 지식을 전수하는 곳이다. 학교는 학교 바깥의 세속적 가치와 문화의 내용으로부터 독립된 공간이어야 한다. 가르치고 무엇을 배워야 하는 지식의 내용은 교과서로 대표되는 체계적 지식으로 정리되며, 이를 선택, 교수하는 것은 사회적 합의로 마련된다. 둘째, 교사들은 학생들이 배워야 하는 교과지식을 보다 잘 알고 있으며, 학생들은 교사가 전달하고자 하는 지식의 체계를 그대로 받아들이는 존재이다. 학생의 발달 수준에 맞추어 교사는 자신의 교과지식을 효율적이고 효과적으로 가르치는 방법을 잘 알고 있는 전문가로, 학생들은 교사와의 관계에서 수동적인 관계일 수밖에 없다. 따라서 교사에게 순응하는 태도가 필요하다. 셋째, 학생은 사회의 구성원이 되어가는 과정에 있는 존재로, 신체적, 지적, 정서적으로 성숙하지 않다. 적어도 중등교육단계까지의 학생은 미성숙한 상태라 전제되며, 사회에서 용인할 수 있는 성숙의 수준에 이르도록 사회가 정한 규칙, 규율을 내면화하고 훈육에 임해야 한다. 학교에서의 규칙과 규율은 학생들이 미성숙함을 벗어날 수 있도록 인도하는 중요한 가이드라인이다. 넷째, 미성숙한 학생들의 판단과 행동은 스스로 책임질 수 있는 것이라 여기기 어렵다. 아이들의 치기 어린 요구와 행동은 훈육의 대상이 되는 것과 같은 이치이다. 학생들의 일상적 생활에서의 습관은 전통적 가치의 틀에서 기성세대가 허용하는 수준에서만 받아들여져야 한다. 학생들이 학교라는 공간에서 지식을 습득하는 가장 중요한 이유이다. 주어진 규칙과 가치, 질서를 반복하고 내면화하는 것이 학생 스스로 판단하여 행동하는 것보다 우선시 되어야 한다. 따라서 학생들의 인권은 학교라는 공간에서 학생이라는 신분을 갖는 기간 동안 유보되어야 한다. 이때 학생인권은 사회의 구성원이 되는데 필요한 지식 습득을 저해하는 요소로 인식된다. 더욱이 학교는 학생들에게 지식습득의 효율적이고 효과적인 방법을 전문적으로 담당하는 기관으로서 이에 불필요한 학생들의 개별적인 요구와 특성은 잠시 무시되어도 좋다고 본다.

만약 학생인권을 최대한 보장한다면 어떤 일이 발생하는가? 학교는 정상적인 기능을 할 수 없게 된다. 학교의 정상적인 기능이란, 주어진 지식체계를 학생들에게 전달하는 교수-학습과정이 방해받는다는 것을 의미한다. 학교 환경은 지식을 매개로 교사와 학생이 교수-학습과정이 효율적이고 효과적으로 이루어질 수 있도록 최적화된 공간이므로, 학생 개개인의 인권적 요구가 받아들여지는 상황은 최적화된 공간적 효율성을 저해한다. 저학력(低學力), 무질서, 학교폭력은 학생인권을 보장하였을 경우 대표적인 원인이자 결과가 된다. 뿐만 아니라 교사와 학생은 교과 지식이 매개되는 과정에서 상하관계를 형성한다. 물이 위에서 아래로 흐르듯, 지식은 교사에게서 학생에게로 전달되어야 한다. 그러나 교사와 학생이 서로 동등한 인간 개체로 만나는 상황에서 교사가 지식을 매개로 갖는 권위는 유지되기 어렵다. 교사의 권위가 실추되는 것은 교실에서의 교수-학습 상황에서 교사 개인의 문제를 넘어서서 궁극적으로 학생의 지식 습득을 저해하는 주요인으로 작동하게 된다.

다음으로 인권교육 패러다임은 학생인권이 학교에서 최대한 보장되어야 한다고 주장한다.

학생인권을 최대한 보장해야 한다고 주장하는 사람들은 학교를 사회의 구조와 질서를 그대로 반영하는 하나의 기관으로 인식하고, 인간과 인간의 일상적 소통방식으로 학교에서의 긴장과 갈등을 자연스럽게 받아들인다. 학생들의 인권을 강조하는 것은 학생이라는 특정한 시기의 사회적 신분자들에게 부여되는 권리를 확대하자는 것이 아니라, 연령과 신분에 구애받지 않고 사회의 모든 구성원들에게 허용되는 기본적 인간의 권리를 인정하자는 것이다. 기능론자들은 학교를 사회와 독립된 특정한 공간으로, 학생을 학생이전과 학생이후의 특정한 시기로 구분하는 것에 반대한다. 학교를 사회(공동체)의 가치와 질서가 반영되는 일상적 공간으로, 학생을 학생이전의 인간 개체로 인정한다. 따라서 앞서 학생의 인권은 가능한 학생신분이 유지되는 기간 동안 학교라는 특정한 공간에서 유보되어야 한다는 주장에 동의하지 않는다.

첫째, 인권은 모든 인간 개체에게 보편적으로 적용되는 가장 본질적인 것이다. 그 어떤 특수한 상황에서도 인권보다 앞서는 우선순위는 존재할 수 없다. 인종, 성, 계급/계층, 출신지역에 의해 인간적 권리를 누릴 기회가 배제되거나 유보되어서는 안 되는 것처럼, 특정 연령 및 기간 동안 특수한 신분을 이유로 인권을 제한하거나 유보하는 것은 인정될 수 없다. 둘째, 학교는 사회로부터 독립된 공간이 아니다. 오히려 사회의 일부분으로, 사회의 다양한 가치와 힘(power)이 충돌하고 경합하는 곳이다. 학교가 지식을 전수하는 곳이라고 부르지만, 정작 학교의 지식은 구성원 모두가 합의한 것으로 마땅히 한 세대에서 다음 세대로 가르쳐져야 하는 전수의 대상이 아니다. 지식은 인간 개개인이 자신의 일상적 경험을 통하여 자신만의 지식체계를 구성해나가도록 매개하는 것에 불과하다. 무엇이 더 중요한 지식인지, 무엇이 덜 중요한 지식인지 판단하는 것은 그다지 큰 의미가 없으며, 이러한 중요성에 대한 판단은 시·공간의 특성에 따라 늘 달라질 수밖에 없다. 따라서 지식 그 자체가 중요한 것이 아니라, 지식을 대하는 인간 개체의 학습경험이 더 중요하다. 셋째, 학교에서의 규율과 규칙은 반드시 따라야 하는 것으로 정당화되어서는 안 된다. 규율과 규칙은 이를 이행할 구성원들의 합의에 의한 것으로, 공동체(조직)를 이루고 있는 구성원에 의해 언제든지 바뀔 수 있는 것이어야 한다. 학생은 학교에서 규칙을 일방적으로 따라야 하는 훈육의 대상이 아니라, 자신의 행동을 제한할 수도 있는 규칙을 합의하는데 참여할 수 있어야 한다. 물론 학교의 구성원으로서 참여하여 합의한 규칙을 스스로 지킨다는 것을 전제로 한다. 넷째, 학생은 사회의 구성원으로 받아들여지기까지 신체적, 지적, 정서적으로 성숙함에 이르는 과정의 미성숙한 존재가 아니다. 학생의 판단과 행동에 실수와 부족함이 있는 것은 분명하지만, 학생의 판단과 행동은 개인의 판단과 선택으로 존중받아야 한다. 학생 개개인의 선택과 행동이 존중받아야 한다는 말은, 각자의 선택과 행동을 가능한 허용해야 하며, 그에 따르는 결과에 스스로 책임지도록 해야 한다는 것을 의미한다. 학생은 외부로부터 주어진 훈육과 규율을 지키는 것으로 옳고 그름을 판단하기도 하지만, 자신의 자유로운 선택과정과 실수를 통하여 학습하며 가치관을 형성해 나간다. 한 개인 내부에서 무엇이 옳고 그른지, 참과 거짓을 구분하는 스스로의 기준을 발전시켜 나가는 것은 외부의 지식체계와 규율이 아니라, 개개인이 자신의 경험을 비판적으로 성찰하는 과정을 통해서이다. 다섯째, 적어도 학교라는 공간이 특별하고, 학생이 사회구성원으로 나가기 이전의 특수한 사회적 지위를 가진 것이라고 한다면(물론, 그렇지 않지만), 학교에서 학생들은 학교 바깥에서보다 자유롭게 선택하고, 판단하고, 행동하고, 스스로 성찰할 수 있는 기회를 보다 많이 가질 수 있어야 한다. 학교 바깥에서는 성인의 행동에 대해 엄격하게 판단하는 것과 비교하여, 학교는 학생들의 선택과 행동에 보다 허용적이어야 한다. 학교는 학생 개인이 학교 바깥에서 쉽게 경험하기 어려운 사회의 다양한 가치를 배경으로 안고 있는 다양성을 경험할 수 있는 곳으로 인식되어야 한다. 그리고 학생들은 교과지식을 매개로 이러한 다양한 가치와 행동방식에서 함께 더불어 살아갈 수 있는 삶의 방식을 체득하게 된다.

7. 인권교육 패러다임의 실현을 위하여

효과적인 인성교육을 위해서 인성교육의 패러다임을 넘어서야 한다는 주장이 본고에서 처음 주장되는 것은 아니다. 서울시교육청은 '모두가 행복한 혁신미래교육'이라는 정책 어젠다를 기치로 인성교육을 인권교육과 수평적 개념으로 인식하고, 서로 상보적인 교육실천이 이루어져야 한다고 천명하고 있다. 이를 대변해 줄 수 있는 표현이, "인성교육의 기본방향은 인권교육"이다(서울시교육청 교육정책자료 참고). 또한 인권교육단체들은 창의인성교육과 인권교육진흥법에 대응하는 차원에서 '인성교육'보다는 '인권교육'이 보다 포괄적인 차원의 교육실천으로 인권교육이 이루어지면 인성교육이 추구하려는 목적이 달성된다고 보았다. 이는 인성교육에 대하여, '인성교육엔 교육이 없고 폭력만 있다' '인성교육의 뿌리는 반공교육이다' '인성교육은 지식교육과 다르지 않다' '합의된 인성교육이란 존재하지 않는다'와 같은 비판적인 입장을 보이며, 인성교육은 실패할 수밖에 없는 정책 어젠다고 본다. 즉, 이에 대한 대안으로 인권교육을 제시한다(이은진 교사의 '교실속 인권이야기' 참고). 아마도 이러한 논의들은 김녕(2015)의 연구에서 정리한 다음과 같은 내용에 잘 요약되어 있다고 보여진다.

"우리 사회의 인권의 위기는 주로 인권에 대한 무지에서 기인하기에 인권교육이 필요하며, 인권교육이 제대로 역할을 한다면 인권의 위기를 극복할 뿐 아니라 기존의 인성교육이 지닌 문제와 한계를 극복하는 데도 도움을 줌으로써 인성교육에 기여할 수 있다."

그러나 본 발표에서는 이에서 한걸음 더 나아가, 인성교육을 포괄한 '인성교육 패러다임'보다 학교 환경의 인권적 친화적 변화와 교과 내외의 실천이 교육 그 자체의 목적을 실현하는 데 필요하다고 주장한다. 우리는 "학교교육의 목적은 순하게 길들여진 시민을 양성함으로써, 이들을 구성원으로 하여 주어진 사회문화의 구조를 반복적으로 재생산하는 것인가"라는 질문에 진지하게 대답해야 한다. 인성교육 패러다임은 적어도 이 질문에 '그렇다'고 할 것이고, 이를 위한 학교는 지식교육과 더불어 사회적으로 합의된 덕목을 교육의 내용으로 삼아 전달하는 데 관심을 둔다. 그러나 인권교육 패러다임은 이 질문에 '그렇지 않다'고 대답할 것이고, 이를 위해 학교는 지식과 가치를 매개로 학교의 시공간이 만들어지지만, 사회적으로 합의된 체계를 재생산하기 보다는 권리가 존중되고 정의가 실현되는 사회를 위한 변혁의 과정을 만드는 데 관심을 둔다. 아이들끼리 싸우는 꼴을 보기 싫어 싸움이 없는 상태를 만들겠다는 앞선 세대의 잘 계획된 접근이 인성교육 패러다임이라면, 싸움의 원인을 고민하고, 보다 합리적이고 타당한 싸움, 정의로운 싸움이 될 수 있도록 판을 깔아 주는 것이 인권교육 패러다임이라 할 수 있다.

인성교육진흥법이 발표된 지 이제 2주년이 되는 상황에서 인성교육 패러다임의 효과가 적절하게 평가되고, 이것이 갖는 한계를 넘어 인권교육 패러다임으로 전환될 수 있기를 간절히 바래본다.

글을 마치며

　1970－90년 동안 경제성장을 토대로 발전을 구가하던 한국은 앞으로의 사회발전 방향을 두고 주춤할 수밖에 없는 큰 사건에 부딪혔다. 304명의 사망 및 실종자가 생긴 세월호의 침몰. 5년도 더 지난 지금까지 왜 그큰 사건이 일어난 것인지 밝혀지지 않았다는 것이 더 놀라운 일일지도 모른다. 우리 사회는 안전하지 않은 위험사회로 진입한 것이다. 그만큼 희생된 사람들의 곁에서 이 사건의 진상을 밝히려 애쓰는 상황과 함께, 세월호 사건을 두고 굳이 지난 일을 들추냐는 비아냥거림도 있다. 세월호를 둘러싼 다양한 문제제기와 또 문제해결을 향한 논점의 연장선상에서, 세월호 사건은 개별적 인간이 국가 체제에서 어떻게 인간적인 권리를 가지게 되는지를 되묻고 성찰하도록 했다. 특히 학생은 학교에서 무엇을, 왜, 어떻게 배워야 하는지에 대해 다시 한 번 비판적인 물음을 던지지 않을수 없었다. 250명의 학생이 죽거나 실종되었고 또 이들과 함께 했던 교사 11명이 죽거나 실종된 상황에서 대한민국의 학교교육은 죽음을 통한 제의에 참여하고 있는지도 모른다.

　그래서인지 세월호 사건에 대해 "지금까지 누적되어온 우리 사회의 병리현상과 한국인의 왜곡된 가치체계를 일시에 드러낸 사건"으로 진단한다(하태훈, 2014). 또한 세월호는 "우리나라 안전불감증이 총체적으로 표출된 사건으로, 우리나라의 안전불감증은 경제적 성공이 중요한 사회적 가치가 되었고, 경제적 성공을 위해서 다른 것들이 수단화되는 현상"에서 비롯되었다고 본다(구정화, 2014). 비평가들은 세월호로 상징되는 한국사회의 문제는 결국 '교육이 잘못된 탓'이고, '인간을 기르는 데 실패한 탓'이라고 일갈한다. '인권은 법적 장치가 있든 없든 간에 인간에게 부여된 천부적 권리'라는 점에서 교육은 인권의 중요성과 함께 인간은 자신의 기본적 권리를 담지한 주체임을 가르쳐야 한다고 보는 것이다. 흥미로운 것은 학생/청소년 인권에 대한 인식이 증가하는 것에 비하여, 학교에서 학생들이 인권을 존중받고 있지 못하다는 점, 인권교육이 이루어지고 있지만 내용 및 방법면에서 여전히 부족하다는 점이 지적되고 있다(구정화, 2014; 하태훈, 2014). 이러한 비평가들의 논조는, 우리 사회의 교육을 바꾸어야 한다는 당위론적 논쟁은 학교에서 인권교육이 어떻게 실천되어 배움을 둘러싼 인권적 환경이 어떻게 실현될 수 있는지의 문제와 연계해야 함을 강조한다.

그런데 이러한 주장은 1990년도 후반부터 불거진 학생 – 인권의 갈등 및 다양한 사회운동, 조례제정 속에서도 제대로 실현되고 있지 않았는지를 분석적으로 보여주는 일과 함께 제기되어야 한다. 학교에서 학생의 지위가 특수하고 학생인권 유예문화가 잔존해 있는 문화적 현실은 교육보다 사회의 경쟁적 긴장관계가 그대로 반영된 결과다. 따라서 한국 사회에서는 어느 때보다 '인권교육법'의 제정 및 추진에 관하여 구체적인 청사진과 내용이 절실하다.

"만약 학교교육에서 인권교육이 잘 이루어지고 있었다면, 세월호 침몰과 같은 커다란 사건이 일어나지 않았을까?" 쉽게 답변하기 어렵다. 내 생각에 언제 어디서건 사건과 사고는 일어나기 마련이기에, 학교에서의 인권교육이 세월호 침몰과 같은 대형 사고를 줄이거나 아예 일어나지 않도록 하는 전제조건이 되리라 생각하지 않는다. 그렇다면 "왜 이 사건과 관련하여 인권교육을 문제 삼는가? 그것도 학교에서의 인권교육을?" 문제에 대해서 답해야 한다. 단지 희생자의 대부분이 학생과 교사이기 때문에 학교교육이 주목된다고 답할 수 없다. 어려운 문제이다.

그 해답은 다음 질문에 어떻게 답해야 하는가에 달려있다고 본다. 엄청난 인명피해를 낸 세월호 사건이 단순한 사고를 넘어 사회적 이슈가 되고, 사회 구성원들의 갈등을 증폭하게 된 이유는 무엇일까? 결국 사고 이후 희생/실종된 피해자와 피해자 가족, 그리고 이 사건을 주의깊게 보고 있는 사람들을 대하는 사회적 태도가 인권중심적 태도를 결여하고 있기 때문이라고 보여진다. 비록 다수는 아니지만, 사고로 희생된 영혼을 욕하거나 조롱하는 사람들이 있는가 하면, 이를 둘러싼 의견의 대립 및 갈등을 정치적 편가르기로 단순화하여 인간으로서 뿐만 아니라 국가의 구성원으로 당연한 권리를 빼앗기는 상황이 이어지고 있기 때문이다. 결국 세월호 사건은 단순한 사고가 아닌 삶의 중요한 권리를 둘러싼 논쟁거리로 커왔고, 결국 아무것도 해결된 것 없이 여전히 사회 집단간 힘겨루기 정도로 비춰지고 있다. 학교의 학생들에게 어떤 인권교육을 해야 하는가가 중요한 것이 아니라, 학교를 둘러싼 사회 속에서 과연 인권이 제대로 지켜지고 있는지를 먼저 파악해야 할 사회적 중요 사건이 되고 있다.

굳이 이 지면을 통하여 세월호를 둘러싼 반인권적 표현과 폭력이 있었는지 언급하지는 않으려 한다. 핵심은 희생된 이나 희생된 이로 인하여 슬퍼하는 사람들이나 결코 인간으로서 누려야 할 기본적인 존엄으로 대하고 있지 않다는 사실이다. 결국 인권교육은 단지 인권의 내용을 교과서적 지식으로 나열하고, 이를 잘 전달하는 것으로만 이해되어서는 안 된다. 구정화 교수의 제안처럼, 실제적인 사례에 근거하여 학교와 자신을 둘러싼 사회적 맥락에서 이해, 판단, 행동을 인권적으로 할 수 있는 사고력을 키우는 것으로 보아야 한다. 만약 세월호 사건을 구체적인 인권교육의 계기로 삼고자 한다면, 이를 어떤 방식으로든 전해 듣고 있는 학생들과 함께 인권의 구체적인 항목 및 내용을 토대로 논의할 수 있도록 학교와 사회가 계기를 마련해 주어야 할 것이다.

결론적으로 학교에서 학생을 대상으로 인권교육을 효율적으로, 효과적으로 하기 위해서는,

(1) 사회가 얼마나 인권감수성이 높아져야 하는지,

(2) 서로 다른 생각과 의견을 갖고 있는 사람들이 서로의 주장을 관철하고 이해하도록 하기 위하여 인권에 기반한 대화와 소통을 하고 있는지,

(3) 한번 정한 약속과 합의가 어떻게 지켜지고 구체적인 행동으로 이어져나가는지,

(4) 자신의 생각과 말이 구체적인 행동으로 옮겨졌을 때 그에 대한 책임을 남이 아닌 자기 자신이 짊어지는지,

(5) 합리적이고 일관된 정책 행동으로 앞일에 대해 예측가능하고 스스로 준비할 수 있도록 할 것인지,

등의 사회적 인권의식과 인권에 기반한 행동이 마련되어야 한다. 스승은 '바담풍'하면서, 자신이 가르치는 아이들에게 '바람풍' 하라고 한들 결코 제대로 된 '바람풍'을 가르쳐 줄 수 없을 것이기 때문이다. 아이들이 잘못한다고 화를 낸들, 화의 대상이 되는 아이들이 과연 스승을 이해할 것인가? 학생들의 인권교육을 이야기하기 이전에, 학교와 교사의 인권교육, 그리고 더 나아가 사회와 기성세대의 인권교육에 대해서 고민하는 것이 순서라고 생각한다.

참고문헌

강순원(1998), "인권교육과 평화교육 국가정책방안". 미래문화연구원.

강원도교육청(2013), 각 시도별 학생인권조례추진현황, 내부보고자료.

강원도교육청(2013), 강원도 학교 구성원의 인권에 관한 조례안, 강원도 교육청 내부공개자료.

강인수(2005), "학부모교육권의 이론과 현실". 학부모 교육권 확대정책의 올바른 방향. 교육과시민사회, 바른교육권실천행동, 인간교육실현학부모연대 공동주최 정책토론회 자료집 (2005. 12. 7), 3－21.

경기도교육청(2009), "경기도 학생인권조례 종합 공청회 1차 자료집". 경기도교육청.

경기도교육청(2010), 경기학생인권조례, 경기도 조례 제4085호.

경기도교육청(2013), 2012 경기도 학생인권실태조사, 미간행 연구보고서, 경기도교육청.

경기도교육청(2012), 학생인권실현을 위한 2011 학생인권실태조사 결과 분석, 미간행 연구보고서, 경기도교육청.

경기도교육청(2014), 인권친화적 학교문화 실현을 위한 2014 학교인권교육 기본계획, 장학자료 2014－1호, 경기도교육청.

교육부(1998), "청소년인권선언" (1998. 3. 1). 교육부.

교육부학생인권선언제정위원회(1998), "학생인권선언문". 교육부.

광주시교육청(2011), 광주광역시 학생인권 보장 및 증진에 관한 조례, 광주광역시 조례 제 4017호.

구논회(2004), "보도자료: 중고교 학생회에도 전교조 타령인가?". 국회의원 구논회 보도자료.

구정화 외(2004), 교사를 위한 학교 인권교육의 이해. 서울: 국가인권위원회.

국가인권위원회(2002), "학교생활규정권고안". 국가인권위원회.

국가인권위원회(2007), '국가인권정책기본계획 (National Action Plans for the

Protection and Promotion of Human Rights, NAP)', 국가인권위원회.

국가인권위원회(2012), 인권친화적 학교문화 조성을 위한 15가지 권리항목, 인권교육배포자료.

김광억 외(2004), "입시제도의 변화: 누가 서울대학교에 들어가는가.?".서울대학교 사회과학연구원.

김경희 · 김수진 · 김미영 · 김선희 · 강민경 · 박효희 · 정송(2009), "PISA와 TIMSS 상위국과 우리나라의 교육과정 및 성취특성 비교 분석". 연구보고 RRE 2009－7－2, 한국교육과정평가원.

김기석 외(2004), "최근 평준화 논쟁의 주요 쟁점과 문제점: 사회대 입학생 분석의 재검토". 서울대학교사범대학 한국교육사고 연구노트 제 23호.

김길준(2002), "중학교의 지배적인 학교문화와 학생인권침해간의 관계", 경상대학교 대학원 석사학위논문.

김길순(2015, 인성교육 프로그램의 효과에 관한 메타 분석. 전남대학교 대학원 박사학위논문.

김녕(2015), 인권교육의 시각에서 인성교육, 깨달음과 바뀜, 그리고 희망 바라보기. 인간연구, (28), 65－96.

김동일(2002), "학교규율에 대한 청소년들의 인식과 저항운동". 청소년학연구, 9(2), 233－254.

김병록(2014), 학생인권조례 관련 판례와 법적 쟁점, 입법&정책, 제 5호. pp. 83－94.

김성열 & 고창규(2000), 교실붕괴와 교육정책: 교실붕괴 담론 분석을 중심으로. 교육인류학연구, 3(2), 153－191.

김수진(2015), 인성교육의 주요접근 및 쟁점 분석, 이화여자대학교 대학원 박사학위논문.

김종연(2006), 중학교 인성교육의 실태와 개선방안에 관한 연구, 광주대학교 교육대학원 석사학위논문.

김양분 · 유한구 · 김미숙 · 남궁지영(2004), "학교교육 수준 및 실태 분석 연구: 중학교". 연구보고서 RR 2004－24, 한국교육개발원.

김양분 · 남궁지영 · 김정아(2006), "학교교육 수준 및 실태 분석 연구(II): 일반계 고등학교". 연구보고서 RR 2006－23, 한국교육개발원.

김영래, 강선보, 정창호, 이성흠, 류은영, & 이동윤(2015), 인성교육을 위한. 교육의 이론과 실천, 20(2), 21－45.

김영지(2004), 외국의 청소년 인권정책 연구. 한국청소년개발원.

김영화(2010), 교육사회학, 교육과학사.

김주훈, 최승헌, 강대현, 곽영순, 유정애, 양종모, ... & 김영애(2003), 학교 교육 내실화 방안 연구-좋은 수업 사례에 대한 질적 접근. 열린교육연구, 11, 43-61.

김준호(1997), 학교폭력의 실태와 대책. 서울: 한국형사정책연구원.

김형숙(2012), 예술교육을 통한 창의·인성교육. 미술교육연구논총, 32(단일호), 1-29.

김혜숙(1999), 학생의 인권에 관한 연구. 한국교육개발원.

나병현(2001), 학교교육의 위기와 공교육 이념의 재검토.

문용린(2003), "유, 초, 중, 고 인권교육과정 개발연구". 서울대학교 교육연구소.

문용린 외(2002), "지덕과 덕벌에 대한 연구". 교육부수탁연구보고서.

문용린, 최인수, 곽윤정, 이현주, 이화선, 이지혜, ... & 박은정(2010), 창의·인성교육 활성화 방안 연구. 서울: 한국과학창의재단.

민경환(2009), 성격심리학, 법문사.

박영주, 한금선, 신나미, 강현철, 천숙희, 윤지원, & 신현정(2010), 청소년의 분노, 분노표현 유형과 정신, 신체, 사회적 건강. 정신간호학회지, 19(1), 106-116.

박춘성(2010), 창의·인성의 특성과 학교에서의 발현을 위한 방안 탐색. 창의력교육연구, 10, 61-72.

박홍규(1991), "학습권과 학생인권의 현주소". 우리교육.

박혜경(2015), 논문 (論文): 인성교육진흥법의 내용과 쟁점 논의. 교육법학연구, 27(3), 77-100.

박효정·유성상(2006), "중등학생인권침해실태 분석". 연구보고서, 한국교육개발원

박효정, 정미경, 박종효, & 한세리(2006), 학교폭력 실태조사. 한국교육개발원 연구보고. pp. 2006-8-4.

배경내(1998), "학생 인권침해에 관한 연구: 고등학교를 중심으로". 연세대학교 대학원 석사학위논문.

배경내(1999), 인권은 교문 앞에서 멈춘다. 우리교육.

배경내(2006), "학생인권 관련 단체 및 전문가와 함께하는 학생인권 증진 인권 교육 토론마당". 국가인권위원회.

백유영(2000), "학생인권에 관한 연구: 중등학생을 중심으로". 계명대학교 대학원 석사학위논문.

서울시교육청(2013), 보도자료: 조례의 상위법령 위반 해소 및 교사의 학생 생활지도권 제고를 위한 서울 학생인권조례 개정(안) 입법예고 (2013. 12. 30). 서울시 교육청.

서울시교육청(2104), 서울 학생인권조례 개정안 토론 자료집 (2014. 1. 10), 서울시 교육청.

서울시교육청(2011), 「인권, 평화, 민주가 살아 숨쉬는 행복한 학교생활 공동체 만들기」 학교생활교육 혁신 추진 계획 (안) (2011.08), 서울시 교육청 내부 공개문건.

서울학생인권조례 정착화를 위한 청소년 네트워크(2012), 서울학생인권조례 시행 100일, 서울학생인권조례 실태조사 결과 보고서. 미간행 연구보고서.

성공회대학교 평화인권센터(2009), "학생인권침해실태조사연구". 연구보고서

손순희(2003), "학생인권의 사회복지적 접근에 관한 연구: 체벌을 중심으로". 국제신학대학원대학교 석사학위논문.

손희권(2003), "체벌을 대체할 학생 규율 방안의 윤리성 및 교육적 효과에 관한 학생들과 교사들의 지각 비교". 교육문제연구, 19.

손희권(2005), "중고등학생 두발규제의 헌법적 검토". 교육행정학연구, 23(3).

송연주, & 이상수(2015), 학교교육 붕괴 현상의 생태학적 탐색을 통한 극복방안 모색. 열린교육연구, 23, 285 – 309.

신현직(2003), 교육법과 교육기본권. 서울: 청년사.

심성보(2002), 교사의 인권의식 조사 연구. 부산교육연구소 편.

심성보 외(2004), "교사의 인권의식 조사 연구". 국가인권위원회.

안경환(2004), 교사를 위한 인권교육 기본용어. 서울: 국가인권위원회.

안선회(2005), "학교혁신을 위한 학부모의 자기 혁신과 역할. 학부모의 의식변화, 학교구조와 교육제도의 변화, 이를 위한 실천방안." 미출간보고서.

유네스코 한국위원회 편(1999), 아시아의 인권교육 (호주 인도 홍콩편). 사람생각.

유병열(2016), 인성교육진흥법의 시행과 학교 도덕·인성교육의 실천 과제. 초등도덕교육, 54, 109 – 140.

윤정(2003), 학교교육 붕괴위 기의 종합적 분석과 대책에 관한 연구.

윤정일(1999), 학교교육 붕괴의 종합 진단과 대책. 학교교육 붕괴, 이대로 방치할 것인가. 한국교원단체총연합회 토론회 자료집, 1 – 16.

오동석(2011), 학생인권조례의 현황과 쟁점: 경기도 학생인권조례를 중심으로, "인권교육의 국내·외적 동향과 실천 방안" 토론회 자료집. pp. 85－117.

이미경·손원속·노원경(2007), "PISA 2006 결과분석 연구: 과학적 소양, 일기 소양, 수학적 소양 수준 및 배경변인 분석". 연구보고 RRE 2007－1, 한국교육과정평가원.

이봉철(1991), "인권, 청소년, 그리고 청소년권". 한국청소년연구 7(겨울). 5－29.

이수광(2000), 학생인권 신장 방안 연구. 미간행 박사학위 논문, 강원대학교 대학원.

이우경(2000), "떨리고 설레었던 첫 축제, 나무내 잔치". 중등우리교육 128호. 우리교육. 150－3.

이인재 & 정수연(2010), 창의, 인성교육을 위한 도덕지능의 함양 방안. 초등도덕교육, 33(단일호), 197－226.

이종태·조난심·송현정·나병현(2006), "인권교육 개념 및 방향 정립모색 연구". 국가인권위원회 연구보고서. 사단법인 한국교육연구소.

인권운동사랑방 외(2001), "인권을 찾자 교칙을 찾자－244개 교칙 분석 결과 보고서". 인권운동사랑방.

인권친화적 학교＋너머 운동본부 & 전국교직원노동조합 참교육연구소(2013), 전국학생인권·생활실태조사, 미발간 연구보고서.

장사형(2011), 공교육을 통한 인성교육 강화 방안. 교육철학, 43, 193－222.

장승희(2015), '인성교육진흥법'에서 추구해야 할 인성의 본질과 인성교육의 방향－행복담론을 중심으로. 윤리교육연구, 37, 75－104.

전북도교육청(2013), 전라북도 학생인권 조례, 전라북도 조례 제3781호.

정범모(2008), 한국의 세 번째 기적: 자율의 사회, 서울: 나남.

정희태(2011), 학교폭력 예방과 갈등해결 방안: 인성 교육적 접근. 윤리연구, 83, 123－162.

조금주·최윤진·안승문·권재원(2006), "중·고등학생 인권상황실태조사". 국가인권위원회 연구보고서.

조은미(2009), 실천지향의 인성교육 프로그램을 통한 바른 인성 함양 방안 연구, 광주교육대학교 교육대학원 석사학위논문.

청소년활동기상청(2013), '파란만장: 청소년인권활동네트워크 백서(2006－2012)', 제 3권: 학생인권조례제정운동 (경기도, 서울).

최석민(2013), 창의, 인성교육의 유기적 관계성 분석. 초등도덕교육, 41(단일호), 285-314.

최순영(2006), "학생인권자치법안". 최순영의원실 보도자료.

최윤진 외(2004), 청소년인권론. 한국청소년개발원 편, 서울: 교육과학사.

최종진, 박균달, & 구병두(2013), 학교폭력에 관한 이론적 고찰과 실태분석을 통한 해결 방안. 한국행정사학지, 32(단일호), 217-240.

한국교육개발원(2006), "양극화 해소, 교육으로: 개천에서 용 냅시다!, 한국교육개발원-한국교육신문 공동기획," 한국교육개발원, 연구자료 RM 2006-38, 서울: 한국교육개발원.

한국법과인권교육학회 & 국가인권위원회(2012), 인권교육법 제정의 필요성과 주요쟁점 및 과제 토론집. 국가인권위원회.

한홍구(2003), "인권교육발전 5개념 기본계획 관련연구". 성공회대학교 인권평화센터.

한홍구(2009), "학생인권실태조사연구," 학생인권조례제정을 위한 연구보고서, 성공회대학교&경기도교육청.

황정규(1998), 학교학습과 교육평가. 서울: 교육과학사.

Carey, Sabine C. & Steven C. Poe(2004), Understanding Human Rights Violations: New Systematic Studies. Burlington, VT: Ashgate.

Fogg, Shannon(2009), The Politics of Everyday Life in Vichy France: Foreigners, Undesirables, and Strangers, Cambridge University Press: London.

Freire, Paulo(1970), Pedagogy of the Oppressed, New York: Continuum,

Freire, Paulo(1998), Pedagogy of Freedom: Ethics, Democracy, and Civic Courage, Lanham: Rowman & Littlefield.

Kalat, J. W., & Shiota, M. N.(2007), 민경환, 이옥경, 김지현, 김민희, 김수안 역(2009), 정서심리학. 서울: 시그마프레스.

Torres, Carlos A.(1998), Democracy, Education, and Multiculturalism: Dilemmas of Citizenship in a Global World. Boulder·New York: Rowman & Littlefield.

Uvin, Peter(2004), Human Rights and Development. Bloomfield, Indiana: Kumarian Press Inc.

저자약력

유성상(서울대학교 교육학과 교수)

교육과 사회의 복잡 미묘한 관계를 해석하고 설명하는 데 관심을 갖고 있다. 특히 현재의 교육문제를 설명하기 위하여 역사 사료들을 뒤지고, 정치적 이해관계를 분석하는 데 관심이 있다. 미국의 공교육 형성 및 전개과정에 주목하고 있고, 그 일환으로 [스쿨: 미국 공립학교 역사 1770-2000]를 번역한 바 있다. 국제사회의 빈곤과 개발문제에 관심을 갖고 아프리카, 아시아, 라틴아메리카 개발도상국을 방문하지만, 교육을 화두로 벌어지는 논쟁은 국경을 넘어 세계화되어 간다는 생각을 갖고 있다. 서울대학교에서 학부와 석사를 졸업하고, 미국 UCLA에서 박사(Ph.D.)를 받았다. 한국교육개발원(부연구위원), 한국외국어대학교(부교수)를 거쳐 현재는 서울대학교에서 가르치고 있다.

인권과 학교교육

초판발행	2020년 1월 25일
지은이	유성상
펴낸이	노 현
편 집	배근하
기획/마케팅	이선경
표지디자인	이미연
제 작	우인도·고철민
펴낸곳	㈜ 피와이메이트
	서울특별시 금천구 가산디지털2로 53 한라시그마밸리 210호(가산동)
	등록 2014. 2. 12. 제2018-000080호
전 화	02)733-6771
f a x	02)736-4818
e-mail	pys@pybook.co.kr
homepage	www.pybook.co.kr
I S B N	979-11-65190-22-4 93370

copyright©유성상, 2020, Printed in Korea

* 이 도서는 한국출판문화산업진흥원의 '2019년 출판콘텐츠 창작 지원 사업'의
  일환으로 국민체육진흥기금을 지원받아 제작되었습니다.

정 가   14,000원

박영스토리는 박영사와 함께하는 브랜드입니다.